DR. HOWARD M. HALPERN

LIEBE UND ABHÄNGIGKEIT -

Wie wir übergroße Abhängigkeit in einer Beziehung

beenden können

2. Auflage 1984

ISKO—PRESS

Titel der amerikanischen Originalausgabe:
HOW TO BREAK YOUR ADDICTION TO A PERSON
Copyright 1982 bei Howard Halpern
Mc Graw-Hill Company

Aus dem Amerikanischen übersetzt
von Brigitte Eckert, Flensburg.

ISBN 3-921648-50-5

Umschlaggestaltung: Hilke Peters, Hamburg
Druck: Alsterdruck, E.Schlecht, Hamburg

INHALT

Einleitung

Es kann sehr schwer sein, eine Liebesbeziehung zu beenden, selbst wenn man weiß, daß sie schädlich ist.

Wenn ich von einer schädlichen Beziehung spreche, meine ich damit nicht die Beziehung, die durch schwierige Stadien der Disharmonie und Enttäuschung geht; diese sind unausweichlicher Bestandteil der Entwicklung, wenn zwei unabhängige und sich verändernde Menschen eine liebevolle Partnerschaft aufrechterhalten wollen.

Ich spreche von jenen Beziehungen, die in Sackgassen enden.

Ich spreche über die Liebe zu Menschen, die zu unserer Qual unerreichbar sind (vielleicht weil sie an einen anderen gebunden sind oder weil sie keine engagierte Beziehung wünschen oder dazu nicht in der Lage sind).

Ich spreche von der schlechten Beziehung, in der beide Partner auf so verschiedenen Wellenlängen sind, daß es kaum eine gemeinsame Grundlage gibt, kaum einen bedeutsamen Austausch und wenig Freude am anderen oder mit ihm.

Ich spreche von Beziehungen, in denen beständig das fehlt, was einer oder beide Partner brauchen und wünschen, sei es nun Liebe, Zärtlichkeit, Sexualität, Anregung, Aufrichtigkeit, Respekt oder emotionale Unterstützung.

Ich spreche auch von Beziehungen, die Wüsten der Leere, der Distanz, Einsamkeit und Entbehrung sind.

Und manchmal spreche ich von Beziehungen, die Kampfplätze sind von Haß, Zorn und Verachtung.

Das Verharren in einer schlechten Beziehung kann zu einer sich hinschleppenden persönlichen Tragödie werden. Wenn Menschen keine befriedigende Beziehung finden, ist der Grund dafür häufig ihre Unfähigkeit, eine unwiderruflich unbefriedigende Beziehung aufzugeben und weiterzugehen.

Dieses Buch wird all jenen als Anleitung geboten, die in einer schlechten Beziehung festsitzen und wünschen, es wäre anders. Ich werde versuchen, das Rätsel zu lösen, warum Menschen in solchen Beziehungen bleiben, und ich werde versuchen, ihnen den Weg hinaus zu zeigen.

Wenn ich hauptsächlich für jene schreibe, die sich in einer schlechten zentralen Beziehung befinden, zum Beispiel mit einem Liebhaber oder mit einem Ehepartner, so können doch die Prinzipien, die ich entwickle, ebensogut auf Freunde, Verwandte, Angestellte und berufliche Tätigkeit angewendet werden.

In großer Dankbarkeit widme ich dieses Buch den vielen Patienten und Freunden, die mir die Kämpfe ihrer Beziehungen mitgeteilt haben. Von ihnen habe ich viel davon gelernt, was ich jetzt an Euch weiterreiche.

Mein besonderer Dank gilt Lori Jacobs für die Vorbereitung des Manuskripts, Ellen Levine, meiner Managerin und Freundin für ihre stete und hilfreiche Unterstützung und Jane H. Goldman für ihre Fürsorge und ihre einschneidenden und wertvollen Vorschläge.

Howard M. Halpern, Ph.D.

Kapitel 1

Gefangene der Liebe?

Vielleicht hat der Bundesgesundsheitsminister noch keine Verfügung darüber erlassen, aber es gefährdet deine Gesundheit, wenn du an einer schlechten Beziehung festhältst. Es kann deine Selbstachtung erschüttern und dein Selbstvertrauen zerstören, ebenso wie das Rauchen deinen Lungen schadet. Wenn Leute behaupten, ihre Beziehung zum Partner — einem Liebhaber oder einem Ehepartner — 'mache sie fertig', 'bringe sie um', so kann das durchaus wahr sein. Die Spannungen und chemischen Veränderungen, die durch Streß verursacht werden, können jedes deiner organischen Systeme zum Verfall bringen, deine Energie erschöpfen und deinen Widerstand gegen alle möglichen widrigen Krankheitserreger herabsetzen. Oft kann es einen dazu bringen, ungesunde Fluchtmöglichkeiten zu mißbrauchen, wie zum Beispiel Alkohol, Amphetamine, Barbiturate, Narkotika, Beruhigungsmittel, leichtsinnige Machenschaften oder sogar ganz offensichtlich selbstmörderische Handlungen.

Aber selbst wenn es keine gesundheitliche Bedrohung gäbe, kann das Verharren in einer abstumpfenden oder gar tödlich langweiligen Beziehung dein Leben mit Frustration, Zorn, Leere und Verzweiflung überschatten. Du hast vielleicht versucht, sie zu verbessern, sie wieder mit Leben zu füllen, mußtest aber feststellen, wie vergeblich — und demoralisierend — deine Bemühungen waren. Du stehst da ganz gewiß nicht allein. Viele im Grunde vernünftige und praktische Menschen stellen fest, daß sie nicht in der Lage sind, eine Beziehung zu beenden, obwohl sie erkennen, wie schädlich diese für sie ist. Ihr besseres Wissen und ihre Selbstachtung raten ihnen, Schluß zu machen, aber oft halten sie — sehr zu ihrer eigenen Bestürzung — an dieser Beziehung fest. Sie sprechen und handeln, als ob irgend etwas sie zurückhielte, als ob ihre Beziehung ein Gefängnis sei und sie selbst eingesperrt. Freunde und Psychotherapeuten haben sie vielleicht darauf hingewiesen, daß in Wirklichkeit ihre 'Gefängnistür' weit offenstehe und sie nur hinauszutreten brauchen. Und doch halten sie sich trotz ihrer Verzweiflung und ihres Unglücks selbst zurück. Einige nähern sich der Schwelle und zögern dann. Manche wagen einen kurzen Ausfall, ziehen sich aber schnell — erleichtert und verzweifelt — wieder zurück in die Sicherheit des Gefängnisses. Etwas in ihnen möchte hinaus. Etwas in ihnen weiß, daß es nicht ihre Bestimmung ist, so zu leben. Und doch entscheiden sich die Leute in Massen, in ihren Gefängnissen zu bleiben, unternehmen keinen Versuch, sie zu verändern — vielleicht stecken sie lediglich hübsche Vorhänge vor die Gitter oder streichen die Gefängnismauern in dekorativen Farben. Eines Tages sterben sie dann vielleicht in einer Ecke ihrer Zelle, ohne diese ganzen Jahre wirklich gelebt zu haben.

Jeden Tag höre ich von Kämpfen zwischen Männern und Frauen, die sich eingesperrt fühlen in unerfreulichen Beziehungen.
Alice: Ich werde langsam verrückt mit Burt. Er ist so abgeschnitten von seinen Gefüh-

len und reagiert überhaupt nicht auf mich. Ich fühle mich, als wäre ich mit einem Roboter zusammen. Anfangs war er irgendwie romantisch, aber jetzt kommt von ihm nichts als Schweigen und Desinteresse. Wenn ich mich beklage, sagt er, so sei er eben. Obwohl ich frustriert und unglücklich bin, kann ich mich nicht überwinden, ihn zu verlassen. Ich bekomme sogar riesige Angst, wenn ich nur darüber nachdenke...

Jason: Dee ist die meiste Zeit verantwortungslos und selbstsüchtig. Sie macht sich vor anderen Leuten lustig über mich und flirtet manchmal vor meinen Augen mit anderen Männern. Wenn ich böse werde, wirft sie mir vor, ich versuchte, sie zu ersticken. Aber ich habe mit Freunden darüber gesprochen, und sie sagen auch, daß sie mir das Leben sehr schwer macht — so sehr, daß meine Freunde manchmal statt meiner zurückzucken. In diesem Augenblick kann ich nicht sagen, was Dee mir eigentlich gibt, aber was immer mich auch an sie bindet, es scheint stärker zu sein als ich.

Maureen: Ich weiß, Brad wird seine Frau nie verlassen. Ich sehe selbst, wie ich mich zerstöre und Jahre meines Lebens verschwende, wenn ich weiter mit ihm zusammenbleibe. Aber immer, wenn ich versuche, mich von ihm zu trennen und Schluß zu machen, gehe ich durch eine unerträgliche Hölle und kehre doch zu ihm zurück. Ich fühle, daß er mich 'besitzt'.

Mitchell: Ich weiß nicht, wie es kommt, aber alles ist ein Kampf, eine schreckliche, das Innerste zermürbende Auseinandersetzung. Über jede Kleinigkeit geraten wir in die fürchterlichsten Machtkämpfe, angefangen damit, welchen Film wir sehen wollen, bis dahin, welches Fenster geöffnet werden soll. Wir sind uns anscheinend nur darüber einig, daß es besser wäre, sich zu trennen, aber Lara und ich können uns nicht voneinander lösen.

Jo Anne: Ich habe schon vor Jahren aufgehört, Dennis zu lieben. An den meisten Abenden graut mir davor, wenn er nach Hause kommt. Aber wir haben so viel gemeinsam — das Haus, die Kinder, Erinnerungen und vielleicht einfach nur die Gewohnheit. Und so sehr ich auch fort möchte, der Gedanke, er könnte nicht mehr in meinem Leben sein und die Gedanken an all die Schwierigkeiten mit dem Schlußmachen, veranlassen mich doch, noch ein weiteres Jahr auszuhalten und dann noch ein Jahr und noch ein Jahr. Ich habe mich damit abgefunden, daß mehr für mich nicht drin ist, aber ich fühle mich wie tot.

Arthur: Die Wahrheit ist, daß ich Betsy nicht liebe, jedenfalls nicht genug, um sie zu heiraten, aber ich kann nicht Schluß machen. Ich vermeide es, neue Frauen kennenzulernen, da ich damit rechne, daß sie mich zurückweisen, und davor habe ich Angst. Vermutlich bleibe ich bei Betsy, weil sie da ist. Es ist schön zu wissen, daß zumindest einer da ist, für den es wirklich wichtig ist, ob ich von einem Wagen angefahren werde und mit dem ich all diese Kleinigkeiten teilen kann, die während eines Tages geschehen, ob ich gerade den Bus verpaßt oder ein neues Hemd gekauft habe — Dinge, die andere nicht im Geringsten interessieren.

Eileen: Warum besuche ich Peter immer wieder, wenn er mich so schlecht behandelt? Er ist wirklich grausam zu mir und völlig auf sich selbst bezogen. Ich habe schon auf hundert verschiedene Arten versucht zu sagen, daß Schluß ist:'Ich liebe dich, aber die Beziehung tut mir nicht gut.' - 'Es funktioniert nicht.' - 'Ich will dich nicht mehr sehen.' - 'Ich brauche dich nicht mehr.' - 'Mach, daß du wegkommst, du selbstsüchtiger Waschlappen.' - 'Zum Teufel mit dir.'

Und manchmal sage ich diese Dinge und mache Schluß — aber doch immer nur für höchstens eine Woche.

DIE MACHT DER SELBSTTÄUSCHUNG

Alle diese Leute glauben wirklich, es wäre besser für sie, wenn sie die Beziehung beendeten, aber wenn es darum geht, dies wirklich zu tun, sind sie gelähmt. Wider besseres Wissen handeln sie oft gegen ihre eigenen Interessen und versuchen, sich durch Verdrehung der Tatsachen selbst zu betrügen. Sie rationalisieren. Sie finden 'gute Gründe', um andere, vielleicht unbewußte, Gründe zu verstecken.

Alice: (die langsam 'verrückt wird' durch Burts Distanziertheit und Desinteresse) Ich weiß, daß er mich trotz all seiner Kälte wirklich liebt. Er hat nur Schwierigkeiten, das zu zeigen. Warum will er sonst nicht Schluß machen?

Jason: (der Dee selbstsüchtig und verletzend findet) Ich weiß, sie wirkt oft grausam und unsensibel, aber vielleicht liegt es nur an mir, weil ich zu sensibel und empfindlich bin und zuviel erwarte.

Maureen: (die weiß, daß Brad seine Frau niemals verlassen wird) Manchmal ist es so schön zwischen uns, und er ist so liebevoll, daß ich nicht glauben kann, er könne so dumm sein, bei seiner Frau zu bleiben.

Mitchell: (der mit Lara wegen jeder Kleinigkeit streitet) Vielleicht sind unsere vielen Auseinandersetzungen ein Zeichen dafür, wie sehr wir einander lieben.

Jo Anne: (die Dennis schon seit geraumer Zeit nicht mehr liebt) Vielleicht ist Liebe nicht so wichtig. Vielleicht kann man überhaupt nicht mehr erreichen.

Arthur: (der Betsy nicht genug liebt, um sie zu heiraten) Es gibt nicht viele Frauen, die ich attraktiv finde und die mich attraktiv finden würden.

Eileen: (die sich von Peter grausam behandelt fühlt) Es ist nicht so, daß er mich nicht liebt. Er hat nur Angst, sich festzulegen und sich zu binden.

Rationalisierung ist nicht die einzige Selbsttäuschungs-Technik. Manchmal haben die Menschen tief verwurzelte Gefühle und Überzeugungen, die sich der Logik widersetzen und — schlimmer noch — ihre Urteilsfähigkeit für das trüben, was in ihrem eigenen gesunden Interesse liegt.

Alice: Wenn ich Burt verlasse, weiß ich, daß ich für immer allein sein werde, und das ist das Schlimmste, was ich mir vorstellen kann.

Jason: Oft behandelt mich Dee wie Dreck. Jedes Wort ist eine Klage, Kritik oder ein Befehl. Aber ich liebe sie. Ich fühle, ich kann ohne sie nicht leben.

Maureen: Manchmal habe ich diese Idee, daß ich einen anderen heirate und daß Brad bei seiner Frau bleibt, wir aber für immer Geliebte sind. So steht es in unseren Sternen.

Mitchell: Ich weiß, wir können keine zwei Minuten miteinander reden, ohne uns zu streiten. Wenn man aber solche starken Gefühle hat wie ich, dann findet man immer einen Ausweg.

Jo Anne: Immer wenn ich ans Fortgehen denke, werde ich von Schuldgefühlen überwältigt.

Arthur: Wer würde mich sonst nehmen?

Eileen: Peter sagt, er liebe mich nicht mehr. Aber das kann nicht wahr sein. Er hat mich früher geliebt, und das hört nicht einfach auf. Er muß mich lieben.

Einige dieser Aussagen klingen vielleicht sehr bekannt, und es ist schwer zu erkennen, was daran falsch sein könnte. Du hast sie gehört von Leuten, die du kennst. Du hast sie in romantischen Erzählungen gelesen, sie in Filmen, Theaterstücken und Liedern gehört. Vielleicht benutzt du sie, um dein Glück zu verschleudern. Wenn das der Fall ist, mußt du dich fragen: Was schützt du? Wovor hast du Angst? Was sind die wirklichen Gründe, die hinter den 'guten' Gründen stecken?

'IRGEND ETWAS HÄLT MICH FEST'

Eileen ist eine attraktive und begabte 28jährige Herausgeberin einer Frauenzeitschrift. Sie war zu mir in Therapie gekommen, da ihr Arzt erklärt hatte, daß ihr Hautausschlag und ihre Schlafschwierigkeiten psychische Gründe hätten. Sie war seit zwei Jahren mit Peter befreundet, einem dynamischen und erfolgreichen Architekten, und während dieser Zeit hatten sich ihre Symptome entwickelt. Man konnte leicht sehen warum. Gelinde gesagt, behandelte Peter sie schlecht. Häufig war er grausam. Und Eileen ließ sich diese Behandlung gefallen.

So haben sie sich zum Beispiel verabredet, und Peter kommt nicht. Dann ruft er vielleicht nachts um 2 Uhr an und sagt: ,,Schnapp' dir ein Taxi und komm her." Und sie steht auf, zieht sich an und fährt mit einem Taxi zu seiner Wohnung.

Zu einer Sitzung erschien Eileen freudestrahlend, da Peter sie — was ganz ungewöhnlich war — gebeten hatte, mit ihm das Wochenende an einem Urlaubsort zu verbringen. Zur nächsten Sitzung eine Woche später kam sie deprimiert, verbittert und niedergeschlagen. Als sie auf dem Weg waren in das — wie sie geglaubt hatte — 'romantische Wochenende' hatte Peter ihr mitgeteilt, daß er dort an einer geschäftlichen Konferenz teilzunehmen hätte, so daß sie die meiste Zeit allein sein würde. Sie war wütend, hatte ihn angeschrien und geweint; aber wie schon so oft, hatte er ihr nur vorgeworfen, daß sie zu hohe Anforderungen stellte. Auf der Rückfahrt vom Wochenende, sagte sie ihm, daß sie das nicht länger aushalten könne und ihn nicht wiedersehen wolle. Er zuckte die Schultern und ging. Keine Woche später, nach fünf Tagen voller Qual, Schlaflosigkeit, Verzweiflung und einem fleckigen Ausschlag, saß sie wieder am Telefon und wählte seine Nummer, gewillt, auch unter den erniedrigendsten Bedingungen zu ihm zurückzukehren. ,,Es ist so, als ob mich irgend etwas festhält", weinte sie.

Was hält sie fest? Warum bleibt diese fähige und sonst so vernünftige Frau in einem so engen Verhältnis zu einem Mann, der sie beständig zurückweist, der ihr immer wieder Schmerz und Qual bereitet? Warum empfindet sie eine noch heftigere Pein, wenn sie versucht, diese Beziehung zu lösen?

ABHÄNGIGKEIT VON EINER PERSON

Genau betrachtet, hat die Bindung Eileens an Peter alle Charakteristika einer Abhängigkeit. Ich benutze den Ausdruck 'Abhängigkeit' nicht symbolisch oder metaphorisch. Es ist nicht nur möglich, sondern auch extrem häufig, daß eine Person in einer Liebesbeziehung von der anderen abhängig wird. In seinem Buch 'Love and Addiction' weist Stanton Peele auf eine charakteristische Abhängigkeit in einigen Liebesbeziehungen hin. Er untersuchte viele Studien über Drogenabhängigkeit und bemerkte dabei eine häufige Schlußfolgerung — daß nämlich das Element der Abhängigkeit nicht auf die Substanz zurückzuführen war (Alkohol, Tabak oder ein Narkotikum), sondern auf die Person, die abhängig ist. In der Liebesbeziehung nimmt dieses abhängige Element die Form eines zwingenden Bedürfnisses an, mit einer bestimmten Person verbunden zu sein und zu bleiben.
Aber ist dieses Bedürfnis immer eine Abhängigkeit? Warum wird es überhaupt so genannt? Warum nennen wir es nicht einfach Liebe oder Bevorzugung oder ein Gefühl der Verpflichtung?

Häufig ist viel Liebe und Engagement in einer abhängigen Beziehung vorhanden, um aber einen Menschen aufrichtig zu lieben und sich ihm ganz zu widmen, muß man ihn f r e i wählen, und eines der Kennzeichen der Abhängigkeit ist der zwanghafte Trieb, der per definitionem bedeutet, daß die Freiheit eingeschränkt ist. Der Alkoholiker oder der Drogenabhängige fühlt sich zur Abhängigkeitssubstanz getrieben, selbst wenn er weiß, daß sie schlecht ist für ihn. Und wenn in einer Beziehung ein starkes abhängiges Element existiert, hat man das Gefühl:,,Ich muß diese Person haben, und ich muß mit dieser Person verbunden bleiben, selbst wenn die Beziehung schlecht für mich ist.''

Das erste Anzeichen für eine Abhängigkeit ist also die Zwanghaftigkeit. Das zweite Anzeichen ist die P a n i k, die sich einstellt bei der möglichen Abwesenheit der Substanz. Alkoholiker empfinden oft Panik, wenn sie nicht sicher sind, woher das nächste Glas Alkohol kommen soll. Drogenabhängige erleben diese Furcht, wenn ihr Vorrat am Ende ist. Nikotinabhängige fühlen sich sehr unwohl, wenn sie in einem Raum sind, wo das Rauchen verboten ist.
Und Menschen in einer abhängigen Beziehung empfinden vielleicht eine überwältigende Panik bei dem Gedanken an den Abbruch dieser Beziehung. Ich habe von vielen gehört, die am Telefon sitzen und anfangen, die Nummer des Partners ihrer unglücklichen Liebesaffäre zu wählen, entschlossen zu sagen, alles sei zu Ende; aber ihre Angst wird so groß, daß sie den Hörer schließlich wieder auflegen müssen, ohne gesprochen zu haben.

Das dritte Kennzeichen der Abhängigkeit sind die Entzugssymptome. So schlimm auch die Panik ist, wenn man den Bruch erwägt oder sich ihm nähert, so ist sie doch nichts im Vergleich zu der Niedergeschlagenheit, die sich einstellt, wenn der Bruch tatsächlich vollzogen ist. Eine Person, die gerade eine abhängige Beziehung beendet hat, kann schlimmere Qualen erleiden als der Drogenabhängige, der Raucher oder der Alkoholiker, wenn sie den 'cold turkey' erleben, und in vieler Weise ist die Reaktion ähnlich. Oft empfinden sie zum Beispiel physischen Schmerz (Brust, Magen und Bauch reagieren besonders stark), sie weinen und haben Schlafstörungen (einige können überhaupt n'cht schlafen, andere schlafen zu viel). Sie sehen keine Möglichkeit, das Unbehagen zu beenden, außer zu der alten Substanz (Person) zurückzukehren. Das Verlangen kann so stark werden, daß die Leidenden sich trotz der besten Absichten geschlagen geben und zur Quelle ihrer Abhängigkeit zurückgetrieben werden.

Das vierte Kennzeichen einer Abhängigkeit ist ein Gefühl der Befreiung, des Triumphes und der Erfüllung, das sich oft nach einer Periode der Trauer einstellt. Es unterscheidet sich von der langsamen, traurigen Resignation und Heilung, die dem Verlust einer nicht abhängigen Beziehung folgen. -

Hinter all diesen Reaktionen und den im wesentlichen ähnlichen Abhängigkeitsformen — sei es nun von einer Substanz oder von einer Person — steht das Gefühl der Unvollständigkeit, Leere, Verzweiflung, Trauer, des Verlorenseins und die Überzeugung, nur durch die Verbindung zu irgend etwas oder zu irgend jemandem außerhalb der eigenen Person Heilung finden zu können. Dieses Etwas oder dieser Jemand wird zum Mittelpunkt des Daseins, und man ist bereit, sich sehr viel Schaden zuzufügen, nur um die Beziehung aufrechtzuerhalten.

Wenn wir noch einmal Eileens Beziehung zu Peter betrachten, erkennen wir viele Anzeichen der Abhängigkeit. Sie fühlt den Zwang, mit ihm in Verbindung zu sein; sie gerät in Panik, wenn sie daran denkt, sich von ihm zu trennen; und sie hat starke und qualvolle Entzugssymptome, einschließlich physischer Störungen, von denen sie nur dann Erleichterung findet, wenn sie die Beziehung zu ihm wieder aufnimmt. Und trotz ihrer beträchtlichen Fähigkeiten und ihrer gewinnenden Eigenschaften, hat sie ernsthafte Zweifel darüber, ob sie in sich selbst eine vollständige, abgerundete und liebenswerte Person ist, wenn sie ohne ihre Beziehung zu Peter ist.

BIST DU ABHÄNGIG?

In jeder Liebesbeziehung gibt es wahrscheinlich ein Element der Abhängigkeit, und das an sich braucht nicht schlecht zu sein. Es kann dieser Beziehung sogar Stärke und Freude geben. Wer ist schließlich so vollkommen, so in sich abgeschlossen, so 'gesund' und 'reif', daß er es nicht nötig hätte, sich durch eine enge Bindung an eine andere Person gut zu fühlen? Es ist sogar ein Zeichen für eine gute Beziehung, daß sie uns mit dem Besten in uns selbst in Berührung bringt. Wodurch bestimmte Beziehungen zu Abhängigkeiten werden, ist die Erweiterung dieses 'Ich brauche dich' zu der beherrschenden Macht unserer Zuneigung. Dadurch wird ein innerer Zwang geschaffen, der uns einiger wesentlicher Freiheiten beraubt: der Freiheit, das Beste in uns in einer Beziehung zu zeigen: der Freiheit, die andere Person aus eigener Wahl und liebevoller Bindung heraus zu lieben statt durch unsere eigene Abhängigkeit dazu gezwungen zu sein; und der Freiheit zu wählen, ob wir mit dieser Person zusammenbleiben oder sie verlassen wollen.

Wenn du in einer Liebesbeziehung zutiefst unglücklich bist und trotzdem an ihr festhältst: Wie kannst du dann entscheiden, ob dein Entschluß zu bleiben sich auf Vorliebe und Engagement begründet oder auf deiner Abhängigkeit?

Es gibt mehrere Anzeichen für Abhängigkeit, nach denen du in dir selbst forschen kannst:

1. Obwohl dein objektives Urteil (und vielleicht auch das Urteil anderer) dir sagt, die Beziehung sei schlecht für dich und du könntest mit keiner Verbesserung rechnen, unternimmst du nicht wirklich Schritte, sie abzubrechen.
2. Du gibst dir selbst Gründe, in dieser Beziehung zu bleiben, die keiner Überprüfung standhalten oder die eigentlich nicht positiv genug sind, um die Nachteile dieser Beziehung aufzuwiegen.
3. Bei dem Gedanken an das Ende dieser Beziehung bekommst du Furcht, sogar Schrecken, und du klammerst dich umso stärker an die Beziehung.
4. Wenn du Schritte unternimmst, die Beziehung abzubrechen, leidest du unter akuten Entzugserscheinungen, einschließlich physischer Qual, und du findest nur Erleichterung, wenn du den Kontakt zum Partner wieder aufnimmst.
5. Wenn die Beziehung wirklich beendet ist (oder wenn du dir einbildest, sie sei zu Ende), erlebst du die Verlorenheit, Einsamkeit und Leere einer Person, die auf ewig vertrieben ist — häufig gefolgt und begleitet von einem Gefühl der Befreiung.

Wenn die meisten dieser Anzeichen vorhanden sind, befindest du dich mit großer Wahrscheinlichkeit in einer Beziehung, in der die Abhängigkeitselemente so groß und so beherrschend geworden sind, daß sie deine Fähigkeit, dein eigenes Leben in die Hand zu nehmen, zerstört haben. Und so wie ein Alkoholiker den Weg in die Nüchternheit mit dem Eingeständnis beginnen muß:'Ich bin ein Alkoholiker', so mußt du mit der Erkenntnis beginnen, daß du tatsächlich gefangen bist.

Das ist der wesentliche erste Schritt zum Verständnis der Grundlage deiner Abhängigkeit und zur Erkenntnis dessen, wie sie funktioniert. Dann kannst du anfangen, dich frei zu fühlen und zu entscheiden, ob du daran arbeiten willst, die Beziehung zu verbessern, sie so zu akzeptieren, wie sie ist, oder — wenn du sie weder verbessern noch akzeptieren kannst — daraus auszubrechen.

HUNGER NACH ZUNEIGUNG —

DIE GRUNDLAGE

DER ABHÄNGIGKEIT

Kapitel 2

Die Liebesfalle

Wenn du den Verdacht hast, eine schlechte Beziehung aufrechtzuerhalten, weil du abhängig bist, ist es notwendig, die Wurzeln deiner Abhängigkeit zu verstehen. Sonst findest du dich vermutlich mit dem Problem ab, übst Selbstkritik und verdammst deine Abhängigkeit als Schwäche oder erniedrigenden Fehler. Oder du beschließt vielleicht, da es sich um eine Abhängigkeit handle, könntest du auch weitermachen, denn schließlich ist eine Abhängigkeit stärker als du.

Wenn du aber weißt, wie deine Abhängigkeit entstanden ist, wirst du in der Lage sein, sie als eine logische und verständliche Entwicklung deiner persönlichen Geschichte zu betrachten, ihr gegenüber eine mitleidige Haltung einzunehmen und zuletzt lernen, was du tun kannst, um sie zu überwinden.

VERBINDUNGSEBENEN

Es gibt drei psychologische Verbindungsebenen, die deine Entscheidung, in einer Beziehung zu bleiben, die besser abgebrochen würde, beeinflussen.

Auf der obersten Ebene stehen die praktischen Erwägungen, und da sie die offensichtlichste der Ebenen ist, kann man sie am leichtesten verstehen und beobachten. Es gibt zum Beispiel scheinbar unüberwindliche Probleme, wenn man eine zerstörerische Ehe beendet, zu der kleine Kinder gehören oder in der finanzielle Abhängigkeit besteht, oder wenn die Bindung so verwickelt und so alt ist, daß ein Auseinanderbrechen im Leben aller Beteiligten eine große Erschütterung hervorrufen würde.

Die nächstniedrigere Ebene sind die Überzeugungen, die man über Beziehungen im allgemeinen hat, über diese besondere, schwierige Beziehung und über sich selbst. Teilweise setzen sich diese Überzeugungen aus erlernten gesellschaftlichen Geboten und Klischees zusammen, wie zum Beispiel:'Liebe dauert ewig' - 'Die Ehe ist ein Sakrament.' - 'Das wichtigste ist die Sicherheit.' - 'Wohlbekannte Höllen sind besser als unbekannte Himmel.' - 'Es ist eine Niederlage, wenn man eine Beziehung beendet.' - 'Allein sein ist erniedrigend.' - 'Nicht Hälfte eines Paares zu sein, ist wie eine halbe Schere sein.' Und dann gibt es noch die Ansichten, die man über sich selbst hat, zum Beispiel:'Ich bin nicht attraktiv genug.' - 'Ich bin nicht klug genug.' - 'Ich bin nicht interessant genug.'- 'Ich bin nicht erfolgreich genug.' — Darum:'Niemand anders wird mich haben wollen, also bleibe ich lieber da, wo ich bin.' Und außerdem:'Ich bin nicht in der Lage, allein fertig zu werden.'

Und schließlich gibt es noch die tiefste Ebene der Gefühle und Motive, die dich in der Klemme halten. Diese Ebene stammt aus einer frühen Zeit, wird oft unterhalb deines Bewußtseins wirksam und kann aus ihren verborgenen Schlupfwinkeln heraus dein Leben beherrschen. Diese Ebene gibt es in jedem Menschen in unterschiedlich starkem Maße, und ihre emotionale Macht kann viel größer sein als die Ebenen der praktischen Erwägungen und der Überzeugungen. Diese ursprünglichste Schicht ist die Ebene des Hungers nach Zuneigung, und diese Ebene müssen wir erforschen, denn der Hunger nach Zuneigung ist die Grundlage für eine Abhängigkeit von einer anderen Person. Sie ist so mächtig, daß sie die praktischen Erwägungen ('Diese Beziehung ist schlecht für meine Gesundheit') und auch die Überzeugungen ('Eine lieblose und einengende Beziehung sollte man abbrechen') völlig unterdrücken kann.

Der Ursprung deines Bedürfnisses nach Zuneigung ist leicht verständlich. Jeder hat einmal als hilfloses Baby angefangen. Allein konnte man nicht einmal die einfachsten Dinge für das eigene Wohlbefinden oder Überleben verrichten. Man war erst vor kurzem von einem Ort gekommen, an dem Wohlbefinden und Sicherheit vollkommen waren, und eine solche umfassende Seligkeit und Sicherheit würde man nie wieder finden. In die Welt hinausgestoßen war es unmöglich, allein fertigzuwerden, weder mit den Anforderungen von außen noch mit den chaotischen Gefühlen in einem selbst. Es muß ein impulsiver Wunsch dagewesen sein, geradewegs zurück in die Sicherheit und Wärme zu kehren, aber natürlich ging das nicht. Da war aber eine Mutter, und diese reagierte vermutlich auf diese Bedürfnisse in einer Art und Weise, die drei Dinge zur Folge hatte: 1. Sie hielt uns am Leben und gesund. 2. Sie gab uns die Illusion, in einer sicheren, befriedigenden gebärmutterähnlichen Situation zu sein und 3. gab sie uns durch den symbiotischen Zusammenschluß die Illusion, wir selbst seien unwahrscheinlich mächtig.
Dies ist ein sehr berauschendes Gefühl, und man gibt es nicht gern auf, weder angesichts des eigenen angeborenen Bestrebens, eine unabhängige Person zu werden, noch angesichts des mütterlichen Versuchs, einen zu entwöhnen. Es ist verständlich, daß man sich fest an diese Illusion klammert.

In den letzten Jahrzehnten wurde von Untersuchungen berichtet über die Wichtigkeit des Bedürfnisses eines Kleinkindes, sich mit Händen, Armen und Augen an eine bemutternde Person zu binden. Es ist ein tiefsitzendes, biologischen Bedürfnis und die Art, wie die bemutternde Person auf das Bedürfnis zu diesem sehr frühen Zeitpunkt reagiert, hat später eine bedeutsame Wirkung auf die Fähigkeit des Erwachsenen, sowohl eine gute Beziehung zu bilden wie auch auf seine Fähigkeit, ohne eine solche zu leben, wenn dies notwendig oder ratsam ist. Selbst die hingebungsvollste aller Mütter kann nicht perfekt auf das Kind eingestimmt sein, kann nicht zu jedem Zeitpunkt bei ihm sein, kann nicht immer und unmittelbar auf seine Bedürfnisse eingehen. Auch die hingebungsvollste aller Mütter hat noch andere Dinge, um die sie sich kümmern muß, hat ihre eigenen Bedürfnisse, Sorgen und Beschäftigungen. Sie ist vielleicht deprimiert, angespannt oder körperlich krank. Sie hat vielleicht einige Überzeugungen, die das Zuneigungsbedürfnis einschränken (daß es zum Beispiel schlecht ist, ein Baby hochzunehmen, wenn es schreit, oder daß es nicht gut ist, ein Baby außerhalb der vorgeschriebenen Zeiten zu füttern etc.). Sie muß vielleicht manchmal fortgehen.
Diese Faktoren können das Band der Zuneigung durchtrennen und unter Umständen einen beständigen Zuneigungshunger im Kind zurücklassen.

Je mehr zu diesem frühen Zeitpunkt den Bedürfnissen nach Zuneigung in einem Baby nachgegeben wird, umso besser. Aber nicht nur die ungenügende Befriedigung dieser Bedürfnisse kann zu einem verbleibenden Zuneigungshunger führen, sondern auch die Unfähigkeit der Eltern, das Kind in die Unabhängigkeit zu entlassen, ihm zu helfen, sich von seiner sicheren und warmen Symbiose mit der Mutter zu entfernen. Ein guter Start gibt dem Kind Rückhalt und stärkt sein Vertrauen. Es zeigt ihm, daß es für sich allein einstehen und Risiken auf sich nehmen kann. Es zeigt ihm, daß die Welt nicht bösartig ist und vor allem nicht voller Gefahren und daß es die Fähigkeit hat, sowohl allein mit ihr fertigzuwerden als auch neue Beziehungen zu anderen Menschen einzugehen. Mütter, die während der Bindungsphase wunderbar auf das Kind eingehen - vielleicht wegen der eigenen Bedürfnisse nach Nähe - leisten oft sehr schlechte Arbeit bei der Phase der beginnenden Unabhängigkeit, klammern sich an das Kind und untergraben seine Bemühungen nach Autonomie, haben Angst vor den Risiken und nehmen ihm die geringere Abhängigkeit übel. Hier ist die Rolle des Vaters besonders wichtig.

,,Die Bereitschaft der Mutter, dem Kind bei diesem Loslösen zu helfen, indem sie es sich zunächst genügend an sie binden läßt und ihm die Sicherheit ihrer liebevollen Fürsorge zuteil werden läßt, und indem sie ihm dann erlaubt, sich einige Schritte von ihr zu entfernen, wieder zurückzukommen und wieder aus ihrem Kreis zu treten, ist von entscheidender Bedeutung bei der Entwicklung seiner Autonomie. Aber Mutter und Kind brauchen beide oft Hilfe: die Muter, weil sie vielleicht ein tiefes eigenes Bedürfnis hat, sich an das Kind zu klammern; das Kind, weil Trennung immer mit Besorgnis einhergeht. Und hier ist nun die Aufgabe des Vaters, das Kind bei der Hand zu nehmen und mit ihm in die größere Welt hinauszuschlendern, ihm ihre Freuden und verwirrenden Reize zu zeigen, ihm beizubringen, mit den Gefahren fertigzuwerden und ihm Vertrauen und Mut einzuflößen, sich dort nach draußen zu begeben. Ein wirklich guter Vater wird sich auch um das kleine Kind in der Mutter kümmern, das vielleicht während dieser Zeit der Trennung betrübt ist und sich bedroht fühlt. Die wesentliche Aufgabe des Vaters besteht also darin, Mutter und Kind bei der Trennung voneinander zu helfen. Die Rolle erfordert die ruhige Kraft des alltäglichen Heldentums." (Halpern, Abschied von den Eltern, S.43)

Nicht alle Väter verrichten diese wichtige Aufgabe gut. Einige erkennen dies nicht als ihre Arbeit und überlassen alle Dinge, die mit der Kindererziehung zu tun haben, der Mutter. Einige Väter sind vielleicht egozentrisch oder zurückgezogen und nicht in der Lage, Mutter und Kind zu helfen, die notwendige Distanz voneinander zu gewinnen. Und einige Väter können so übermächtig und sogar grausam sein, daß sie ihr Kind in die tröstenden Arme der Mutter zurücktreiben. Ein Kind kann zaghaft und furchtsam werden, wenn seine Mutter es nicht ermutigt, Schritte von ihr fort zu unternehmen, und wenn der Vater keinen alternativen Rückhalt und keine neue Richtung bietet.

Das Ausmaß, in welchem du als Erwachsener starke Anzeichen von Zuneigungshunger hast, der deine Beziehungen beeinflußt, hängt davon ab, was während dieser frühen Bindungs- und Entnabelungsphasen deiner Entwicklung geschehen ist. So wie deine Eltern der Bindungsphase gerecht wurden und dann nach etwa eineinhalb Jahren deine Unabhängigkeit förderten, wirst du in deinem Erwachsenenleben entsprechend geringere Überbleibsel dieses Bindungshungers in dir verspüren. Gelang es ihnen nur schlecht, dir sowohl in der Bindungsphase als auch in der Abnabelungsphase zu helfen, wirst du vielleicht einen entsprechend starken Rest an Bedürfnissen aus der Ebene des

Zuneigungshungers haben, der dich zwingt, auf eine abhängige Art und Weise nach Beziehungen zu suchen und dich an andere anzuklammern.

In seiner Diskussion darüber, wie wichtig es für unser Selbst ist, unserer Bindung an die Mutter entwöhnt zu werden, sagt der bedeutende englische Psychoanalytiker D.W.Winnicott:,,Es ist die Aufgabe der Mutter, das Kind zu desillusionieren.''('Transitinal Objects and Transitional Phenomena.' International Journal of Psychoanalysis, Vol.24, 1953) Er bezieht sich auf die Notwendigkeit, der Illusion des Kindes ein Ende zu machen, es sei in einer allmächtigen Mutter-Kind-Einheit verschmolzen. Der Vorgang der 'Desillusionierung' des Kindes ist sehr schwer, und er ist wahrscheinlich niemals vollständig abgeschlossen. Die Sehnsucht nach diesem Gefühl der Allmacht und völligen Sicherheit lebt in uns allen fort; und wir lernen lediglich, uns mit kurzen Episoden zufriedenzugeben, zum Beispiel in der sexuellen Ekstase, zum Beispiel bei dem Hochgefühl nach einer Marihuana-Zigarette, bei dem Hingerissenseins der Verliebtheit, der Freude, die wir an einem Kunstwerk oder einem Musikstück erleben oder bei einem ehrfurchterweckenden Panorama, der Heiterkeit eines Tanzes oder Laufens oder der Freude daran, etwas zu schaffen, ein Gedicht, ein Gemälde, eine Melodie, die es noch nie zuvor gegeben hat. Aber auch die Illusion, die wir geschaffen haben, um den Zuneigungshunger zu befriedigen, lebt weiter — bei manchen Leuten in viel stärkerem Maße als bei anderen — in der Form des Wunsches, der Phantasie und des Versuches, dieses Gefühl der Stärke, Sicherheit und Seligkeit wieder einzufangen durch das Verschmelzen mit einer anderen Person. Die Menschen drücken ihren Wunsch danach in Aussagen wie den folgenden aus:
,,Ich fühle mich nur dann völlig lebendig, wenn ich eine enge Liebesbeziehung habe.''
— ,,Ich fühle mich ohne sie unvollständig. Sie macht mich zu einem Ganzen.'' — ,,Ohne ihn fühle ich mich verängstigt und unsicher.'' — ,,Wenn er mich hält, fühle ich mich sicher.'' — ,,Wenn ich sie verlöre, wäre das Leben nicht mehr lebenswert. Sie ist mein Glück.''

Lloyd Silverman und seine Kollegen haben in einer Serie von interessanten Untersuchungen über sehr faszinierende Experimente berichtet, in denen dieser untergründige Wunsch nach Bindung nachgewiesen wird, ja sogar die positive Wirkung, die die Erfüllung dieses Wunsches hat. Die Methodologie dieser Studien ist einfach. Das grundlegende Instrument ist ein Tachistokop, ein Gerät, in das man hineinsieht und auf eine Scheibe blickt, auf die eine gedruckte Botschaft oder ein Bild projiziert werden kann. Die Botschaft kann so kurz eingeblendet werden, daß die Person sie nicht bewußt lesen kann. Jede Reaktion auf die Botschaft wäre eine unbewußte Wahrnehmung.
Bei einer Untersuchung gab Silverman eine Anzeige in der örtlichen Zeitung auf:,,Beunruhigt von Käfern? Freie Behandlung für Wanzen- oder andere Insektenphobien.'' Zwanzig Frauen reagierten auf diese Anzeige. Es wurde eine ähnliche Technik eingesetzt wie die Desensibilisierungsmethode der Behavioristen und ,,die Teilnehmerinnen wurden gebeten, sich Szenen vorzustellen, in denen sie mit dem jeweiligen Insekt in Kontakt kamen, wobei diese Szenen sehr wenig bis sehr stark furchterregend sein sollten. Nach jeder bildlichen Vorstellung ordneten die Teilnehmerinnen selbst den Grad ihres Unbehagens auf einer 1oo-Punkte-Skala ein. Lag die Zuordnung bei 2o und höher, wurden sie gebeten, nicht den nächsten Schritt zu tun, sondern stattdessen in das Tachistokop zu blicken (durch das ihnen eine nicht bewußt wahrzunehmende Botschaft gegeben wurde). Eine Gruppe der Frauen empfing die Botschaft:,,Mutti und ich sind eins.'' Die zweite Gruppe empfing den Kontrollstimulus:,,Die Leute gehen.'' Dann

wurden die Frauen gebeten, sich die Szene mit den Insekten erneut vorzustellen und den Grad des Unbehagens, das sie dabei empfanden, erneut zuzuordnen. Lag diese Zuordnung unter 2o, gingen die Frauen weiter zum nächst schlimmeren Bild, war das Unbehagen größer, wurde dieselbe Szene wiederholt, bis die Unbehaglichkeitsstufe auf 2o herabgesunken war.

Nach vier Desensibilierungssitzungen dieser Art wurden die Teilnehmerinnen nach dem Maß der Insektenphobie beurteilt. Bei zwei von drei Messungen der Veränderung (die Fähigkeit der Frauen, die Insekten zu berühren und die Einstufung der Angst während dieser Versuche des Kontaktes durch einen Beobachter) gab es eine signifikant stärkere Verbesserung bei der experimentellen als bei der Kontrollgruppe."(L.H.Silverman, F. M.Lachmann und R.H.Millich, 'The Search for Oneness'. New York, 1982)

Keine der beiden Gruppen war sich bewußt, welche Botschaften sie bekamen bzw. daß sie überhaupt irgendeine Botschaft bekam.

Wir haben durch diese und andere Untersuchungen den Beweis, daß der Wunsch nach Symbiose, der Wunsch, der unserem Zuneigungshunger zugrundeliegt, heilend und beruhigend sein kann. Ganz offensichtlich ist dieser Wunsch tief verwurzelt und mächtig. Aber wenn auch jeder eine solche Sehnsucht zu haben scheint, wird doch nicht jeder abhängig von anderen Menschen. Die Gefühle auf der Ebene des Zuneigungshungers werden nur dann einen Menschen in die Abhängigkeit führen, wenn sie so stark sind, daß sie seine Fähigkeit, in seinem eigenen Interesse zu handeln, unterdrücken.

Wenn dein Bedürfnis nach Zuneigung allzu groß ist, dein Urteilsvermögen zu überstimmen und deine Handlungen zu beherrschen scheint, könnte dies ein Hinweis darauf sein, daß irgend etwas bei dem komplexen Vorgang der Loslösung aus dieser primären Verschmelzung mit deiner Mutter falsch gelaufen ist. Vielleicht hat das Bedürfnis deiner Mutter selbst, aus ihrem Zuneigungshunger heraus mit dir eins zu sein, diese Vorstellung der Einheit lange Zeit aufrechterhalten, obwohl du schon in der Lage hättest sein müssen, die Realität des Getrenntseins zu akzeptieren. Vielleicht hat sie deinen Kampf um Stärke und Autonomie nicht wirkungsvoll unterstützt, da sie sich durch deine Unabhängigkeit von ihr bedroht fühlte. Oder vielleicht hat sie dich während jener frühen Zeit in deinem Leben, als du die Verschmelzung noch brauchtest, nie eine ausreichend tiefe oder andauernde Einheit mit ihr erfahren lassen, so daß du jetzt noch immer hungrig bist auf diese Symbiose. (Wie Winnicott andeutete, ist es zwar die Aufgabe der Mutter, das Kind zu desillusionieren, dies kann ihr aber nie gelingen, wenn sie ihm nicht zunächst einmal genügend Gelegenheit gegeben hat, die Illusion der Einheit zu haben.)

Ob nun deine abhängige Bindung sich auf ein männliches oder auf ein weibliches Wesen richtet, hängt wahrscheinlich von diesen frühen und nicht erfüllten Bedürfnissen ab, Einheit mit der Mutter deiner frühen Kindheit zu erlangen. Auch wenn du später nur eine unzureichende oder gestörte Liebesbeziehung zu einem der Eltern hast oder zu anderen für dich wichtigen Personen, oder wenn sie es versäumen, die Entwicklung deiner Unabhängigkeit zu unterstützen, kann dies ebenfalls dazu beitragen, daß du dich an einen anderen klammerst in der Hoffnung, das zu gewinnen, was dir nach deinem Empfinden fehlt — die Fähigkeit zu überleben, sicher und glücklich zu sein. Dein gegenwärtiges Anklammern ist dann also auf einer alten Illusion begründet. Die Illusion, wie sie sich in deinem jetzigen Leben zeigt, ist folgende:

Mutter oder Vater, auf die du blicktest, um dich gut, sicher und stark zu fühlen, existieren in der Person, mit der du dich eingelassen hast. Wenn du also diese Person dazu bringen kannst, dich zu lieben, wird alles in Ordnung sein. Dieser suchtartige Zwang in dir, den früheren Zustand durch eine Verbindung mit diesem Menschen wiederherzustellen, mit einem Menschen, der dieses Bedürfnis unmöglich erfüllen kann, das in deiner Kindheit verwurzelt ist, bedeutet, daß du abhängig bist.

EILEENS ABHÄNGIGKEIT

Wir wollen uns Eileen (die junge Herausgeberin, die von ihrem sie demütigenden Liebhaber abhängig ist) aus der Perspektive der drei psychologischen Verbindungsebenen betrachten. Ganz eindeutig gibt es wenig auf der Ebene der praktischen Erwägungen, was sie bei Peter halten könnte. Es gibt keine mildernden Umstände, wie wirtschaftliche Abhängigkeit oder kleine Kinder. Sie ist klug, ansprechend, gesellig, hat eine gute Arbeit, ist sehr wohl in der Lage, für sich selbst zu sorgen, und sie hat die Fähigkeit, neue Beziehungen herzustellen. Es gibt für sie keine wichtigen praktischen Gründe, in dieser zerstörerischen Beziehung zu bleiben.

Wenn wir uns die zweite Ebene ansehen, die Ebene der Überzeugungen, erkennen wir, daß Eileen sich an die unbegründete Überzeugung klammert, Peter liebe sie wirklich und habe einfach nur Schwierigkeiten, es zu zeigen. Als ich mich mit Eileen unterhielt, entdeckte ich in ihr die romantische Überzeugung, Liebe könne alle Hindernisse überwinden. Und was ihre Meinung von sich selbst angeht, so hat Eileen trotz all ihrer Fähigkeiten starke Zweifel daran, andere attraktive Männer außer Peter für sich interessieren zu können. Einige dieser Überzeugungen sind zwar mächtig, wenn aber nur die Beziehungsebenen der praktischen Erwägungen und der Überzeugungen wirksam wären, könnte Eileen Peter noch immer einfach und ohne Bedauern in die Wüste schicken.

Was sie aber gepackt hat, was ihre Sichtweise und ihr Urteilsvermögen beherrscht, ist der in ihr vorhandene Hunger nach Zuneigung, und dieser treibt sie dazu, die Verbindung zu Peter unter allen Umständen aufrecht zu erhalten. Es ist diese Stärke des Zuneigungshungers im Verhältnis zu Eileens Fähigkeit, wirksam in ihrem eigenen Interesse zu handeln und entweder diese Beziehung zu verbessern oder sie zu beenden, die ihre Bindung an Peter zu einer Abhängigkeit machen.

ZUNEIGUNG ODER 'LIMERENZ'?

Eileens Beziehung zu Peter hatte auch viele Eigenschaften der sogenannten 'romantischen Liebe'. Dies traf besonders für den Anfang ihrer Beziehung zu, als das Zusammensein mit Peter und die Sehnsucht nach ihm Erfahrungen der ekstatischen Freude und des ekstatischen Schmerzen waren.

Dorothy Tennov prägte ein neues Wort: 'Limerenz' ('Limerenz — über Liebe und Verliebtsein', dt.Kösel 1981). Dieses Wort stand für den seligen Zustand, bei dem man auf Wolken geht, bei dem man besessen und bedrängt wird von Gedanken über den geliebten Menschen, eine unbezähmbare Sehnsucht nach Erwiderung empfindet und einen Schmerz in der Brust fühlt, wenn Ungewißheit besteht, und bei dem man den geliebten Menschen als unvergleichlich wunderbar betrachtet. Die meisten abhängigen Beziehungen fangen an mit dieser Limerenz. Man empfindet eine überwältigende anfängliche Anziehungskraft und Aufregung. Oft hat man das Gefühl, den Schlüssel zum Glück gefunden zu haben. In einem ähnlichen Sinne wie der Drogenabhängige vom 'Aufwallen' spricht, das er empfindet, wenn die Droge in den Blutkreislauf dringt, kann die Limerenz als ein solches Aufwallen des Hungers nach Zuneigung betrachtet werden. Es handelt sich hierbei um den Prototyp der intensivierten und idealisierten Illusion des Einsseins. Zweifellos spricht deswegen M.Scott Peck in seinem Buch 'The Road Less Traveled' (New York, 1978) davon, daß 'sich verlieben' (Limerenz) nichts mit wirklicher Liebe zu tun hat. Er betrachtet es als ein Zurückgehen und nicht als ein Vorangehen:

„In mancher Hinsicht (gewiß nicht in jeder) ist der Akt des Sich-Verliebens ein Akt der Regression. Das Ergebnis, mit dem Geliebten zu verschmelzen, ist eine Spiegelung aus der Zeit, als wir mit unseren Müttern in der Kindheit verschmolzen waren. Zusammen mit dieser Verschmelzung erleben wir auch von neuem das Gefühl der Allmacht, das wir auf unserer Reise aus der Kindheit heraus aufgeben mußten. Nichts scheint unmöglich zu sein. Vereinigt mit dem geliebten Menschen meinen wir, alle Hindernisse überwinden zu können. Wir sind davon überzeugt, daß die Stärke unserer Liebe die Widersacher dazu bringen wird, sich in Ergebung zu beugen und in die Dunkelheit hinein zu verschwinden. Alle Probleme werden gelöst werden. Die Zukunft wird voller Licht sein. Die Unwirklichkeit der Gefühle, die wir empfinden, wenn wir uns verliebt haben, ist im wesentlichen dieselbe wie die Unwirklichkeit des Zweijährigen, der von sich selbst glaubt, er sei der uneingeschränkt mächtige König der Familie und der Welt." (M Scott Peck, 'The Road Less Traveled', S.88)

In dem Maße, wie das Sich-Verlieben auf der Illusion der Einheit begründet ist, kann es die klare Wahrnehmung eines Menschen und seine aufrichtigen Interaktionen mit anderen stören. Ist es allerdings in einer Beziehung vorhanden, ohne sie zugleich zu beherrschen, kann es ihr eine größere Heftigkeit und Tiefe der Gefühle bescheren. Die Hauptgefahr liegt darin, daß auch dem Zuneigungshunger zuviel Macht gegeben wird, und so eine zerstörerische und unharmonische Beziehung fast unzerbrechlich wird - zumindest bis die Limerenz vorübergeht, was gewöhnlich eintritt, wenn man der Wahrheit ins Auge sieht, wer diese andere Person eigentlich ist.

So wichtig auch Limerenz für ein Abhängigkeitsverhältnis sein kann, ist es doch wichtig festzustellen, daß es nicht dasselbe ist, wenn man beherrscht wird vom Zuneigungshunger oder wenn man romantisch verliebt oder in einem Limerenz-Zustand ist. Einige sehr abhängige Beziehungen haben sich niemals im Zustand der Limerenz befunden. Und selbst wenn das Gefühl der Limerenz schon lange gewichen ist, kann eine Verbindung — die auf dem Bedürfnis nach Zuneigung basiert — weiterhin machtvoll bestehen bleiben. Die Person, auf die sich dein Zuneigungshunger richtet, kann sogar jemand sein, den du verachtest, jemand, vor dem du dich fürchtest, oder jemand, der dich langweilt oder deprimiert. (Eileens Gefühl der Limerenz war schon lange verkümmert, als sie sich noch immer an Peter klammerte.)

Offensichtlich hat also der Zuneigungshunger eine sehr starke Wirkung. Er kann sogar die Limerenz überdauern und überschatten. Er kann dein Urteilsvermögen beeinträchtigen, deine Entschlossenheit und Willenskraft zerstören und dich zwingen, in einer Beziehung zu bleiben, von der du weißt, wie schlecht sie für dich ist. Durch den Zuneigungshunger wird deine Abhängigkeit am Leben erhalten. Um dich von seiner Macht zu befreien, mußt du so viel wie möglich darüber lernen und verstehen, wie er auf dein Leben einwirkt.

Kapitel 3

Wiederkehr einer Erinnerung

Um deinen Zuneigungshunger zu verstehen, mußt du dir vor allem deutlich machen, daß es sich hierbei nicht um eine neue Erfahrung handelt. Er tritt nicht zum ersten Mal in dieser gegenwärtigen Beziehung auf, sondern ist Wiederkehr einer Erinnerung. Er ist eine gefühlsmäßige Reminiszenz an eine weit zurückliegende Zeit. Wenn auch die eigentlichen Details dieser Erinnerung größtenteils vergessen sind, die Gefühle, die durch den Verlust oder den befürchteten Verlust einer wichtigen Beziehung in deinem Bewußtsein ausgelöst werden, sind jetzt so lebendig und intensiv wie damals, als du sie zum ersten Mal empfandest. Und zum ersten Mal erlebtest du sie in den ersten Monaten und Jahren deines Lebens.

Wenn du also vom Zuneigungshunger beherrscht wirst, erlebt dein Bewußtsein im Grunde in vieler Hinsicht aufs Neue einen Zustand wie damals, als du ein Baby oder Kleinkind warst. Es sind die Erlebnisse eines bedürftigen, verletzlichen Wesens, das gekennzeichnet ist durch eine begrenzte Sichtweise, ein unterentwickeltes Urteilsvermögen, geringe Fähigkeiten für rationale Gedanken und ohne Willenskraft. Und du brauchst nicht einmal eine besonders traumatische oder entbehrungsreiche Kindheit gehabt zu haben, um diese Gefühle der primitiven Abhängigkeit zu kennen. Sie sind ein Teil des Vermächtnisses eines jeden Menschen. Sie sind in unser aller Gedächtnisbank gespeichert. Wenn also dieser Zustand des Zuneigungshungers übermächtig wird, werden dein Denken und deine Urteilskraft verzerrt und beherrscht von den intensiven Gefühlen einer Zeit, als du hilflos warst.

DIE SÄUGLINGSZEIT

Mit dem Zeitgefühl eines Menschen geschehen merkwürdige Dinge, wenn der Zuneigungshunger bestimmend wird. Da er eine Erinnerung aus früher Kindheit ist, wirft er dich eigentlich — wenn er dominierend wird — in die Säuglingszeit zurück, und diese hat eine ganz andere Dimension als die Zeit des Erwachsenen.

Ziehen wir folgendes in Betracht:

> Der Säugling saugt an der Brust seiner Mutter und blickt ihr unverwandt in die Augen. Es gibt nur diesen segensvollen Augenblick. Was weiß er von morgen? Von den nächsten fünf Minuten? Er hat 'vergessen', daß er noch vor einer Minute weinte. Dieser Augenblick, dieser Zustand des Seins ist die gesamte Zeit.

Vergleichen wir dies mit den Worten einer 3ojährigen Frau, die sehr unglücklich ist in ihrer Beziehung zu Jack:

> Es kommt nicht häufig vor, daß zwischen Jack und mir alles in Ordnung ist. Wenn das aber der Fall ist und wir zum Beispiel ein Wochenende zusammen verbringen, ist das wie zwei Wochen Ferien. Selbst ein Nachmittag, an dem wir uns lieben, wird zeitlos. Ich denke nicht einmal an all das, was zwischen uns nicht stimmt. Nur das gute Gefühl ist da.

Oder betrachten wir dieses schmerzhafte Erlebnis eines Babys:

> Es möchte gefüttert werden. Es weint. Es erfolgt keine unmittelbare Reaktion. In der Zeit der Erwachsenen sind es vielleicht nur drei Minuten, ehe die Mutter die Flasche gewärmt hat. Aber was bedeutet das in der Babyzeit? Ein Jahrhundert? Eine Ewigkeit? Eine grenzenlose Anzahl von Frustrationen, die sich über eine unverständliche Dimension erstreckt?

Hören wir jetzt diesem Werbeleiter zu, dann fällt uns die Ähnlichkeit zum Erlebnis des Babys auf:

> Ich rief an und niemand war da. Ich weiß, es war dumm, sie kommt oft erst spät nach Hause, aber ich fühlte diese stechende Unruhe, vermutlich wegen des Streites, den wir gehabt hatten. Ich sagte zu mir, ich würde sie in einer halben Stunde wieder anrufen, aber nach drei Minuten, drei sehr langen Minuten, wählte ich wieder. Ich ließ das Telefon zwanzigmal klingeln. Zu diesem Zeitpunkt war ich schon völlig verkrampft. Ich fühlte die Woge des Adrenalin. In der nächsten Stunde rief ich alle zwei Minuten an, und jedesmal hatte ich den Eindruck, eine Ewigkeit sei inzwischen vergangen. Ich sah auf diese dumme Uhr, als ob sie sich über mich lustig machte, als ob sie voller Trotz immer langsamer gehen würde...

Jedes kleine Kind hat eine Erfahrung gemacht wie die folgende:

> Der Babysitter kommt. Vater und Mutter machen sich fertig zum Ausgehen. Sie sagen ihm — obwohl sie wissen, daß er sie noch nicht verstehen kann — daß sie bald zurück sein würden, in nur wenigen Stunden. Sie gehen fort. Das Kind schreit, jammert, hält den Atem an. Sie sind fort. Woher kann es wissen, daß sie wiederkehren werden? Sie sind für immer fort. Jede Stunde, die ohne sie verstreicht, ist eine Ewigkeit.

Und hier zwei Gegenstücke aus dem Bereich der Erwachsenen:

> In mir war ein unerträglicher Drang, Vicki anzurufen, bevor sie für das Wochenende fortfuhr, damit herauszuplatzen, daß ich es nicht ernst gemeint hatte, als ich sagte, ich wolle Schluß machen, und ihr zu sagen, daß ich wie geplant mit ihr gehen würde. Aber ein anderer Teil in mir wußte, eigentlich hatte es nicht viel mit der Vicki als Vicki zu tun, sondern mehr mit der Aussicht auf ein ungeplantes und einsames Wochenende, das vor mir lag. Und der Wetterdienst hatte schönes Wetter vorhergesagt, wodurch das Wochenende noch viel länger zu sein schien... nicht wie 48 Stunden, sondern eher wie 48 Tage oder 48 Jahre in Einsamkeit. Wie kann man mit einem solchen Urteil fertigwerden? —
> Wenn ich mit Wayne Schluß mache, weiß ich, daß ich immer allein sein werde. Das ist alles, was ich sehen kann, Öde und Einsamkeit bis ins Unendliche

Diese zeitlichen Verzerrungen weisen dich deutlicher auf die Ursprünge dieses Zuneigungshungers in der Kindheit hin als fast jedes andere Erlebnis. Paradoxerweise weißt
du aber nicht, daß es sich um eine Verzerrung handelt, wenn der Zuneigungshunger
erst einmal über dich gekommen ist. Du mußt zumindest einen Fuß auf festem Boden
außerhalb dieses Zustandes des Zuneigungshungers haben, um die Zeit aus einer reiferen Perspektive zu sehen und zu erkennen, welchen falschen Rahmen du ihr gibst. Du
mußt dich also dann, wenn du zum größten Teil außerhalb der Klauen dieses Zuneigungshungers bist, darauf vorbereiten, die Zeitverzerrungen vorauszuahnen und Möglichkeiten zu finden, um mit Hilfe der Erwachsenen-Zeit ein Gegengewicht zu bilden.
Die Frau, die gesagt hatte, wenn sie mit Wayne Schluß machte, würde sie immer allein
sein, begann einzusehen, daß sie sich nur so fühlte, wenn sie unter den Schmerzen des
Zuneigungshungers litt, während sie sich zu anderen Zeiten nicht ganu so fühlte, wenn
ihre Sichtweise nämlich nicht durch Panik beeinträchtigt und sie realistischer war. Sie
begann also, eine Serie von 'Kurzmitteilungen an mich selbst' zu schreiben, wie sie es
nannte. Eine lautete folgendermaßen:

> An das kleine Ich — vom großen Ich
> Wenn du mit Wayne Schluß machst, wirst du dich fühlen, als wärest du für
> alle Zeiten allein. Du wirst Angst und Schrecken empfinden vor dem gros-
> sen Schmerz, der ewigen Einsamkeit. Aber das ist nur deine kleinkindliche
> Sichtweise der Zeit. Als Erwachsene kann ich dir versichern: Es gibt ein
> Morgen, und ich verspreche dir, daß du dich wieder besser fühlen wirst.
> Wichtig: Ich befehle dir, diese Kurzmitteilung herauszuholen und sie wieder
> und wieder zu lesen beim allerersten Anzeichen von Panik!

In einer anderen Kurzmitteilung hieß es:
> Die Qual wird sich anfühlen, als ob sie bis in alle Ewigkeit dauert. Sie wird
> sich wirklich so anfühlen, und du wirst versucht sein, Erleichterung zu fin-
> den, indem du ihn anrufst und mit allem wieder von vorn beginnst. Tu es
> nicht! Das bringt dich wieder zum Ausgangspunkt zurück. Ruf eine Freun-
> din an! Nimm ein Bad! Trink etwas Wein! Räum das Gästezimmer auf, aber
> ruf ihn nicht an! Das Gefühl wird vorübergehen.

Und ein anderes:
> Wenn du dich durch die erste scheinbar endlose Nacht der Verzweiflung hin-
> durchbringen kannst — und du kannst es — dann kannst du auch die nächste
> schaffen. Und der Schmerz wird weniger werden. Der Schmerz ist nicht un-
> endlich. Er ist zeitlich begrenzt. Es gibt ein Morgen. Halte aus, dann hast du
> eine Chance für einen neuen Anfang!

Es half ihr, diese Kurzmitteilungen zu schreiben. Es half, sie zu lesen, wenn sie vom
Schmerz und dem kindlichen Zeitgefühl überwältigt zu werden drohte. Es half nicht
immer. Manchmal rief sie ihn an und erfuhr von neuem, daß es ein Fehler war. Aber sie
schrieb dann eine Kurzmitteilung über ihren Fehler. Schritt für Schritt war sie in der
Lage, in der Erwachsenen-Zeit zu bleiben, und von diesem günstigeren Standpunkt aus
fragte sie sich, wie sie jemals den Überblick hatte verlieren können.

Freunde, die von deinem Versuch wissen, eine mächtige Abhängigkeitsbeziehung zu
beenden, können mit verhindern, daß du etwas unternimmst, wenn du dich im Bann

der kindlichen Zeit-Sichtweise befindest. Der Mann, der den 'unerträglichen Drang verspürte, Vicki anzurufen, bevor sie ins Wochenende fuhr und der voller Entsetzen war, wenn er an die Einsamkeit des vor ihm liegenden Wochenendes dachte, war fast versucht, seiner Panik nachzugeben und ergriff das Telefon, um sie anzurufen. Er hielt sich aber noch davon zurück, ihre Nummer zu wählen und rief stattdessen einen Freund an, der von seinem Kampf, mit Vicki zu brechen, wußte. ,,Ich halte es nicht aus'', erzählte er seinem Freund. ,,Das Wochenende überstehe ich nicht.'' Sein Freund, der zu anderen Zeiten schon ähnliche Gefühle empfunden hatte, sagte: ,,Natürlich überstehst du das Wochenende, es sind nur zwei Tage, nicht zwei Jahrhunderte. Paß auf, heute abend gehe ich zu einer Party, um die Eröffnung vom neuen Laden meines Bruders zu feiern. Es wird sehr laut. Komm doch einfach mit. Wir können uns hinterher unterhalten.'' Dieser Kontakt mit seinem Freund, die Versicherung, das Wochenende würde nicht unendlich sein, und die Einladung zur Party mit dem anschließenden Gespräch, versetzten ihn in die Lage, nicht bei Vicki anzurufen und das Wochenende mit viel weniger Leiden zu überstehen, als er erwartet hatte.

Es half ihm nicht nur, seine Zeit-Sichtweise zurechtzurücken, sondern befriedigte auch das Bedürfnis, das in ihm aus der Ebene des Zuneigungshungers entstanden war, weil er sah, daß sein Freund für ihn da war. Diese Entdeckung wies ihn auf die Möglichkeiten hin, die er mit anderen realisieren konnte. Er sah in sich die Fähigkeit, die Initiative zu ergreifen und sich an diese Menschen zu wenden, und es gab Licht und Leben außerhalb der Beziehung zu dieser einen Person, zu Vicki.

Ich kenne vier Frauen, die befreundet sind und die untereinander über ihre Neigung, zu lange an schlechten Beziehungen festzuhalten, gesprochen hatten. Sie schlossen einen Pakt, sich gegenseitig bei diesem Problem zu helfen. Sie vereinbarten, daß es in Ordnung sein würde, einander jederzeit anzurufen, wenn der Zuneigungshunger außer Kontrolle geriet. Einer der größten Vorteile, den sie dadurch erreichten, lag in der Hilfe füreinander, Episoden der Panik oder des Schmerzes durchzustehen, indem sie einander vor der Tyrannei der kindlichen Zeit-Sichtweise retteten. Manchmal reichte es einfach zu hören: ,,Du stehst die Nacht durch, und wirst dich morgen viel besser fühlen, aber ich bin hier, falls du mich brauchst.'' Und es wird nicht nur der Schmerz der Leidenden gemildert, sondern sie werden auch zurückgehalten, Schritte zu unternehmen, die sie später bereuen würden.(vgl. Kapitel 16)

Diese Methode entspricht der der Gruppen 'Anonymer Alkoholiker'. Alkoholiker haben es mit einer Sucht zu tun und du auch. AA-Mitglieder helfen einander seit langem dabei, nicht von dieser kindlichen Zeit-Sichtweise überwältigt zu werden, obwohl sie es nicht so nennen. Es ist kein Zufall, daß der Leitfaden von Al-Anon, der von Mitgliedern von Alkoholiker-Familien zusammengestellt wurde, 'One Day at a Time' (einen Tag zur Zeit) heißt. Wenn du leicht der Zeitverzerrung verfällst, sobald du eine schlechte Beziehung beendest oder ihr Ende droht, ist es wichtig, daß du weißt, daß die kindliche Zeit-Sichtweise hier die Zügel in die Hand genommen hat. Je mehr du vermeiden kannst, entsprechend dieser kindlichen Sichtweise mit ewiger Einsamkeit und ewigem Schmerz zu handeln, desto schneller wird sich die Panik abschwächen. Und wenn dies geschieht, wird die Erwachsenen-Zeit wieder dominieren, ihr altes Tempo bekommen und sogar schneller werden. Die endlosen Sommer der Kindheit werden dann unglücklicherweise durch die verwirrte Frage ersetzt:,,Wo sind die Sommer geblieben?'' Jemand sagte, das Leben sei wie ein Zug, der als Bummelzug beginnt und als Intercity endet. Das eigentliche Problem mit der Zeit ist also nicht, daß du für immer allein oder verletzt sein könntest, sondern daß die Zeit zu wertvoll ist, um sie mit falschen und schädlichen Beziehungen zu vergeuden.

KÖRPERLICHE ERINNERUNGEN

Häufig können Menschen körperlich Gefühle aus der Ebene des Zuneigungshungers in sich zurückrufen, da diese Gefühle oft aus einer Zeit vor der Sprache stammen, bevor also diese Gefühle definiert und bestimmt werden konnten. Die jeweiligen Körperreaktionen unterscheiden sich, je nachdem, ob der Zuneigungshunger gesättigt wird oder nicht.

Hier folgt die Beschreibung dieses Gefühls einer Frau, deren Bedürfnis nach Bindung in einer Liebesbeziehung befriedigt wurde:

> Wenn alles gut ist zwischen uns, fühle ich mich leicht wie Luft. Ich fühle mich innen sonnig und glücklich... Ich weiß, mein Gesicht strahlt wie von selbst, ich bin so entspannt und sogar matt. Manchmal strecke ich mich wie eine Katze...

Wie erkennen hier die Symptome des romantischen Verliebtseins oder der Limerenz, eine häufige Begleiterscheinung des Zuneigungshungers.

Wenn die Beziehung aber schlecht läuft und die Bedürfnisse nach Bindung frustriert oder bedroht werden, beschreiben die Menschen ihre Erlebnisse etwa wie folgt:

> Mein ganzer Körper ist erfüllt von Sehnsucht. Mein Verstand sagt mir, sie sei ganz eindeutig schlecht für mich, aber dann wird mein Verstand von diesem Schmerz überwältigt und ertränkt, hauptsächlich in meinem Magen und in meiner Brust, aber eigentlich überall. So, als ob sich meine Haut nach ihrer Haut sehnt...

> Ich träumte, sie hätte mich verlassen, und ich erwachte mit klopfenden Herzen und nach Luft ringend. Meine Brust schmerzte, und ich meinte, ich hätte vielleicht einen Herzinfarkt. Ich vermute, es war das, was man so schön ein gebrochenes Herz nennt...

> Anfangs, als ich ihm sagte, es hätte keinen Zweck und wir müßten ein Ende machen, fühlte ich mich erleichtert. Aber dann kam diese schreckliche Traurigkeit über mich. Nichts konnte sie stoppen. Die Tränen kamen unaufhörlich, aber sie brachten keine Erleichterung. Mein Inneres ist völlig verkrampft, und ich kann nichts essen. In zwei Tagen habe ich fünf Pfund verloren. Jeder Fiber in mir möchte ihn anrufen, und ich muß immer wieder in meinem Tagebuch nachlesen, um mich daran zu erinnern, wie schlimm es wirklich mit uns war...

Der Hunger nach Zuneigung setzt sich aus mächtigen, primitiven Gefühlen zusammen, die tief festsitzen in unserer Muskulatur und in den Reaktionen unserer Körperchemie. Wie kann man sich davor bewahren, von diesen intensiven physiologischen Reaktionen beherrscht zu werden?

Zunächst kannst du aufhören, dir selbst etwas vorzumachen mit dieser Klischee-Meinung, wenn man eine gefühlsmäßige Bindung an eine andere Person so intensiv und so körperlich empfinde („Ich fühle es in meinem Herzen"- „Ich weiß, es ist in meinem Innersten"), dann müßten diese Reaktionen einem auch die große Wahrheit erzählen, müßten einem sagen, was man wirklich empfindet und möchte. Nichts dergleichen ist wahr. Deine starke körperliche Reaktion hat keine größere Bedeutung als dein rational überlegtes Urteil, du müßtest diese Beziehung beenden (oder jene anderen körperlichen Empfindungen von Depression und Spannung, die du in dieser Beziehung empfunden hast). Diese Körperreaktionen des Bindungshungers stammen einfach aus einer anderen Ebene als dein Urteil, aus einer Ebene, die so weit zurückliegt in deiner Geschichte, daß sie wohl kaum einen Anhalt geben kann dafür, was du als Erwachsener tun solltest. Du mußt also unbedingt damit aufhören, deine Bindungsgefühle zu romantisieren, wenn sie dich zu Entscheidungen führen, die deinem besten Interesse entgegenstehen. Und du wirst dich davor hüten müssen, Entscheidungen über die Beziehung zu treffen, während du in den Klauen dieser primitiven Gefühle bist. Du wirst dich zusammenreissen müssen, bis sich dein Körper beruhigt, dein Kopf klar ist und du den Überblick wiedergewinnen kannst. Das ist oft unglaublich schwer, da die körperlichen Empfindungen häufig eine zwingende Intensität haben, die dich dazu bringt, das Gesamtbild und deine Ziele aus den Augen zu verlieren.

Eileen sprach folgendermaßen über Peter: „Jede Fiber in mir will ihn anrufen,und ich muß mir immer wieder mühsam ins Gedächtnis rufen, wie schlimm es wirklich mit uns war." Ihre starke körperlich-emotionale Reaktion auf Peter war unglaublich mächtig, wenn sie sie überfiel, und sie löschte alle ihre Erinnerungen an die Gründe aus, die sie hatte, um diese Beziehung zu beenden. Sie konnte sich buchstäblich nicht daran erinnern, was so schlecht an dieser Beziehung gewesen war. Oder, wenn sie sich erinnerte, verfälschte sie ihre Gefühle darüber zu einem:„Es war gar nicht wirklich so schlimm." Ich drängte sie, ein Tagebuch über diese vielen unglücklichen und niederschmetternden Vorkommnisse zu führen, die sich ereignet hatten und über ihre Gefühle usw., die sich einstellten, wenn diese Ereignisse gerade vorüber waren. Sie könnte dann darauf zurückgreifen und diese Erinnerungen wieder in sich wachrufen und konnte sie dazu benutzen, um von Neuem zu empfinden, warum sie sich überhaupt zum Abbruch dieser Beziehung entschlossen hatte. Eileen tat dies, und wenn sie sich auch manchmal danach sehnte, mit Peter wieder Kontakt aufzunehmen und wenn sie auch spontan sich nicht an die Gründe erinnern konnte, die gegen diese Beziehung sprachen, so vergegenwärtigte sie sich doch langsam und mit Widerwillen die unangenehmen Realitäten dieser Beziehung, wenn sie ihr Tagebuch öffnete und darin las. So konnte sie ihren Entschluß aufrechterhalten. (Vgl. auch Kapitel 15 über die verschiedenen Schreibtechniken, die man einsetzen kann, um eine Abhängigkeit zu durchbrechen.) Je deutlicher ihr wurde, daß ihre mächtigen körperlichen Reaktionen auf alten Erinnerungen beruhten und nicht auf gegenwärtigen Wahrheiten, desto erfolgreicher konnte sie sich daran hindern, ihre Handlungsweise nach ihnen auszurichten.

Kapitel 4

Ich kann nicht ohne dich leben

Oft geht mit dem Hunger nach Bindung das Gefühl einher, es sei eine Sache um Leben und Tod, ob man eine bestimmte Beziehung weiterführt oder nicht. Wenn man einmal darüber nachdenkt, ist dies nicht allzu überraschend. In der Kleinkindzeit hat man jemanden gebraucht, der einen versorgte, oder man wäre gestorben. Und diese Tatsache ist in unsere Neuronen eingegraben. Jetzt bist du biologisch selbständig. Du kannst dich selbst um deine Bedürfnisse wie Essen, Trinken, Unterkunft und Reinlichkeit sorgen. Aber der Verlust oder der befürchtete Verlust einer Person, an die du dich gegenwärtig gebunden fühlst, läßt vielleicht alte Ängste wieder aufleben, daß dein Leben selbst bedroht sei.

Eine Frau drückte es auf diese Weise aus:

> Als Martin mich verließ, dachte ich, ich würde sterben. Und ich bin nicht theatralisch. Erst glaubte ich, der Schmerz selbst würde mich töten, aber der Schmerz verwandelte sich in das Gefühl, abgestorben zu sein. Ich lag einfach im Bett, aß tagelang nichts und fühlte, wie meine Kräfte schwanden. Ich hatte weder Angst zu sterben, noch hatte ich den besonderen Wunsch zu sterben. Es fühlte sich einfach so an, als geschähe das Sterben von allein, als verkümmerte ich in den Tod hinein.

Ähnliche Worte wie diese Frau benutzen auch Ärzte, die sehr kleine Kinder auf Hospitalismus untersuchten. Die Kinder waren von ihren Eltern getrennt und lebten in unpersönlichen Institutionen, in denen ihre körperlich-biologischen Bedürfnisse zwar erfüllt wurden, es aber kein Umarmen, kein Wieder oder Schmusen und keinen liebevollen kontinuierlichen Kontakt gab. Nach anfänglichem lautstarken und zornigen Protest verfielen diese kleinen Kinder in einen Zustand der Verzweiflung und der Beziehungslosigkeit, der sich nach einer Zeit zu einem physischen Verfall steigerte und oft sogar mit dem Tod endete.

Wir wissen, daß es ein Bedürfnis gibt, das fast so wichtig ist für das Überleben des Kleinkindes wie seine physischen Bedürfnisse — nämlich liebevolle Nähe, Haut- und Blickkontakt. Je nachdem, wie gut diesen lebensnotwendigen Bedürfnissen in deiner Kindheit entsprochen wurde, hast du ein unterschiedliches Maß an Selbstvertrauen in deine Überlebensfähigkeit, wenn du die Verbindung zu einer wichtigen, dir nahestehenden Person verlierst. Du brauchst aber nicht unbedingt einen so wesentlichen und traumatischen Mangel an fürsorgender Intimität erlebt zu haben wie die erwähnten Kinder, um diese rudimentären Gefühle zu erleben, dein Leben hinge von dieser einen Beziehung ab. Auch mit einem viel 'normaleren Hintergrund' hältst du es vielleicht für bittere Wahrheit, wenn du sagst:„Ich kann nicht ohne sie (ohne ihn) leben."

Die Frau, die glaubte sterben zu müssen, als Martin sie verließ, lag tatsächlich einige Monate lang im Bett. Sie war zu deprimiert, um zu arbeiten oder sich um ihren Haushalt zu kümmern. Sie hatte keine Energie oder Hoffnung und erlebte sich wahrhaftig wie eine Sterbende. Diese lähmende Depression brachte sie schließlich zu mir in die Therapie. Als ich ihre frühesten Beziehungen erforschte, hörte ich, daß ihre Mutter während der ersten Lebensjahre ihres Kindes recht häufig mit einer chronischen Darminfektion ins Krankenhaus mußte. Es war nicht sehr schwer, die Verbindung zwischen dieser frühen immer wiederkehrenden Erfahrung des Verlassenwerdens und ihrem späteren Zusammenbruch bei der Trennung von Martin zu sehen. Je mehr ihr selbst diese Verbindung deutlich wurde, umso klarer konnte sie erkennen, wie sie jetzt gelähmt wurde durch das Wiedererleben alter Kindheitserfahrungen von Verlust und Angst und daß sie tatsächlich heute als erwachsene Frau sehr wohl in der Lage wäre, ohne Martin durchs Leben zu gehen. Es war ein schwieriger Kampf für sie, aber ihre wachsende Einsicht unterstützte sie. Sie lernte, daß sie in Wirklichkeit überleben und neu anfangen konnte.

Die meisten Leute, die meinen, den Verlust einer Liebe nicht überleben zu können, haben nicht eine so verunsichernde Lebensgeschichte wie diese Frau, und sie bleiben auch nicht monatelang im Bett. Aber selbst ohne solche schweren frühen Erfahrungen können auch normalere Ereignisse in der frühen Kindheit (wenn zum Beispiel ein Elternteil zeitweise körperlich oder gefühlsmäßig abwesend ist) dich für das Gefühl anfällig machen: 'Ich kann nicht ohne ihn (ohne sie) leben.' Und diese Furcht kann sehr mächtig sein, ganz gleich, ob du nun derjenige bist, der jemanden verläßt, oder derjenige, der verlassen wird.

So mußt auch du zwischen der Wirklichkeit deiner gegenwärtigen Situation und den Abhängigkeitsgefühlen unterscheiden, die aus der Ebene des Zuneigungshungers stammen. Du mußt zunächst beginnen, deine gegenwärtigen Gefühle als eine Botschaft aus deinem früheren Leben zu verstehen, und zwar über Vorfälle, die deine verständlichen Zweifel aus der Kindheit an deiner Überlebensfähigkeit verstärken, wenn eine grundlegende Bindung zerbrochen wurde. Es ist sehr hilfreich, sich auf diese Periode in deinem Leben zu konzentrieren. Was weißt du darüber? Hat es Umstände gegeben, die vielleicht den steten Strom der Überlebenszusicherung durch deine Eltern gestört haben? War deine Mutter häufig fort? War sie krank? War sie besonders beschäftigt durch andere beunruhigende Faktoren in ihrem Leben? Hast du sie eine Zeitlang 'verloren' durch die Geburt eines Bruders oder einer Schwester? Waren beide Eltern oft unerreichbar? Und wie war es mit dir? Warst du während dieser frühen Jahre ernsthaft krank? Warst du im Krankenhaus?

Es braucht nicht einmal ganz bestimmte Umstände gegeben zu haben, um das Bedürfnis zu empfinden, sich an diese universale 'menschliche Erinnerung' zu halten, daß man eine bestimmte andere Person braucht um zu überleben. Es kann nützlich sein für dich, möglichst alles über diese frühe Zeit herauszufinden und zusammenzusetzen. Stell' Fragen. Sieh' dir Fotos an. Versuche, dich auf deine eigenen verworrenen Erinnerungen zu konzentrieren. Gewöhnlich ist die Erinnerung an eine bestimmte Atmosphäre oder eine Stimmung am wichtigsten. So war es bei einer Klientin, die sagte:

> Ich kann mich an nichts Bestimmtes erinnern, aber ich habe das Gefühl, daß meine Mutter oft sehr verzweifelt und abgelenkt war und daß ich fürchtete, sie werde mich fallenlassen. Aber zu anderen Zeiten fühlte ich mich sicher.

Manchmal haben wir auch genauere Erinnerungen. Ein Mann entdeckte, daß das Entsetzen, das ihn packte, wenn er über die Lösung einer sehr zerstörerischen Beziehung nachdachte, sich genauso anfühlte wie das Entsetzen, das er als kleines Kind hatte, als er eines Nachts aufwachte, sehr durstig war und vergeblich nach seinen Eltern rief. Normalerweise kamen sie schnell, aber nicht in dieser Nacht, da sie - vermutlich nur sehr kurz - zu ihren Nachbarn gegangen waren. Er erinnerte sich daran, daß er glaubte, sie seien für immer fort und er würde sterben. Er erinnerte sich, wie er sich schließlich in einer Ecke seines Kinderbettes zusammenrollte und wimmerte. Und er wußte: Genau dieselben schrecklichen Gefühle würden ihn überkommen, wenn er die gegenwärtige unglückliche Bindung löste. (Dieses eine Geschehen an sich 'verursachte' nicht seine intensive gegenwärtige Reaktion. Weitere Erforschungen brachten die Erkenntnis, daß diese eine frühe Geschichte für ein Symbol geworden war für den häufigen gefühlsmäßigen Entzug der Eltern.)

Auf meine Anregung schrieb er sich selbst einige Kurzbriefe. Einer lautete:
> Gerate nicht in Panik, Kleiner. Du bist kein Baby mehr. Du würdest nicht einmal mehr in das alte Kinderbett passen. Und wenn du darin lägest und durstig aufwachtest, könntest du einfach aufstehen und dir selbst ein Glas Wasser holen oder dir eine Bloody Mary mixen. Und du brauchst auch nicht Cynthia, die das für dich macht. Du kannst ohne sie leben.

Er fing an, wirklich zu erkennen, daß die Beziehung zu Cynthia nicht wichtig war für sein Überleben.

Ein Rückblick auf deine eigene frühe Geschichte hilft dir vielleicht, die Bereiche zu finden, in denen du um dein Überleben fürchtetest. Selbst wenn du nicht sehr viel herausbekommen kannst, hilft es dir, dich auf diese eine wesentliche Tatsache zu konzentrieren, daß nämlich die Beendigung deiner gegenwärtigen Beziehung in Wahrheit keine Bedrohung für dein Leben ist, sondern sich nur so anfühlt, weil dadurch Gefühle aus einer empfindsameren Zeit in dir geweckt werden. Wenn du damals überlebt hast, kannst du es ganz gewiß heute.

SEIN ODER NICHT-SEIN

Weit mehr ist wichtig für das Überleben als menschliches Wesen als das einfache körperliche Überleben. Deine Bindung an das mütterliche Wesen in deinem Leben war wichtig für dein Überleben als psychologische Einheit. Als du sehr klein warst, gab es eine Zeit, zu der du dich noch nicht als ein von der Mutter getrenntes Individuum erfahren konntest. Deine Mutter reagierte aber auf dich als ein individueller Mensch, war abgestimmt auf die Sprache deines Weinens, reflektierte dein Lächeln, sprach und spielte mit dir und handelte mit dir. Dadurch lerntest du dich als eine Einheit in dir selbst kennen, die Reaktionen in einer anderen Person hervorrufen konnte. Sie brauchte dich nicht genau zu reflektieren oder dir zu jeder Zeit Genüge zu tun, aber wenn sie meistens auf dich reagierte, dann half sie dir damit auch bei den Gelegenheiten, wo sie einmal nicht reagierte, dich als getrennt von ihr zu betrachten. Und die Mutter war nicht der einzige Faktor dieses Entwicklungsprozesses. Auch die Reaktionsbereitschaft der anderen Menschen um dich herum war wichtig. Ein einfühlsamer Vater, der sich mit dir beschäftigte, brachte dir bei, daß du diese eine Person, deine Mutter, nicht als einzige Quelle deines Existenzbewußtseins hattest. Die Alternative, die er dir bot, war eine Hilfe, wenn die Mutter einfühlsam auf dich eingestimmt war, und eine Notwendigkeit, wenn sie es nicht war. Hatten die Eltern — oder einer von ihnen — nicht dieses Einfühlungsvermögen, entweder weil sie tatsächlich sehr wenig davon hatten, oder aber weil sie deprimiert oder besorgt oder zu sehr mit sich selbst beschäftigt waren, dann gelang es ihnen vielleicht nicht sehr gut, dir ein Bild von dir selbst zu vermitteln, das dir die Empfindung hätte geben können:,,Ich bin wichtig genug, um eine Wirkung auf andere hervorzurufen. Ich existiere wirklich."

Wenn es in deinem Innersten eine Ungewißheit darüber gibt, ob du existierst, dann suchst du vielleicht in der Bindung an andere Menschen einen Ersatz für dieses Gefühl der Existenz. Vielleicht überträgst du anderen Menschen die Aufgabe, das Versagen deiner Eltern wieder gut zu machen und dir ein Gefühl zu vermitteln, daß du wertvoll bist. Und wenn diese anderen Menschen ebenfalls versagen, erlebst du vielleicht erneut Zweifel an deiner Existenz. Dies trifft besonders auf Liebesbeziehungen zu, kann aber auch in abgeschwächter Form in beliebigen anderen Interaktionen vorkommen.

Anne war eine sehr junge Frau, die mich entmutigt um Rat fragte, weil ihre Beziehungen mit Männern immer nur kurzfristig blieben. Oft brach sie selbst die Beziehungen ab, indem sie ihre Partner zornig schalt und sie abwies, weil sie nicht genügend auf sie eingingen. Manchmal beendeten die Männer die Beziehung und beschuldigten sie, sie sei zu anspruchsvoll. Aber dieses Muster tauchte auch in anderen Interaktionen auf. Einmal hatte sie sich aufgeregt, weil sich zwei ihrer Mitarbeiter miteinander unterhielten und nicht einmal ,,aufblickten, um Guten Tag zu sagen", als sie eintrat. ,,Ich dachte: Was ist los? Existiere ich gar nicht?" Und zu einer anderen Sitzung kam sie mit den Worten:,,Was ist los mit Mickey, dem Fahrstuhlführer? Er hat mich nicht nur nicht gegrüßt, sondern er hat einfach durch mich durchgeblickt, als gäbe es mich nicht." Als wir ihre persönliche Geschichte rekonstruierten, wurde deutlich, daß ihre Mutter unter einer post-partum Depression gelitten hatte nach Annes Geburt und daß sie auch noch in Annes ersten Lebensjahren recht häufig sehr deprimiert war. Es ist nicht schwer, sich die vielen Situationen vorzustellen, die Anne als Baby und Kleinkind erlebte, in denen ihre Mutter einfach durch sie hindurchzublicken schien und auf ihre Existenz nicht reagierte.

Ron, ein erfolgreicher Fernsehautor, sprach oft von dem Gefühl, 'zerstört' oder 'zerbrochen' zu sein, wenn andere ihm nicht die Unterstützung und Bestätigung gaben, die er sich wünschte. Er suchte verzweifelt Kontakte, die sein erschüttertes Selbstbewußtsein stützen würden und war oft hilflos und deprimiert, wenn seine Frau nicht aufmerksam genug auf seine meistens unausgesprochenen Erwartungen reagierte. Einmal erwähnte er in der Therapie, wie schwierig es manchmal war, seine Gefühle während des kurzen Abschnittes einer wöchentlichen Sitzung in den Griff zu bekommen. Gegen Ende der Stunde sagte ich:,,Ich habe verstanden, daß du mehr Zeit haben möchtest? Wir wollen sehen, ob ich eine Extrasitzung einrichten kann." Als Ron das nächste Mal kam, war seine Haltung sicherer und sein Schritt fester:,,Ich habe mich stark gefühlt, sehr gut... Es ist, als sei das metallene Innenstück, das durch mich durchgeht, voller Löcher gewesen und zerbrechlich. Als du auf mein Bedürfnis reagiert hast, wurden durch dein Verbundensein mit mir alle Löcher verschmolzen und das Innenstück gefestigt."

Die 'Löcher in Rons innerem Kern' verschmolzen nicht ein für allemal durch einen einzigen magischen Augenblick, aber er wies auf einen wichtigen Teil des Vorgangs hin, der seiner Meinung nach sein Ich stärken könnte. Woher stammten diese Löcher?
Er sprach oft von seiner frühen Kindheit als von einer Zeit, in der er glaubte, von seiner Familie weder gehört noch gesehen zu werden. Eine typische Aussage, die seine Erfahrungen ausdrückte, war:,,Ich kann meine Mutter in der Küche sehen. Sie ist immer da, aber immer wendet sie mir den Rücken zu."

Wenn dein Existenzgefühl von einer bestimmten Person abhängig geworden ist, dann zahlst du einen sehr hohen emotionalen Preis, selbst dann, wenn die Beziehung bestens verläuft. Ist die Beziehung aber unglücklich — und das wird sie wahrscheinlich werden, wenn sie die Last deiner Existenz tragen muß — und mußt du der Möglichkeit einer Trennung in die Augen sehen, dann wird sich das Gefühl einstellen, als ob deine Existenz auf dem Spiel stünde.

In 'I am Dancing As Fast as I Can' (New York, 1979) schreibt Barbara Gordon:
Ich versuchte, all die Erinnerungen an das Wochenende festzuhalten. Aber ich dachte hauptsächlich an Jim und versuchte, jeden Augenblick unserer gemeinsamen Zeit ins Gedächtnis zurückzurufen, damit nichts verlorenging. Und doch war es zu Ende. Es war bereits eine Erinnerung. Wie waren so viele Stunden der Planung und der Vorfreude so schnell in die Geschichte verbannt worden? Ich begann mich leer zu fühlen, unwirklich, das kurze Fragment der Verbindung, die ich mit ihm erlebt hatte, war vorbei. Ich war unsichtbar.

Wenn man die Beziehung mit jemandem abbricht, von dem unser Existenzbewußtsein abhing, bedeutet dies, daß man früher oder später das Risiko eingeht, sich dem Schrecken der eigenen Gefühle, der Unsichtbarkeit und des Nicht-Seins gegenüberzusehen.

Norma, eine 4ojährige Frau, hatte ihre Ehe beendet, und noch Jahre später hatte sie so große Angst vor dem Alleinsein, daß sie jedes Wochenende wenigstens zum großen Teil mit einem Mann verbringen mußte, selbst wenn sie dadurch in einer schlechten Beziehung bleiben mußte. Und sie ging von einer schlimmen Beziehung zur anderen, da sie sich immer wieder an jemanden klammerte ohne Rücksicht darauf, ob er zu ihr paßte, nur damit sie in der Lage war, die letzte unheilvolle Affäre hinter sich zu lassen. Norma war eine der vier Frauen, die eine Gruppe gebildet hatten, um sich gegenseitig zu helfen in Beziehungsschwierigkeiten. Die drei anderen drängten und ermunterten Norma, ein Wochenende einmal allein zu verbringen, nur um herauszufinden, was sie so verzweifelt zu vermeiden suchte. Sie erinnerten sie daran, daß diese Furcht sie damals schon mit 18 Jahren dazu gebracht hatte, ihren ersten Freund zu heiraten. Mit großem Mut entschloß sich Norma, dem Rat der Freundinnen zu folgen und ein Wochenende allein zu bleiben. Die drei rieten ihr, die Gefühle, die sich einstellen und die ziemlich schlimm sein würden, zu erdulden und aufzuschreiben. Sie versicherten ihr auch, daß sie ihr zur Verfügung stehen würden, wenn sie es nicht mehr aushielt. Nach dem Wochenende erzählte Norma ihnen, daß die Tage und Nächte so schrecklich gewesen seien, daß sie zeitweise nichts anderes tun konnte, als dasitzen und heulen. Dann las sie vor, was sie in all ihrer Furcht und in ihrem Schmerz aufgeschrieben hatte. Hier ist ein Auszug:
Wenn ich keine Verbindung zu irgend jemandem habe, fühle ich mich, als ob

ich fließe, als sei ich nicht verbunden, als schwebe ich über dem Land, ziellos, hierhin und dahin getrieben, erschreckt, mit dem Wunsch zu berühren, Kontakt zu machen... Jemand soll kommen! Jemand soll kommen! Sich um mich kümmern. Mir Aufmerksamkeit geben. Sieh mich an! Tu, was ich brauche! Halte mich! Stimm' dich auf mich ein! Ich denke dies, aber ich mache Geräusche wie ein erschrecktes Baby. Ich bin ein erschrecktes Baby... Weiß nicht, was ich tun soll. Ohne Boden! Unverankert. Ungebunden. Unverbunden mit irgend etwas. Kann meine Schrift nicht lesen. Zuviele Tränen. Kann kaum den Stift halten. Kann kaum das Papier sehen...
Furcht. Einsamkeit. Niemand sorgt sich um mich. Ich könnte sterben, und niemand würde sich drum kümmern. Allein. Von Angst gepackt. Nirgendwo gibt es jemanden, der sich um mich kümmert. Hat es nie gegeben. Nicht so, wie ich es brauche. Ich brauche es. Ich habe solche Angst. Bin so allein, so ohne Boden.
Treiben. Treiben. Ich muß etwas berühren. Irgendwo, irgend etwas. Ich kann nicht so sein, ungebunden ist nicht einmal das richtige Wort. Keine Verbindung. Ich werde einfach in das All hinaustreiben...
Ich werde alles tun, um dem ein Ende zu machen. Ich werde alles tun, um sie zu mir zu bringen, damit sie mich bemerkt, sich um mich kümmert. Ich brauche sie.
(Norma war überrascht, daß sie schrieb: „Ich brauche s i e", wo sie doch darunter litt, ohne einen M a n n zu sein. Dies bestätigte aber die Ebene ihres Zuneigungshungers mit der Furcht, die Verbindung zur Mutter zu verlieren.)
Ich fühle mich wie ein Nichts. Ich fürchte mich, ein Nichts zu werden. Ich werde einfach davontreiben. Mein Ich, mein Körper werden zerfallen. Jemand soll da sein. Jemand soll kommen! Bitte! Bitte, bitte!

Zum ersten Mal überhaupt hatte Norma diesem Schrecken ins Auge geblickt, diesem Teil ihres Hungers nach Zuneigung, der ihr Leben beherrscht hatte. Und so schmerzlich es auch war, sie stellte fest, daß sie es überleben konnte, daß sie alle Arten von Fähigkeiten hatte — Stärke, Mut, Entschlossenheit und eine große Spielbreite von Interessen — und daß diese Fähigkeiten ihr das Gefühl einer starken Existenz gaben. Dieses bemerkenswerte Wochenende war ein mächtiges Erlebnis, und wenn ihre Furcht hin und wieder auch zurückkam, so gestattete sie ihrer Panik doch nicht noch einmal, sie in zerstörerische Beziehungen zu treiben, sondern sie war frei, ihre Beziehungen nach anderen Bedürfnissen, Neigungen und Reizen zu wählen.

Früher oder später mußt du dem Schrecken ins Auge blicken, wenn du ohne die Beziehung bist, von der du weißt, daß du sie besser beenden solltest. Dieser Schrecken kann zum Teil in der Angst vor dem Nicht-Sein bestehen. Aber es ist wichtig, daß Norma nicht einfach plötzlich entschied: „Ich werde das Wochenende allein verbringen, und mal sehen, was dann geschieht"; mit so viel unerkannter Furcht hätte sie diese Entscheidung wahrscheinlich nicht treffen können. Sie mußte vorher Grundlagen schaffen. Und was waren diese Grundlagen? Durch die unterstützenden Freundinnen und durch die Therapie war es ihr gelungen, die Abhängigkeit in ihren Beziehungen zu erkennen. Sie konnte den Zwang erkennen, eine Bindung einzugehen, und sie konnte sehen, wie dieses Bedürfnis sie dazu brachte, sich an eine Beziehung zu klammern, sogar wenn diese schädlich war. Sie hatte auch gelernt, die Wurzeln ihres Zuneigungshungers zu verstehen und wußte, wie sehr er durch den Tod des sie vergötternden Vaters intensiviert worden war, weil sie noch sehr klein war, als er starb und weil ihre Mutter nicht die Fähigkeit hatte, fürsorglich und unterstützend auf sie einzugehen. Norma wußte also, daß sie sich vor einem Wiedererleben dieser schrecklichen, weit zurückliegenden Empfindungen fürchtete. All dies half ihr zu verstehen, wie wichtig es schließlich war, sich mit diesen Ängsten vor dem Nicht-Sein auseinanderzusetzen und zu entdecken, daß sie sie überwinden könnte. Sie wußte, daß sie dann eine Chance hätte, sich von den alten Mustern frei zu machen und ihre Abhängigkeit aufzugeben.

DER WERT DER FREUNDE

Norma hatte – um diesen Punkt zu erreichen - Hilfe bekommen durch die Therapie und von ihren Freundinnen. Es ist aber auch möglich, allein so weit zu kommen, wenn man erkennt, daß man abhängig ist, wenn man sieht, welcher Schaden unserem Leben zugefügt wird und wenn man versteht, wie Zuneigungshunger und seine Verdrehungen in uns funktionieren. Wenn aber die Angst vor dem Nicht-Sein der Abhängigkeit zugrundeliegt, braucht man vielleicht doch die Hilfe anderer, wenn der Schritt gekommen ist, 'cold turkey' auf sich zu nehmen, so wie auch der Alkoholiker und der Drogenabhängige die Hilfe anderer braucht.

Als Norma die Tortur des Wochenendes durchlebte, entschloß sie sich, keine ihrer Freundinnen anzurufen. Aber es war wichtig für sie zu wissen, daß sie es jederzeit tun konnte, wenn sie das wollte. Sie waren da, sie standen hundertprozentig auf ihrer Seite in ihren Bemühungen, diese Abhängigkeit niederzuzwingen, und sie wußten, wie schwer es für Norma sein würde. Ihre 'Gegenwart' half ihr, durchzuhalten.

Wenn du dich deinen eigenen Ungeheuern stellen und die Abhängigkeit von einer Person durchbrechen willst, kann es unglaublich hilfreich sein, eine eigene 'Gruppe' zu haben, die dich unterstützt. Es braucht keine formelle Gruppe zu sein, und doch können ein paar Freunde entscheidend sein, die verstehen, was du zu tun versuchst, die deinen Kampf mitfühlen können und die sich verpflichten, Verbündete in deinen Bemühungen zu sein. Wir haben gesehen, wie Freunde helfen können, wenn die kindliche Sichtweise der Zeit uns die Zügel aus der Hand nimmt, oder wenn wir die Gründe zu vergessen drohen, eine Beziehung zu beenden; und so können auch ein Freund oder eine ganze Gruppe von Freunden bestätigen, daß wir existieren, daß wir sichtbar sind; sie können uns einen Anker geben, wenn wir fürchten davonzutreiben. (Vgl. auch Kapitel 16, das mehr Details darüber enthält, wie man seinen Freunden helfen kann, uns zu helfen.)

Kapitel 5

Du bist mein Spiegel

„So wie manche Leute andere Menschen als eine Art Spiegel benutzen, um sich von ihrer Existenz zu überzeugen, so gibt es auch Leute, die andere Menschen als einen Spiegel benötigen, der sie definiert und ihnen sagt, wie sie sind." (Althea Horner,'Being and Loving', New York, 1978, S.17)
Mit diesen Worten beschreibt Althea Horner eine der Fallen, die eine gute Beziehung zum Scheitern bringen und zerstören können. Dies kann ein weiterer Grund sein, sich an eine schlechte Beziehung zu klammern. Die Abhängigkeit von einer anderen Person, die uns sagen muß, wer wir sind, damit wir unsere Identität abgrenzen oder sogar erst schaffen können, kann uns das Gefühl geben, daß der Verlust der anderen Person dem Verlust des eigenen Ich gleichkomme.

Hören wir Eileen zu nach einer der vielen Trennungen von Peter, jedoch noch vor dem endgültigen Bruch:
> Wenn ich mit Peter zusammen war, fühlte ich, daß ich genau wußte, was ich wollte. Aber jetzt, wo wir uns getrennt haben, kann ich mich nicht einmal entscheiden, was ich zum Essen bestellen soll. Habe ich die Hinweise von ihm bekommen? Ich weiß nicht, was ich will, wer ich bin oder wer ich sein sollte. Ich kann meine Arbeit tun und mit Leuten zusammen sein, aber es fühlt sich nicht so an, als ob da ein 'Ich' wäre, das all das tut.

Eileen weiß, daß sie existiert, aber ihr Gefühl für ihre Identität ist sehr erschüttert, und jahrelang hat sie ihre Identität aus der Beziehung mit Peter hergeleitet. Wie kommt es, daß eine reife Person, die im Leben sonst wirklich gut funktioniert, dennoch ein so vages Empfinden dafür hat, wer sie ist?

Auch die Erfahrung einer persönlichen Identität hat — wie dein Empfinden für deine Existenz und dein Vertrauen in deine Überlebensfähigkeit — sehr frühe Anfänge. In dem Maße, wie deine Eltern auf dich als ein besonderes Individuum reagierten (und nicht auf dich als 'ein Kind' oder 'ihr Kind' oder als eine Verlängerung ihrer selbst), halfen sie dir, dich deiner eigenen einzigartigen Persönlichkeit bewußt zu werden. Es entstand in dir nicht nur das Gefühl:„Ich bin", sondern: „So bin ich". Das soll nun nicht heißen, die elterliche Reaktion sei die einzige Quelle deiner Identität. Neben der Wirkung, die auch die Reaktionen anderer Leute auf dich hatten, entwickelte sich ein großer Teil deines Empfindens für deine 'Ichheit' durch die Erfahrung deines eigenen Körpers, seiner Grenzen, seiner Fähigkeiten und seiner Einschränkungen, und durch die Energie und die Gefühle, die ihn durchliefen. Und auch dein inneres Leben, deine Phantasie, die Ideen, Gedanken und Vorgänge waren eine Quelle deiner Identitätsgefühle. Aber dein Gefühl dafür, wer du bist, ist hauptsächlich von den Leuten geformt worden, die dir in deinen frühen Jahren am nächsten standen. Reaktionen wie die folgenden zum Beispiel helfen dir, dich selbst zu bestimmen:

Ich weiß, du bist zornig (furchtsam, aufgeregt etc.). — Donnerwetter, sieh' mal, wie stark du bist. — Hallo, Blauauge! — Du hast eine so süße Knopfnase. — Du bist wirklich ein begeisterter Esser.

Auch andere Arten der elterlichen Reaktionen können dich mitbestimmen, je nach den Bedürfnissen, Gefühlen und Werturteilen deiner Eltern:

Du bist ein artiger (unartiger) Junge. — Du machst alles kaputt, was du nur anfaßt. — Du würdest sogar deinen Kopf verlieren, wenn er nicht festsäße.

Wenn du den Eindruck hast, daß dein Idententitätsempfinden unsicher ist, dann hilft es vielleicht, zu untersuchen, welche Art von Spiegel deine Eltern waren, als sie dein Bild reflektierten. Es gibt mehrere Arten von Identitätsschädigungen, die durch eine schlechte Spiegelung verursacht werden können. Eine davon ist die, bei der deine Gefühle darüber, wer du bist, vage und ungestaltet sind. Das ist es, wenn die Leute sagen: „Ich habe keine Persönlichkeit." Es ist das Gefühl, keine Identität und kein Wesen zu haben.

Trifft dies für dich zu, so könnte es ein Hinweis darauf sein, daß deine Eltern ein schwacher Spiegel mit blinden Flecken für dich waren, daß sie dir nur eine unscharf definierte Ansicht über dich selbst gegeben haben mit wenig Feedback und einem sehr geringen Verständnis. Vermutlich waren deine Eltern dann besonders depressiv, in sich zurückgezogen, mit anderen Dingen beschäftigt, distanziert oder einfach während eines großen Teils deiner frühen Jahre nicht zu deiner Verfügung.

Es gibt jedoch auch Identitätsschädigungen anderer Art. Vielleicht fühlt man sich nicht als ganze Person, nicht vollständig — es sei denn, man ist Teil einer anderen Person. Ist das der Fall, waren die Eltern vermutlich kein Spiegel mit blinden Flecken, sondern ein verzerrender Spiegel. Einer, der durch ihr eigenes Bedürfnis 'gekrümmt' war, ihr Bedürfnis, dich als eine Erweiterung ihrer selbst zu betrachten oder als das, was sie in dir sehen wollten, und so reflektierten sie nicht dein wirkliches Ich.
Dies kann in folgenden Aussagen deutlich werden:

Du bist Vatis kleiner Liebling. — Du kannst doch keine Angst haben im Dunkeln. Ich habe doch auch keine. — Du bist Mamas kleine Hilfe. — Du wirst nie schwimmen lernen, ich habe auch Angst vor dem Wasser. — Ohne mich kannst du nichts tun.

Vermutlich hat jeder einmal seine Eltern solche Dinge sagen hören. Wenn es aber für dich problematisch ist, dich als eine vollständige Person zu fühlen und wenn du dich eher als Anhängsel von einer anderen Person und als eine Erweiterung seiner Wünsche betrachtest, dann waren deine Eltern vermutlich nicht so hilfreich, wie sie hätten sein können bei der Spiegelung deiner Individualität. Und vermutlich hättest du alle zur Verfügung stehende Hilfe gebrauchen können, denn als du ein Baby warst, da waren in deinem ursprünglichen Empfinden darüber, wer du warst, deine Mutter oder ihr Ersatz eingeschlossen. Du, das Individuum, als daß du dich heute kennst, warst nur ein Teil einer größeren Einheit. In dem Maße, in dem du einmal erfolgreich das Gefühl erlangen konntest, ein abgeschlossenes und ganzes Individuum zu sein, unabhängig von der Mutter-Kind-Matrix — in dem Maße wirst du dich jetzt abgerundet in dir selbst fühlen.

Wenn du das aber nie vollständig erreicht hast, hängt dein Gefühl der Ganzheit von deiner Verbindung zu einer anderen Person ab. Bei den meisten Erwachsenen ist diese andere Person nicht mehr die Mutter. Das Gefühl, die Mutter und du seien eins, hast du vielleicht schon seit langer Zeit nicht mehr.

(Manchmal besteht auch bis in die Erwachsenenzeit hinein ein allzu starkes und allzu einschränkendes Band zu deinen Eltern. Trifft dies für dich zu, lies mein Buch 'Abschied von den Eltern. Eine Anleitung für Erwachsene, die Beziehung zu den Eltern zu normalisieren'.)

Aber vielleicht hast du deine Suche nach Vervollständigung auf eine andere Person übertragen. Und wenn du dann ohne diese Person bist oder wenn du dich mit dem Gedanken trägst, sie (oder ihn) zu verlassen, fürchtest du wahrscheinlich, in das schreckliche Gefühl der Leere zurückzufallen.

Ein seit langem verheirateter Mann stellte das so dar:

> Ich habe sie früher immer 'meine bessere Hälfte' genannt. Also, jetzt glaube ich zwar nicht mehr, daß sie meine 'bessere' Hälfte ist; aber obwohl zwischen uns nur noch Schweigen und Haß besteht, fühle ich mich wirklich, als sollte eine Hälfte von mir fortgerissen werden, wenn ich mit dem Gedanken spiele, sie zu verlassen. Ich weiß nicht, ob es meine rechte, die linke, die obere oder die untere Hälfte wäre oder vielleicht mein Inneres, aber irgend etwas würde fehlen.

Es gibt enorme Abweichungen im Gefühl der 'Ich-heit'. Das eine Extrem stellt ein Mann dar, den ich in einem psychiatrischen Krankenhaus testete. Als Teil des gesamten Testablaufs bat ich ihn, einen Menschen zu zeichnen. Er ergriff den Stift und zeichnete in die untere linke Hälfte des Papiers eine Nase. Dann konzentrierte er sich sehr stark und malte ein Auge in die rechte obere Ecke, einen Fuß in die Mitte des Blattes und so fort. Er erzählte mir — wobei ich nie erfahren werde, wieweit es bewußte Absicht war — wie schrecklich zerstückelt und fragmentarisch sein Bewußtsein seiner selbst sei.

Das andere Extrem sind die Leute, die ein so genaues Bewußtsein darüber haben, wer sie sind, daß sie es in vielen verschiedenen Situationen, Rollen und Beziehungen aufrechterhalten können.

Die meisten Menschen liegen zwischen diesen beiden Extremen und fühlen sich manchmal unsicher darüber, wer sie sind, je nach Situation. Und viele erlangen ihre Identität wie Eileen durch eine andere Person, die sie definiert.

Wenn Peter sagte:,,Du gehörst mir'' oder:,,Du bist toll'' oder:,,Du bist aufregend'', war Eileen erfüllt von dieser Identität. Wenn er sagte:,,Du bist eine Hure, und ich lasse mich von dir nicht so behandeln'', wußte sie, wo ihre Grenzen waren. Und es war nicht nur das, was er sagte, sie definierte sich selbst als ihm gehörend. Sie definierte sich als schlecht, wenn er zornig war, und gut, wenn er zufrieden war mit ihr. Sie definierte sich selbst als attraktiv, wenn er sexuell reagierte, und als unattraktiv, wenn er nicht interessiert war. Je nach seiner Reaktion blickte sie in den Spiegel und sah sich deutlich als schön und blickte in denselben Spiegel und sah nur die Nase, die zu groß war, die Brüste, die zu klein und die Schenkel, die zu dick waren.

Nun, wo die Beziehung beendet war, fühlte sie sich formlos und unorganisiert. Sie war zwar nicht psychotisch wie der Mann, der die unzusammenhängende Zeichnung eines

Menschen gemacht hatte, aber doch fürchtete sie manchmal, sie würde jetzt ohne Peter „auseinanderfallen" oder „einen Nervenzusammenbruch" haben.

Die Gefühle der Gestaltlosigkeit, der Formlosigkeit und des Auseinanderfallens sind tief verwurzelt, aber wenn sie auch weit zurückliegende Ursprünge haben, sind sie doch nicht in Zement gegossen. Du kannst sie verändern. Dafür ist viel harte Arbeit nötig. Wie gewöhnlich mußt du zunächst erkennen, daß deine Identitätsschädigung aus der Ebene des Zuneigungshungers stammt und als solche eine Verzerrung der gegenwärtigen Realität dessen, der du wirklich bist. Du bist eine einzigartige, ganze und in sich abgeschlossene Persönlichkeit, die fälschlicherweise glaubt, sie sei es nicht. Und du wirst alle möglichen Methoden finden müssen, dir dieses selbst zu sagen. Anfangs werden deine Versuche vielleicht nur leere Worte sein, aber durch Wiederholungen können sie Bestandteil dessen werden, wer du bist. In 'I'm Dancing as Fast as I Can' befindet sich Barbara Gordon zum Beispiel im Kampf um ihre verlorene Identität:

> Ich fange an mit meiner Litanei. Ich bin Barbara, die Tochter von Sally und Lou. Ich bin, ich bin, ich bin. Der Katechismus half nicht wirklich, aber ich dachte, eines Tages werde ich gehen und sprechen wie alle anderen, spontan und nicht einstudiert. Bis dahin werde ich mit meinem 'Ave Barbara' weitermachen. Irgendwann muß es einmal klappen.

Als Eileen darum kämpfte, ihre Bindung zu Peter abzubrechen und als sie voller Angst war, weil ihr ohne diese Beziehung das Empfinden ihrer Ganzheit zu entgleiten schien, gab ich ihr eine Liste von unvollständigen Sätzen und bat sie, sie zu vervollständigen. Hier sind einige ihrer Antworten:

> Ich bin...
> - Margaret Eileen Simmons — eine Frau — klug — eine Herausgeberin — eine Katholikin — recht attraktiv — freundlich — zu dick
> Ich war...
> — Meg — ein niedliches Mädchen mit Lackschuhen — eine gute Schülerin — schüchtern
> Ich werde sein...
> - eine Chef-Herausgeberin !! — eine Mutter — tot
> Am liebsten mag ich...
> — lange schlafen — skifahren — Unterhaltungsartikel schreiben
> Am besten gefällt mir an mir...
> — daß ich aufrichtig bin — daß ich versuche, anderen nicht weh zu tun — daß ich Humor habe
> Ich glaube aufrichtig...
> — an Gott — daß ich eines Tages eine gute Liebesbeziehung haben kann — an Feen
> Wenn meine Beziehung zu Peter zu Ende ginge...
> — würde ich sehr viel weinen und mich sehr betrinken — würde ich früher oder später eine bessere Beziehung finden — würde ich immer noch ich sein.

Eileen wußte, wie wichtig es war, ein Empfinden dafür zu entwickeln, wer sie war, und dieses Empfinden festzuhalten. Sie arbeitete also hart an solchen Übungen und dachte sich oft selbst Satzanfänge aus, die sie vervollständigte. So konnte sie allmählich begreifen, daß sie eine von Peter getrennte Persönlichkeit war, und das war ein wichtiger Schritt bei der Befreiung von ihrer Abhängigkeit. (In Kapitel 17 findet sich eine Liste mit unvollständigen Sätzen, die du als Übung vervollständigen kannst, um deine Identität zu finden und zu bestätigen ohne die Person, von der du loskommen möchtest.)

Es kann auch hilfreich sein, die Reaktionen anderer zu erfahren. Ben, der noch sehr erschüttert war vom Ende einer langen Liebesaffäre, bekannte seinem Freund:

Ich fühle mich wie ein Nichts, wie ein Gespenst, das durch die Gegend schwebt und weder eine deutliche Form noch ein Ziel hat. Ich kann nicht glauben, daß irgend jemand von mir beeindruckt sein kann. Vielleicht, weil ich selbst keine Eindrücke besitze, die ich hinterlassen könnte. Habe ich sie? Siehst du mich als ganze, abgeschlossene Person?

Und sein Freund antwortete:

Natürlich. Ich habe immer deine Fähigkeit bewundert, wie du im Beruf Entscheidungen treffen kannst und nicht zurückblickst, während ich immer anfange zu denken: 'Vielleicht hätte ich... wenn ich nur...' In solchen Zeiten versuche ich mir dann vorzustellen, wie du damit umgehen würdest.

Und er führte weiter an, daß sowohl er als auch seine Frau Ben als sehr fertige Person sahen, auf die sie sehr klar umrissene Reaktionen hatten. Ben ließ das in sich einsinken, versuchte, sich selbst mit ihren Augen zu sehen und konnte dann schließlich entscheiden, was davon paßte und was nicht.

Natürlich wäre es sehr schön, wenn du zu diesem Zeitpunkt deines Lebens ein klares und festes Identitätsgefühl hättest. Aber wenn du Bestätigung brauchst durch die Zustimmung anderer — und die meisten von uns brauchen das — so ist es viel besser, diese Bestätigung von vielen verschiedenen Leuten zu bekommen, als von einer Person abhängig zu sein. Jede einzelne Person hat vielleicht ein verzerrtes Bild von dir oder verfolgt eigennützige Ziele, so daß erst die Summe mehrerer Eindrücke ein realistisches Bild geben könnte. Vor allem aber könnte diese eine Person zu wichtig werden für dein Gefühl der Identität.

Kapitel 6

Du bist meine Kuscheldecke

Eileen erzählte:

> Seit Peter und ich uns getrennt haben, bekomme ich diese schrecklichen Angstzustände. Manchmal wache ich nachts voller Schrecken auf, und manchmal überfällt mich diese Furcht ganz plötzlich, wie aus heiterem Himmel, wenn ich zum Beispiel vom Büro zum Essen gehe, oder wenn ich einkaufe. Es ist, als sei die ganze Welt unsicher geworden... Es gibt eine Art namenloser Gefahr, die gerade außerhalb meiner Sichtweite lauert... Bei Peter habe ich nie etwas Ähnliches empfunden, selbst wenn alles ganz schlimm mit uns war. Sein Dasein in meinem Leben gab mir ein Gefühl der Sicherheit. Er war meine Kuscheldecke.

Ihre Kuscheldecke. Schon das Wort allein weist darauf hin, daß die Ursprünge dieses dringenden Bedürfnisses in Eileens Kindheit liegen. Das ganz kleine Kind in Eileen fühlt:,, In meinem Einssein mit Mama bin ich geschützt. Ich bin vereint mit ihrer Macht. Ich habe nichts zu befürchten. Die Welt ist sicher und freundlich.'' Und Peter stand in vieler Hinsicht für ihre Mutter, genau wie die Kuscheldecke eine Art tragbarer Mutter für das kleine Kind ist. Zu anderen Zeiten stellte Peter dann den starken und beschützenden Vater dar.

Wenn aber die Mutter damals aus dem Zimmer ging und das Licht löschte, dann erschienen Eileen — oder dir — bösartige Ungeheuer oder schreckliche Dinge, die nachts rumpelten. Oder wenn du die Mutter in einem überfüllten Warenhaus aus den Augen verlorst, war die Welt plötzlich voller unfreundlicher und gleichgültiger Fremder. Wenn du diese Situation aus der Kindheit in die Gegenwart übertragen hast, kannst du diese überwältigende Angst noch immer so fühlen, als seist du das zarte und unsichere kleine Kind und als sei die Person, an die du dich gebunden hast, ein Ersatz für die schützenden Eltern.

Ich habe nicht nur Eileen von der 'Kuscheldecke' sprechen hören, wenn sie von der ihr nahestehenden Person erzählte, sondern auch viele andere Menschen. Manche sprechen — wenn sie sich mitten in aufwühlenden Kämpfen innerhalb der wichtigen Beziehung befinden — davon, daß sie ihren Hafen verlieren, ihren Ruheplatz, ihren Anker, ihren Verteidiger oder ihren Felsen, auf dem sie stehen. Auf viele realistische und angemessene Arten kann dir eine enge Beziehung das Gefühl größerer Sicherheit geben. (Ich spreche von gefühlsmäßiger Sicherheit, nicht von finanzieller, obwohl es dort in manchen Situationen eine Verbindung geben kann.) Es kann sich um aufrichtigen und gegenseitigen Schutz handeln. Die andere Person unterstützt dich vielleicht dabei, dein Selbstvertrauen aufzubauen. Wenn du mit einem Partner lebst, wirst du vermutlich auch viele Situationen vermeiden, die zu Ängsten führen könnten, weil auch eine offene primäre Beziehung zu einem gewissen Grad abgeschirmt ist und eine Struktur vorgibt, die das Eingehen individueller Risiken beschränkt. Dies sind realistische und die Sicherheit vergrößernde Vorzüge, die du in einer wichtigen Beziehung finden kannst. Wenn dir aber dein bestes Urteilsvermögen sagt, du solltest diese Beziehung beenden, und wenn sich gleichzeitig deine Angst drastisch steigert bei dem Gedanken an das Ende, dann handelt es sich vermutlich um ein Überbleibsel der kindlichen Unsicherheit, das dich veranlaßt, an dieser Beziehung festzuhalten.

Wir wollen noch einmal genauer den Anstzustand untersuchen, in dem sich Eileen befand, als sie sich schließlich von Peter getrennt hatte. Sie fürchtete sich vor dem Ausgehen, sie fürchtete sich davor, Dinge allein zu tun, wie zum Beispiel einkaufen, ein Museum besuchen etc. Aber auch zuhause war sie schreckhaft und furchtsam. Nachdem sie mit Peter Schluß gemacht hatte, ließ sie zwei weitere Schlösser an der Tür anbringen, obwohl sie vorher nie Angst gehabt hatte, wenn sie allein im Hause war. Und obwohl sie sich oft einsam fühlte, hatte sie Angst, sich mit anderen Männern zu treffen, und sie vermied solche Gelegenheiten. Sie, die sonst so wortgewandt war, glaubte plötzlich, sie habe nichts zu sagen und fühlte sich unerträglich unwohl. Sie, die sich bei Peter im sexuellen Bereich so frei und unternehmungslustig gefühlt hatte, wurde plötzlich schüchtern und hatte Angst, ihren Körper zu zeigen, einen Körper, der ihr jetzt sehr mangelhaft zu sein schien.

Eileen erkannte in ihren Gefühlen sehr schnell die alten Ängste der Unzulänglichkeit aus der Kindheit. Sie erinnerte sich an ihre Ängste vor dem Dunkel, vor Einbrechern und an ihre schlimmste Angst, vor der Klasse aufgerufen zu werden. Und sie erinnerte sich an die vielen Situationen voller schmerzlicher und demütigender Schüchternheit. Ihre Mutter war keine besonders sensible oder hilfreiche Frau. Zu einer von Eileens frühesten Erinnerungen — sie war wohl drei oder vier Jahre alt — gehört die Situation, in der sie sich hinter dem Rock der Mutter versteckte und sich an ihre Beine schmiegte, als eine ihr fremde Person zu Besuch gekommen war. Ihre Mutter wies sie scharf zurecht und sagte: ,,Hör auf, dich wie ein Baby zu benehmen'' und zwang sie, die Besucherin zu küssen. Am zufriedensten war die Mutter aber mit ihr, wenn sich Eileen freundlich verhielt und ein gutes Licht auf die Eltern warf. Ihre eigenen Bedürfnisse spielten nur eine geringe Rolle.
Wenn der Vater, der als Offizier der Handelsmarine recht häufig unterwegs war, nach Hause kam, gab es immer ein großes Hallo, viel Aufregung und viele Geschenke. Er warf Eileen in die Luft, raufte mit ihr und mit ihren beiden Brüdern und tobte mit ihnen herum. Aber nach ein oder zwei Tagen solcher rauhen Interaktionen schienen ihm Eileen und ihre beiden Brüder plötzlich im Wege zu sein und schienen ihn zu stören bei seiner Entspannung. Wenn Eileen dann seine Aufmerksamkeit erneut auf sich lenken wollte, reagierte er ärgerlich. Dann zog sie sich zurück, oder spielte mit ihren Brüdern, wenn die sich dazu herbeiließen. Sie erinnerte sich daran, wie verängstigt und unsicher sie sich dann fühlte. Und bald ging der Vater dann auch wieder fort.

Dadurch, daß Eileen sich die kindlichen Gefühle ins Gedächtnis rief und die Ähnlichkeit erkannte mit den gegenwärtigen Gefühlen, war sie in der Lage, einen weiteren wichtigen Schritt zu tun, um ihr Problem zu verstehen. Sie erkannte, daß sie nicht unsicher war, weil sie ohne Peter war, sondern daß die Unsicherheit selbst ein Gefühl war, das sie jahrelang mitschleppte und daß ihre Beziehung zu Peter einfach nur geholfen hatte, diese Unsicherheit und Angst zu verbergen. Daher mußte sie aufhören, auf die Wiederkehr von Peters Liebe zu hoffen oder ihn durch einen anderen 'Peter' zu ersetzen, der ihre Angst stillen würde. Stattdessen mußte sie ihre ganze Kraft darauf konzentrieren, größere Sicherheit in sich selbst zu entwickeln. Und dies brachte sie zu der wichtigsten Einsicht: Ihr wurde deutlich, daß sie durch die Wahl von Männern wie Peter (und sie hatte häufig genug solche Männer gewählt, um zu wissen, daß das kein Zufall war) sich jemanden aussuchte, der ihr zwar die Illusion gab, sicher zu sein, der aber in Wirklichkeit für verstärkte Gefühle der Ungewißheit und Unsicherheit sorgte. Statt Männer zu wählen, die ihr halfen, Selbstsicherheit und Stärke zu entwickeln, wählte sie Männer, die die alten schrecklichen Gefühle in ihr weckten.

Eileen fragte sich, warum sie einem solchen selbstzerstörerischen Muster folgte, und allmählich begriff sie, daß sie an eine alte Aufgabe gefesselt war, eine Aufgabe, die ein Überbleibsel war aus den Ebenen des Zuneigungshungers seit der frühen Kindheit. Diese ungelöste Aufgabe bestand darin, ihre wenig verständnisvollen Eltern verständnisvoller zu machen, ihre nur mangelhaft fürsorglichen Eltern fürsorglicher, ihre nur unangemessen hilfreichen Eltern hilfreicher. Sie beobachtete, wie sie ständig versuchte, den Traum ihrer Kindheit zu erfüllen und ihre Eltern zu bewegen, so zu sein, wie sie sich die Eltern wünschte. Sie wählte sich dazu Männer aus, die sie so behandelten, wie die Eltern sie behandelt hatten und versuchte dann, diese Männer zu verändern. Da Eileen schließlich erkennen konnte, daß sie dieses Muster selbst geschaffen hatte, konnte sie auch erkennen, daß es in ihrer Macht lag, das Muster zu verändern. Der ganze Bereich ihrer Beziehungen zu Männern schien damit weniger willkürlich und erschreckend, und ihre Hoffnungslosigkeit begann sich zu lichten.

Dies ist ein gutes Beispiel dafür, wie das Verständnis der eigenen Geschichte die Gefühle verändern und Möglichkeiten schaffen kann, mit dem Leben aus einem Standpunkt größerer innerer Sicherheit heraus fertig zu werden.

Wenn du also an einer schlechten Beziehung festhältst und wenn du erkennst, daß du daran festhältst, weil eine Trennung dich erschrecken würde und Furcht in dir hervorrufen würde, dann mußt du dir unbedingt folgende Frage stellen: Worin besteht eigentlich diese Furcht, und woher kommt sie?

Wenn du darüber nachdenkst, wirst du ganz sicher die Grundlage dafür in deinen frühen Kindheitsängsten finden, daß du zu klein bist, zu hilflos und nicht in der Lage, mit den Anforderungen und den Gefahren des Lebens fertig zu werden. Vielleicht war das damals eine realistische Sicht der Dinge, besonders dann, wenn deine Eltern dir nicht besonders gut helfen konnten, Vertrauen in deine eigenen Fähigkeiten zu entwickeln. Aber heute ist sie nicht mehr realistisch. Du wirst dich neu darauf einstellen müssen, daß du jetzt sehr wohl in der Lage bist, unabhängig mit dem Leben fertig zu werden. Allerdings wirst du es nicht schaffen können, wenn du weiter von jemandem abhängig bleibst, der dieselben Muster wiederholt, die deine Stärken und dein Selbstvertrauen unterminieren. So ist es also wichtig, die Muster dieser Beziehungen zu untersuchen, um zu prüfen, ob etwas Selbstzerstörerisches in ihnen wiederholt wird. Stellst du Ähnlichkeiten fest, wenn du die Leute miteinander vergleichst, mit denen du bisher wichtige Liebesbeziehungen hattest? Gibt es Ähnlichkeiten in den Bereichen, wo du den anderen besonders anziehend oder besonders quälend erlebtest? Und wie ist es mit den Interaktionsmustern? Wer hatte meistens die Zügel in der Hand? Wer bestimmte am häufigsten, wann und wie ihr eure gemeinsame Zeit verbrachtet? Wer schien verliebter zu sein und stärker gebunden? Welche deiner Bedürfnisse wurden am ehesten erfüllt und welche am meisten enttäuscht? Welche Gefühle blieben in dir zurück? Ähneln die Muster dieser vergangenen Beziehungen dem Muster der Bindung, die du deiner Meinung nach jetzt besser beenden solltest? Wenn ja, dann scheint es ein selbstzerstörerisches Muster zu geben, das in der gegenwärtigen Beziehung wiederholt wird.

Wenn ein solches Muster deutlich wird, solltest du auf deine frühen Familienbeziehungen blicken, da du vermutlich irgendeine unerledigte Sache von damals aufgreifst. Eileen bemühte sich zum Beispiel darum, gleichgültige Eltern weniger gleichgültig zu machen und ihren sich entziehenden Vater zum Bleiben zu bewegen. Ich habe Leute gesehen mit depressiven Eltern, die sich ständig mit depressiven Liebhabern einließen und sich dann auf den Kopf stellten, um sie zum Lächeln zu bewegen. Ich habe Leute mit sehr egozentrischen Eltern erlebt, die narzistische Liebhaber wählten und immer wieder um Aufmerksamkeit bettelten. Ich habe Leute gesehen mit gemeinen Eltern, die grausame Liebhaber wählten und versuchten, sie freundlich zu stimmen.

Diese Muster verlängern mit Sicherheit die Gefühle der Unsicherheit, aus denen sie gekommen sind. Es ist also sinnvoll zu untersuchen, worin einige der grundlegenden Interaktionen in deiner Ursprungsfamilie bestanden und sich etwa folgende Fragen zu stellen:
Wer war der Boß? Hat ein Elternteil den anderen mehr geliebt? Auf welche Weise erreichten es die Eltern voneinander und von dir das zu bekommen, was sie wollten? Hattest du den Eindruck, daß dich beide Eltern liebten? Liebte einer dich mehr? Liebtest du einen mehr? Welcher Elternteil vermittelte dir positive Gefühle über dich selbst? Welcher vermittelte dir negative Gefühle über dich? Wie versuchtest du, Liebe, Aufmerksamkeit und emotionale Unterstützung zu bekommen? Wie vermiedest du ihren Zorn?

Beschäftige dich mit diesen Fragen und lege dir auch alle möglichen anderen Fragen vor, um so gründlich wie möglich diese frühesten Muster deiner Interaktionen zu erforschen. Wenn es noch Personen gibt, die dir Auskünfte geben können über deine Babyjahre und die Jahre der Kleinkindzeit, dann befrage sie. Das, was du in Erfahrung bringen wirst, versuche mit den späteren Mustern der Liebesbeziehungen und mit der gegenwärtigen Beziehung zu verbinden. Wiederholst du ein frühes Interaktionsmuster, das dich unsicher macht, dich aber an einen Liebhaber gebunden hält gerade wegen dieser Unsicherheit? Das Begreifen dieser Verbindung kann dir dabei helfen, eine schlechte Beziehung abzubrechen.
Bevor wir aber diskutieren, was du als nächstes tun kannst, wollen wir uns einem Problem zuwenden, das eng mit der Unsicherheit verbunden ist, nämlich mit dem Problem deines Selbstwertgefühls und wie es durch deine Beziehung beeinflußt wird.

WERTVOLL ODER WERTLOS

Viele Menschen glauben, sie seien wertvoller, wenn sie mit anderen Personen verbunden sind. Viele haben den Eindruck, sei seien mehr wert, wenn sie in einer Bindung sind als ohne eine Bindung, selbst wenn sie mit jemandem zusammen sind, der nichts geben kann oder der ihrer Selbstachtung schadet. Das Ende dieser Beziehung bedeutet dennoch für sie, weniger Wert zu haben oder sogar ganz wertlos zu sein. Eine Frau drückte das so aus:

> Es ärgert mich furchtbar, daß mein Selbstwertgefühl von irgend so einem Ekel abhängig ist, aber so ist es nun mal.

Und so empfinden natürlich nicht nur Frauen, sondern auch Männer. Sie glauben ebenfalls, sie seien weniger wert ohne die Bindung an irgendeine Frau oder an eine ganz bestimmte Frau.

Wenn du meinst, dies träfe auch auf dich zu, mußt du verstehen, daß dieses irrationale Verhalten seinen Ursprung in der Ebene des Zuneigungshungers hat. Als du ein Baby warst, war deine Mutter das mächtigste Wesen der Welt, und durch dein Einssein mit ihr fühltest du dich gleichfalls allmächtig. Dieses Gefühl der geteilten Allmacht kann auf eine neue Person in einer Liebesbeziehung übertragen werden und oft hat es eine fast mystische Wirkung, wie es deine Wert- und Machtgefühle verstärkt.

Ein Strafverteidiger, der seine Frau sehr liebte, sagte:

> Vor langer Zeit begann ich mit diesem Ritual: In dem Augenblick, in dem ich einen besonders wichtigen Zeugen befragen will oder in dem ich mein Plädoyer beginnen will, stelle ich mir vor, wie ich meine Frau sehr fest in den Armen halte. Ihre Arme sind um meinen Hals geschlungen, und wir küssen uns. Es ist, als ob ich damit meine Batterie neu auflade. Ich stehe dann auf und fühle mich wie der beste Strafverteidiger der Welt.

Dieser Mann war sehr glücklich in seiner Beziehung zu seiner Frau, und er hatte nicht das leiseste Bedürfnis nach einer Trennung von ihr. Deshalb hatte seine Phantasie eine konstruktive Wirkung. Indem er sich seinen liebevollen Gefühlen hingab, war er vielleicht gleichzeitig im Kontakt mit seinen frühen Gefühlen, als er Liebe und Stärke durch die mütterliche Nähe empfunden hatte. Doch es birgt große Gefahren, wenn man einen anderen Menschen die Hauptquelle der eigenen Macht sein läßt.

Ein anderer Mann beschreibt zum Beispiel seine Gefühle so:

> Unsere Ehe war seit Monaten in einer scheußlichen Krise, und es schien, als würden wir uns trennen müssen. Durch Louises Angriffe auf mich und durch ihren ständigen Rückzug von mir fühlte ich mich wie Dreck, als hätte ich überhaupt keine wertvollen Seiten. Ich fing an, ihr jede kritische Bemerkung über meine Person zu glauben. Ich wußte, eigentlich sollte ich ausbrechen. Doch dann hatten wir einen von diesen seltenen Durchbrüchen und kamen schließlich wieder zusammen. Zum ersten Mal seit Monaten schliefen wir an jenem Sonntagmorgen wieder zusammen. Und am Nachmittag ging ich nach draußen, um einiges an der Ausfahrt zu reparieren. Ich hatte das immer wieder aufgeschoben, weil ich mich zu schwach gefühlt hatte, um die Kiessäcke zu heben. Aber jetzt konnte ich sie umherwerfen, als wären sie Daunenkissen.

Dieser Mann kam aus einer großen Familie. Seine beiden ständig erschöpften Eltern hatten hart gearbeitet, sich ständig um Geld gesorgt und dauernd überfordert. Sie waren voller Groll darüber, daß sie so viel mehr Kinder bekommen hatten, als sie eigentlich wollten. So fühlte er sich nie wertvoll oder wichtig für seine Familie und fühlte sich in der Folge auch nicht wertvoll und wichtig in sich selbst. Er sagte dazu:

Das Schlimmste war, daß sie sich nie über mich zu freuen schienen. Ich sehne mich danach, daß man sich über mich freut. Und wann immer Louise Freude an mir zeigt, vergesse ich, daß diese Beziehung mich eigentlich zerstört.

Ähnlich drückte es eine junge Frau aus, die sich als Kind nur dann geschätzt oder geliebt fühlte, wenn sie gute Zeugnisse bekommen hatte:

> Ich wußte, Harry und ich mußten uns trennen. Er würde seine Frau und die Kinder nie verlassen. Und an diesem einen Montag, am Jahrestag unseres Kennenlernens, fühlte ich mich so schrecklich wertlos, daß ich mich sogar bei einem Kellner entschuldigte, der den Kaffee verschüttete. Dann kam ich nach Hause und fand einen Brief von Harry, in dem er mir sagte, daß wir zwar kein gemeinsames Leben aufbauen könnten, daß er mich aber immer lieben würde, mehr als jede andere Frau. Und obwohl sich objektiv doch eigentlich nichts verändert hatte, veränderten sich augenblicklich meine Gefühle über mich selbst. Ich blickte in den Spiegel und sah eine schöne Frau.

Diese Beispiele illustrieren, daß die Gefühle der Selbstschätzung und der Wertlosigkeit die beiden Seiten derselben Münze des Zuneigungshungers sind. Die Beispiele zeigen, wie schnell sich unser Urteil über uns selbst ändern kann, je nachdem, ob es eine wichtige Beziehung gibt oder nicht. Und doch hatten alle drei Menschen die Fähigkeit in sich selbst, sich für wertvoll zu halten; die Bindung an den anderen Menschen brachte ihnen lediglich die Fähigkeit das zu fühlen. Der Anwalt trug in sich selbst die Fähigkeit, sich wie ein Staranwalt zu fühlen; die Frau hatte selbst die Fähigkeit, ihre eigene Schönheit zu sehen, und der verheiratete Mann hatte es offensichtlich in sich selbst, die Tüten mit Kies umherzuwerfen. Erkennt man einmal diese Wahrheit, kann der Ausgangspunkt für sehr wichtige Veränderungen erreicht sein.

Der Mann, der sich so unglücklich an Louise klammerte, nur um sich wertvoll und stark fühlen zu können, wenn sie sich von Zeit zu Zeit einmal über ihn 'freute', erkannte schließlich, daß er einen uralten Hunger in sich stillen wollte, indem er versuchte, Freude aus jemandem hervorzulocken, der sich nur selten wirklich über ihn freute. Er ahnte, daß er sich auf eine sinnlose, ermüdende, alte und vergangene Aufgabe eingelassen hatte und sagte dann schließlich irgendwann:

> Wenn es wichtig ist für mich, daß sich jemand an mir freut, und wenn ich das so brauche und mir so wünsche, dann suche ich mir besser jemand Passenderen. Andererseits fange ich gerade an zu erkennen, daß ich eine ganze Menge auf dem Kasten habe, ob da nun so jemand ist oder nicht. Ich bin wirklich stark. Es war nicht Louise, die mir diese Stärke gegeben hat, den Kies zu werfen oder ein erfolgreiches Geschäft abzuschließen. Das war ich selbst, und ich muß versuchen, diese Wahrheit festzuhalten.

Und er bemühte sich wirklich darum, indem er versuchte zu begreifen, wie es dazu kam, daß er für sein Selbstwertgefühl von einer bestimmten Bindung abhängig war. Er fand es heraus, indem er ein Tagebuch schrieb über seine Entdeckung des eigenen Wertes. Wenn er sich am wertlosesten fühlte, zwang er sich, zu lesen, was er geschrieben hatte. Trotzdem dauerte es Monate, bevor er hinsichtlich der möglichen Trennung von Louise festeren Boden unter den Füßen fühlte. (Übrigens bemerkte Louise die Veränderung in ihm, noch ehe er seine Trennungsabsichten ankündigen konnte. Sie fühlte, daß er nicht länger abhängig von ihr war und reagierte ihrerseits anders auf ihn — ob sie nun Angst hatte, er würde sie verlassen oder ob seine neue Selbstachtung ihn attraktiver für sie machte, sei hier einmal dahingestellt.) Er beschloß zu bleiben, freute sich darüber, daß sie an ihm Freude hatte, fühlte sich aber nicht länger durch dieses alte Bedürfnis an sie gebunden.

Diese Wende der Ereignisse ist nicht ungewöhnlich, geschah aber wohlgemerkt nicht wegen eines 'Manövers' oder eines 'Spiels', sondern weil er sie wirklich nicht mehr brauchte, um sich selbst gut zu fühlen.

Wenn deine Sicherheits- oder Wertgefühle sich aus einer unglücklichen Beziehung ableiten, wird es dir helfen, wenn du die Ursprünge der darunterliegenden Gefühle der Unsicherheit oder des schwachen Selbstwertgefühls erforschst.

Ziel ist dabei erstens zu entdecken, daß diese dich prägenden Erlebnisse nicht mehr Gültigkeit besitzen als die realistische Definition deines jetzigen Ich (,,Nur weil mich meine Eltern nicht ernstnahmen, bedeutet das noch lange nicht, daß man mich nicht ernstnehmen kann'') und zweitens zu entscheiden, ob du Beziehungen und Interaktionsmuster wählst, die alte und sinnlose Dramen wiederholen.

Mit anderen Worten: Die Selbsterforschung soll dir helfen, die Vergangenheit in die Vergangenheit zu verweisen und die Gegenwart in die Gegenwart. Dieses Bewußtsein allein mag nicht ausreichen, eine schlechte Beziehung zu beenden. Persönlicher Mut, Entschlossenheit und oft auch die Hilfe von Freunden sind notwendig, um die Unterstützung, die richtige Perspektive und die Bestätigung deines Wertes zu erhalten, wenn du es selbst in die Hand nehmen willst, das Band der Hörigkeit zu zerschneiden.

Kapitel 7

Höhen und Tiefen

Eileen sagte:

> Ich sehe mich selbst gern als einen ausgeglichenen Menschen. Aber wenn es sich um Peter handelt, sind meine Gefühle ungefähr so ausgeglichen wie die Fahrt auf der Achterbahn. Ich stürze von der Höhe der jubelnden Freude in die schwärzeste Depression, und ich bin wieder oben in den Wolken, wenn er nur den richtigen Knopf drückt. Ich kann von der Höhe der liebevollsten Gefühle in den tiefsten Zorn fallen, sogar in mörderischen Haß. Ich kann das nicht aushalten, wie sehr meine Gefühle in seiner Hand liegen.

Diese Art emotionaler Achterbahn gibt es häufig in einer gestörten Liebesbeziehung. Positive Gefühle wie Freude, Vertrauen und Liebe können manchmal sehr schnell von beunruhigenden Gefühlen abgelöst werden wie Depression, Eifersucht und Haß. Wenn diese Gefühle so extrem und so veränderbar sind, ist dies ein fast sicheres Zeichen dafür, daß die Ebene des Zuneigungshungers eine wichtige Rolle in der Beziehung spielt und dann kann es sich bei dieser Beziehung sehr wohl um eine Abhängigkeit handeln.

Wir wollen prüfen, wie das in den drei verschiedenen emotionalen Dimensionen funktioniert: Liebe oder Haß, Vertrauen oder Eifersucht, Freude oder Depression.

LIEBE ODER HASS

Wenn Hunger nach Zuneigung in einer Beziehung sehr wichtig ist und sich deshalb liebevolle Gefühle unmittelbar in Haß verwandeln können, dann gibt es dafür zwei Hauptgründe. Einer wird im folgenden Dialog zwischen Bob und seinem Freund Jeff deutlich:

Bob: Ich will Phyllis sagen, daß wir uns wieder zusammentun sollten und versuchen sollten, daß es klappt.

Jeff: Warum?

Bob: Weil ich sie liebe. Sie ist wunderbar. Vielleicht habe ich es ihr zu schwer gemacht. Jetzt kann ich, glaube ich, wirklich liebevoll sein, und ich kann es wieder gutmachen.

Jeff: Was, wenn sie nicht zurückkommen will?

Bob: Dann würde ich die Hexe am liebsten umbringen.

Schon bei dem Gedanken, er könnte nicht bekommen, was er wollte, verwandelte sich Bobs Liebe blitzartig in mörderischen Haß. Der Hunger nach Zuneigung trat auf den Plan und verlangte sofort und ohne Zögern die Erfüllung der Forderungen — wie früher in der Kindheit. Wie die Frustration dieser Forderungen im Kind Zorn wecken kann, so geschieht es auch bei dem nach Zuneigung hungernden Erwachsenen. Bob liebt Phyllis nicht eigentlich als ein unabhängiges Wesen, sondern als eine Erweiterung seiner Wünsche. Sein Zorn über ihre mögliche Ablehnung seiner Wünsche ist ebenso Teil seiner Bindung an sie wie seine liebevollen Gefühle.

Der zweite Grund für die Koexistenz von Liebe und Haß beim Hunger nach Zuneigung ist die Tatsache, daß sich dieser Mensch nur durch die andere Person zulänglich, vollständig, sicher und glücklich fühlen kann und daß er sich ohne diese andere Person unzulänglich, unvollständig, unsicher und unglücklich fühlt.
Aber welche Macht gibst du diesem anderen Menschen in die Hand, wenn dies bei dir der Fall ist! Und welchen Groll mußt du daneben auf diesen Menschen wegen dieser Macht hegen, vor allem dann, wenn diese andere Person ihre Macht nutzt, dich zu beherrschen und auszunutzen. Vielleicht siehst du außerdem in diesem anderen Menschen Fähigkeiten verwirklicht, die dir selbst fehlen, so daß du bewußt oder unbewußt neidisch auf dieses idealisierte Wesen bist.
Eine Frau sagte:
>Ich bin schüchtern und habe Mühe zu sprechen mit fremden Leuten, aber Ken kann auf sie zugehen und sich gut ausdrücken. Das ist eine der Eigenschaften, deretwegen ich ihn liebe. Wenn wir aber zu einer Party gehen und wenn er sich so wohl zu fühlen scheint und im Mittelpunkt steht, dann fühle ich gleichzeitig, daß ich ihn hasse.

Es gibt einen dritten Grund, warum deine Gefühle so zwischen Liebe und Haß hin- und herschwanken können, wenn dein Zuneigungshunger dominiert: Auf dieser frühen Ebene deines Zuneigungshungers kann dein kindliches Idch noch nicht realisieren, daß die Mutter, die lächelt und dich unterstützt und dir Wohlbehagen vermittelt, dieselbe ist wie jene Mutter, die zornig oder beschäftigt ist, die fortgeht und dir ein so schreckliches Gefühl vermittelt. Es ist, als handelte es sich um zwei verschiedene Leute, um eine gute Mutter, die du liebst, und um eine schlechte Mutter, die du haßt. Wenn dann der Mensch, mit dem du heute so eng zusammen bist, dir wehtut oder dich enttäuscht, dann reagierst du wie das kleine Kind, als handelte es sich beim Partner um zwei verschiedene Leute und deine Gefühle schlagen um von Liebe zu Haß.

Ich erinnere mich an einen siebenjährigen Patienten, der seine Mutter als eine Person liebte, wenn sie lächelte, und sie buchstäblich als eine andere Person haßte, als eine 'gemeine Hexe', wenn sie ihrem — beträchtlichen — Zorn freien Lauf ließ. Er fand es so schwer zu verstehen, daß die Hexe nur eine Seite derselben Mutter war. Um ihm zu helfen, ergriff ich einmal in der Sitzung im Spielzimmer einen Würfel, der auf jeder Seite eine andere Farbe hatte, einen Würfel, mit dem er schon oft gespielt hatte. Ich zeigte ihm die blaue Seite und fragte:„Welche Farbe hat dieser Würfel?" „Er hat viele Farben." „Aber jetzt kannst du nur blau sehen. Warum nennst du ihn dann nicht einen blauen Würfel?" „Ich weiß ja, daß er auf der anderen Seite rot ist und gelb und weiß." „Es ist also ein Würfel mit vielen Farben und jetzt zeige ich dir gerade die blaue Seite." „Ja." „Und auch deine Mutter hat viele Seiten, und manchmal zeigt sie dir die lächelnde Seite und manchmal die ärgerliche, aber sie sind alle Teil derselben Mutter."

Je gründlicher er dies verstand, desto mehr wurde ihm deutlich, daß er nicht die Hexe töten konnte, ohne auch die gute Mutter zu töten. Er würde stattdessen eine Möglichkeit finden müssen, mit ihrer Komplexität zu leben.

Wenn du solche Flatterhaftigkeit in deinen Gefühlen entdeckst, reagierst du eigentlich auf einen früheren, anderen Menschen, an den du aus jener kindlichen Phase gebunden bist, und du erlaubst dir nicht, diese gehaßte Seite als Teil eines ganzen Würfel zu erkennen. Und statt deine Energien zu verschwenden und auf den Würfel zu fluchen, solltest du den ganzen vielseitigen Block annehmen oder verwerfen, so wie er ist.

Lorna hatte große Schwierigkeiten mit ihren zwiespältigen Gefühlen für Dan. Sie war voller Unruhe, ob sie ihn heiraten sollte oder nicht, nachdem sie seit über zwei Jahren mit ihm befreundet war und schon seit fast einem Jahr mit ihm zusammen lebte. Ihre Gefühle waren auf der Achterbahn von Liebe und Haß und ihre Reaktionen auf Dan schienen ihr selbst unerklärbar sprunghaft. Und deshalb befand sich auch Dan auf einer Achterbahn mit ihr und wußte nie so recht, was ihn erwartete. Manchmal wachte sie mitten in der Nacht voller Panik auf:

Ich muß Schluß machen. Ich kann es nicht mehr aushalten, mit ihm zusammen zu sein.

Am nächsten Morgen war sie dann kalt und voller Haß. Oft fing sie dann aber am Nachmittag desselben Tages an, an all die vielen Dinge zu denken, die sie an ihm liebte:

Er ist so freundlich und rücksichtsvoll. Er unterstützt mich emotional und wir teilen so viele Interessen.

Dann fühlte sie sich wieder hingebungsvoll und warm. Wurden ihre Gefühle dann wieder vom Haß beherrscht, was unweigerlich geschah, dachte sie:

Er ist ein Schwächling. Er hat auch nicht die Spur von Ehrgeiz. Es gibt nichts, was ihn wirklich packt und woran er glaubt. Er ist ein Verlierer, und ich kann ihn nicht ausstehen.

Und unmittelbar danach fühlte sie sich wieder schuldig, weil sie so zornige Gefühle für einen so netten Menschen hegte.

Eine Weile lang kämpfte Lorna mit diesem Dilemma. Dann schlug ich ihr eines Tages vor, sie solle an sich selbst einen Brief schreiben, von der weisesten Frau der Welt, einer weisen Frau, die in ihr selbst (wie in jedem Menschen) lebte. Und sie solle sich von dieser Weisen Rat holen. Lorna schob diesen Brief über einen Monat lang vor sich her, vermutlich aus Angst davor, was ihr diese weise Frau sagen würde. Doch dann schrieb sie folgenden Brief:

Liebe Lorna, es besteht kein Zweifel: Du liebst Dan. Du liebst ihn nicht nur deswegen nicht, weil er dir auch mißfällt. Aber das, was Dir nicht gefällt an ihm, macht Dir wirklich Sorge und ist kein Hirngespinst. Du sorgst Dich nicht nur, weil Du vielleicht Angst vor der Ehe hast. Dan ist wirklich freundlich und liebevoll, aber er ist auch passiv und ergreift selten die Initiative. Er hat Angst, fest aufzutreten oder nach irgendeiner Sache die Hand auszustrecken. Als du ihm begegnetest, brauchtest Du jemanden wie ihn. Du hattest so wenig Selbstvertrauen und hattest so große Angst vor Sexualität, daß Du Dich nur auf einen Mann einlassen konntest, der Dir sicher war und der keine Anforderungen stellte... Du wußtest, daß er abhängig sein würde und Du wußtest, daß Du nicht mit anderen Frauen zu wetteifern brauchtest, um ihn zu halten und Du brauchtest auch nicht das Risiko der Zurückweisung einzugehen. Aber Du hast Dich verändert. Du hast jetzt mehr Selbstvertrauen, vielleicht sogar wegen Deiner Beziehung mit Dan. Trotzdem kannst Du ihn nicht heiraten, um ihn zu belohnen. Außerdem heiratet man nicht nur einen anderen Menschen, sondern auch eine andere Lebensweise. Und wenn Du ehrlich bist, mußt Du zugeben, daß das Leben mit ihm viel enger sein würde als Dir behaglich wäre. In diesen Augenblicken des Hasses und der Verachtung kannst Du schon ahnen, was nach einer gewissen Zeit zu einem beherrschenden Gefühl Dan gegenüber würde und was Deine Liebe vollends töten würde. Mit diesem Gefühl kannst Du ihn nicht heiraten!

Lorna war sich sicher, daß sie die Beziehung abbrechen müßte. (Nicht jeder wird zu demselben Schluß kommen. Jeder Mensch muß die Situation für sich selbst abwägen. Aber Lornas ehrliche Einschätzung der Zukunft ist wichtig für diese Entscheidung.) Doch trotz ihrer Schlußfolgerung unternahme Lorna nichts, weil sie Angst hatte, preisgegeben und ohne eine Quelle der Liebe zu sein. (,,Er war mein bester Freund. Ich werde mich völlig allein fühlen.'') Auch hatte sie große Schuldgefühle. (,,Wie kann ich Dan so wehtun. Er liebt mich so sehr, und er war immer gut zu mir.'') Sie wurde immer launischer und reizbarer.
Dann schrieb sei einen weiteren Brief der weisen Frau, in dem es hieß:
... Es hat keinen Sinn zu leugnen, daß er wirklich sehr verletzt sein wird, wenn Du Schluß machst. Er wird es bestimmt sein. Aber dadurch wird die Entscheidung, ihn zu heiraten, nicht richtiger. Statt eines schnellen und tiefen Schmerzes jetzt würde es zu einem lang hinausgezogenen Schmerz werden. Und Dan würde sich genau wie Du in einer Falle befinden; jetzt könnte er noch frei sein und jemanden finden, der ihn mit weniger Hin und Her lieben kann... Du würdest gern anders fühlen, wenn Du könntest — es würde alles viel leichter machen — aber Du kannst es nicht. Warum also fühlst Du Dich schuldig, wenn Du weißt, was gut und richtig ist?

Es dauerte noch viele Wochen, ehe Lorna Dan sagen konnte, daß sie ihn nicht heiraten würde und daß sie sich trennen müßten. Das Wichtigste für Lorna aber war geschehen: Sie hatte sich nämlich der Frage gestellt, ob sie Dan wirklich so akzeptieren konnte, wie er war, mit allem, was sie an ihm liebte und was sie nicht mochte. Und sie wußte, daß sie die Beziehung nicht fortsetzen und so tun konnte, als ob sie die Dinge, die sie störten, nicht störten und daß sie nicht leugnen konnte, welchen Einfluß eine Ehe auf ihre Lebensweise haben würde, und daß sie auch nicht außer acht lassen konnte, was sie schon jetzt über die Entwicklung der Gefühle wußte.
Mit dem Brief der weisen Frau konnte sie ihr eigenes, bestes Urteil geben. So konnte sie den Bedürfnissen aus der Ebene ihres Zuneigungshungers widerstehen, die sie drängten, sich an Dan in Liebe und Haß anzuklammern und darauf zu bestehen, daß er sich ändern müsse.

Wenn du also in einer Beziehung bist, in der du hin- und hergerissen wirst von Liebe, Haß und Zorn, dann kannst du sicher sein, daß dein Zuneigungshunger sich bemerkbar gemacht hat und daß du deshalb versuchst, eine Beziehung zu erhalten, ohne den Partner in seiner ganzen Komplexität zu akzeptieren. Vermutlich hoffst du darauf, den Partner zu verändern, was im Grunde nur heißt, die alte Aufgabe weiter zu verfolgen und aus deinen unbefriedigenden Eltern nette Eltern zu machen. Die Intensität dieser

Aufgabe und der damit verbundene Zorn sind ebenso Teil der Hörigkeitsbindung wie die liebevollen Gefühle. Vielleicht kannst du wie Lorna den Weisen in dir anrufen, damit du ein Urteil darüber bekommst, was diese hin- und hergerissenen Gefühle für die Zukunft der Beziehung bedeuten, und was du am besten dagegen tun kannst.

VERTRAUEN ODER EIFERSUCHT

Eine gute Liebesbeziehung ist oft charakterisiert durch ein grundlegendes, tiefes Vertrauen, dessen Vorläufer in der symbiotischen Periode der Kleinkindzeit zu suchen ist und das dich zufrieden, entspannt, befriedigt und vielleicht sogar selbstgefällig machen kann. Dies hat seinen Ursprung in dem sicheren Gefühl, daß die andere Person wirklich für dich da ist, daß du auf sie zählen kannst und daß sie nichts tun wird, um dir wehzutun oder dich zu betrügen. Ein gegenteiliges Gefühl — Mißtrauen — wird unter Umständen zur Eifersucht in deiner gegenwärtigen Beziehung. Niemand braucht dir zu sagen, was für eine quälende Besessenheit Eifersucht sein kann, wenn du dieses Gefühl kennst. Ihr liegt die Furcht zugrunde, daß sich die nahe Person mit einem anderen Menschen einlassen könnte und daß dies alle möglichen Konsequenzen hätte, angefangen bei dem Teilen der zur Verfügung stehenden Zeit und der Zuneigung, bis hin zum drohenden Verlassenwerden wegen dieser anderen Person.

Nur wenige Menschen können eine wichtige und tiefe Beziehung haben ohne die Bedrohung des Ersetztwerdens und des Verlustes. Das gibt es sogar in einer Beziehung, die hauptsächlich auf Zuneigung und Anteilnahme aus der Erwachsenenebene besteht. Schließlich gibt uns das Leben auch keine Garantien, und die Möglichkeit, einen geliebten Menschen an einen anderen zu verlieren, ist real. Es kommt vor, und dann ist es eines der schmerzlichsten Empfindungen, die man haben kann. Ein gewisses Maß an Eifersucht gehört also mit in den normalen Bereich der menschlichen Sorgen. Wenn sich aber Gefühle aus der Ebene des frühen Zuneigungshungers in deinem Leben melden, kann sich die Eifersucht quälend steigern. Es kann zu unterträglichen Gefühlen der Erniedrigung kommen, als habe man nicht nur Fehler bei dir entdeckt, sondern als seist du überhaupt als ein wünschenswerter Partner disqualifiziert. (Dies trifft übrigens häufiger und intensiver auf Männer zu als auf Frauen; vielleicht wegen der Doppelmoral und der kulturell überlieferten Furcht, 'Hörner' aufgesetzt zu bekommen. Männer fürchten sich besonders heftig davor, die Partnerin und der wirkliche oder eingebildete Rivale machten sich lustig über seine Männlichkeit und machten ihn lächerlich.) Der Verdacht kann fast an Paranoia grenzen, und der Zorn kann — wenn vielleicht auch nur in der Phantasie — mörderische Proportionen annehmen. Deine Eifersucht kann dich dazu verleiten, den Partner überzubewerten und dich in völlige Unklarheit darüber stürzen, was du wirklich über diese Beziehung denkst und was du von ihr erwartest.

Das Thema der Eifersucht trat in Lornas Beziehung zu Dan in dem Moment auf den Plan, als sie sich schließlich entschieden hatte, die Beziehung zu beenden. Dan war zunächst niedergeschmettert und wie am Boden zerstört. Er beschuldigte sie, daß sie ihn damit so plötzlich und auf so unfaire Weise überfiele: „Du hast mich glauben lassen, alles sei wunderbar. Ich weiß, du warst manchmal gereizt, aber jeder ist das mal." Er bewog sie, ihnen etwas mehr Zeit zu geben, weil er sicher sei, daß er noch mehr so werden könnte, wie sie ihn sich wünschte, wenn sie ihm nur sagen wollte, was sie störte. Seine Forderung nach mehr Zeit schien Lorna vernünftig, und sie beschloß, noch eine Weile bei ihm zu bleiben. Doch verstärkte sich ihr Eindruck immer mehr, daß ihre Beziehung nie funktionieren könnte.

Gerade aber, als sie am unglücklichsten war, schien Dan fröhlicher zu werden. Er kam später als gewöhnlich nach Hause, und einmal kam er erst morgens um 4 Uhr mit einem sehr fadenscheinigen Alibi. Lorna staunte selbst über ihre Eifersucht, aber mißtrauisch beobachtete sie sein Kommen und Gehen und konzentrierte sich gefühlsmäßig immer mehr auf ihn. Sexuell reagierte sie stärker als je zuvor. Sie fürchtete, ihn zu verlieren und fragte sich gleichzeitig verwirrt: „Wie kann ich auf jemanden eifersüchtig sein, den ich gerade verlassen wollte?" Obwohl sie objektiv wußte, daß Dan sich nicht entscheidend verändert hatte und daß ihre Vorbehalte weiter bestanden, mußte sie doch zugeben, daß er mit dieser Affäre zumindest etwas von der Initiative zeigte, die sie immer vermißt hatte. Nach einer Weile begann sie einzusehen, daß ihre Eifersucht von den Verlustängsten aus der Ebene des Zuneigungshungers stammte und von den Rivalitäten der frühen Kindheit, und daß diese Verlustängste sie veranlaßten, Dan in den Himmel zu heben. Und sie bemühte sich wieder um ein realistisches Bild von ihm. Da war ihr dann die Möglichkeit, er könne eine Affäre haben, fast willkommen, weil sie nun die Beziehung einfacher und ohne Schuldgefühle lösen konnte. Erneut zog sie sich von ihm zurück mit der Folge, daß nun Dans Angst, sie zu verlieren, seinerseits wieder sehr stark wurde, so daß er eifersüchtig, mißtrauisch und bedürftig reagierte.

An Lornas (und Dans) unbeständigen und wechselnden Gefühlen wird deutlich, welche Rolle Eifersucht bei einer bestehenden Abhängigkeit spielen kann, da sie dich möglicherweise verführt, einen Menschen überzubewerten und bei einem Partner zu bleiben, der schlecht für dich ist. Um die Hörigkeit zu lockern, ist einer der wichtigsten Schritte, daß du dir klarmachst, wie die Eifersucht dich dazu bringen kann, den Partner in den Himmel zu heben. Und du mußt wissen, daß man auch auf jemanden eifersüchtig sein kann, den man nicht liebt, den man nicht mag und den man sogar von Herzen ablehnt, nämlich dann, wenn der Zuneigungshunger und andere frühe Empfindungen am Werk sind.

Deine durch Eifersucht aufgeblähte Einschätzung des anderen Menschen fußt auf zwei falschen Überzeugungen:
1. Wenn ein anderer sich meinen Partner wünscht, dann muß mein Partner doch besser sein, als ich dachte.
2. Wenn sich mein Partner einen anderen wünscht, dann muß diese andere Person besser sein als ich, und ich werde verlassen, weil ich nicht begehrenswert bin.

Was die erste Überzeugung anlangt, so kann die dritte Person einfach Bedürfnisse haben, die anders sind als deine. Was die zweite Überzeugung anlangt, so kann deine Anziehungskraft nicht an den Reaktionen irgendeines anderen Menschen gemessen werden. Das, was deinen Partner anzieht und was ihm gefällt, ist eine sehr individuelle Angelegenheit und sagt etwas darüber aus, wo er oder sie sich zu diesem Zeitpunkt im Leben befinden und nichts über deine Anziehungskraft allgemein.

Die Menschen unterscheiden sich in ihren eifersüchtigen Reaktionen. Die Intensität deiner Eifersucht ist abhängig von verschiedenen Faktoren deiner persönlichen Geschichte. (Sie wird auch abhängig sein von zwei Faktoren in der anderen Person. Der eine Faktor ist das Ausmaß, in dem der andere Mensch, dein 'Zuneigungs-Fetisch', einen Typ verkörpert, der auf dich eine besondere Anziehungskraft hat. Dies wird im 8.Kapitel diskutiert. Der zweite Faktor, der Einsatz von bewußten, Eifersucht provozierenden Verhaltensweisen durch die andere Person, wird im 1o.Kapitel diskutiert.)

DIE URSPRÜNGE DER EIFERSUCHT

Auf zwei Arten kann Eifersucht durch Gefühle aus der Ebene des Zuneigungshungers verstärkt werden. Zunächst einmal können diese Gefühle aus einer Zeit stammen, in der die Mutter alles für dich war: dein Überleben, deine Identität, dein Wert, dein Glück und dein Wohlbefinden. Und zum anderen war dies eine Zeit, in der sie dein 'Ein-und-Alles' war, es gab niemanden neben ihr, und es war auch unvorstellbar, daß es jemanden außer ihr geben könnte. Ganz offensichtlich sind diese grundlegenden Gefühle nun auf eine andere Person gerichtet, die dadurch übermäßig wichtig wird, so daß die drohende Zurückweisung völlige Zerstörung zu bedeuten scheint.

Auch spätere Entwicklungsfaktoren spielen eine Rolle. Zum Beispiel erleben die meisten Kinder in der ödipalen Phase eine Rivalität dem gleichgeschlechtlichen Elternteil gegenüber wegen der Zuneigung, die dieser vom gegengeschlechtlichen Elternteil erfährt. Das ist normal und wird nicht zu einem Problem, wenn die Eltern dem Kind zwei Dinge klarmachen: 1) Sie werden es nicht bedrohen oder erniedrigen wegen dieser normalen nebenbuhlerischen Wünsche und 2) braucht es keine Angst zu haben, daß diese Situation durch die nebenbuhlerischen Wünsche außer Kontrolle geraten könnte, da die Liebe, die die Eltern füreinander empfinden, stark ist und anders als die Liebe, die sie ihrem Kind entgegenbringen.

Lornas Vater neigte jedoch dazu, mit ihr zu flirten und schien oft mehr Freude an ihr zu haben als an der Mutter. Dadurch wurden in ihr die ödipalen Wünsche, die Mutter auszuschalten, über Gebühr verlängert. Sie fürchtete diese Wünsche und reagierte folgerichtig, indem sie erst sehr spät Interesse an Männern entwickelte. Sie wählte Dan vor allem deshalb, weil er für sie keine besonders 'wertvolle Trophäe' war, die etwa Neid oder Rivalität bei anderen wecken könnte. Als er dann später doch eine Affäre zu haben schien, erwachten ihre eifersüchtigen und konkurrierenden Gefühle in voller Stärke. Und als Lorna die Ursprünge dieser Gefühle erkannte, half ihr dieses Wissen, ihre Eifersucht aufzugeben.

Wenn in dir viele ungelöste Spuren eines Ödipuskonfliktes sind, wird deine Eifersucht wegen deiner unbewußten Furcht vor der Wiederholung einer frühen Niederlage durch einen mächtigeren und begehrenswerteren Gegner verstärkt. Und wie Lorna wirst du eher in der Lage sein, mit dieser Eifersucht fertig zu werden, wenn du dir die Zeit nimmst, über die Ursprünge deiner möglicherweise weit zurückliegenden Gefühle nachzudenken.

Auch Reste alter geschwisterlicher Rivalität können deine Eifersucht intensivieren. Wenn du mit Geschwistern um die Aufmerksamkeit und Zuneigung deiner Eltern kämpfen mußtest, bringst du unter Umständen die gefühlsmäßig stark beladenen Erinnerungen an diese Kämpfe mit in die gegenwärtige Situation, so als ob es sich bei der Person, mit der du jetzt rivalisierst (real oder in der Phantasie), um deinen Bruder oder um deine Schwester handelte und als ob dein gegenwärtiger Partner der Elternteil sei, um dessen Gunst du und deine Geschwister damals gefochten haben. Erinnere dich an deine Kindheitsbeziehungen zu deinen Brüdern und Schwestern. Habt ihr miteinander rivalisiert, und wiederholst du möglicherweise die alten Kämpfe in der gegenwärtigen Eifersucht?

Wie kann man nun lernen, weniger anfällig zu sein für Eifersucht, vor allem dann, wenn die Eifersucht bewirkt, daß man an einem Partner festhält, den man eigentlich gehenlassen sollte? Vielleicht ist es am wichtigsten, sich bewußt zu werden, daß das Gefühl, der Partner sei das 'Ein-und-Alles' immer aus der Ebene des Zuneigungshungers stammt und daß es in einer erwachsenen Beziehung unrealistisch ist. Ein Partner kann unmöglich für dich das 'Ein-und-Alles' sein. Es gibt nicht nur eine Person, zu der du dich hingezogen fühlst, oder bei der du dich wohlfühlst, oder die dich haben möchte. Es gibt viele Menschen, mit denen du eine schöne und aufregende Beziehung haben könntest. Ob du eine andere Beziehung findest, liegt an dir.

Ich erinnere mich an eine Frau, die mir sagte:

> Ich habe nicht nur entdeckt, daß ich Donald liebe und er mich, sondern daß ich überhaupt fähig bin zu einer solchen Beziehung. So sehr ich Donald liebe, so weiß ich jetzt: Wenn ich ihn je verlieren sollte, könnte ich in ein oder zwei Jahren eine gute Liebesbeziehung mit einem anderen Mann haben, da ich diesen Wunsch und die Fähigkeit zur Liebe in mir habe.

Es ist wichtig, Vertrauen zu entwickeln, nicht nur in die andere Person, sondern auch in die eigene Fähigkeit, eine neue Liebesbeziehung einzugehen, wenn die gegenwärtige beendet wird.

FREUDE ODER DEPRESSION

Vielleicht ist kein Gefühlsbereich stärker dieser 'Achterbahnfahrt', von der Eileen sprach, unterworfen, als der Bereich der Freude und der Depression. Wenn in einer Beziehung dein Zuneigungshunger befriedigt wird, wirst du wahrscheinlich sehr glücklich sein, vielleicht sogar euphorisch. Ist das nicht der Fall, versinkst du vielleicht in Verzweiflung und Depression.

Diese Gefühle stammen aus vielen Ebenen. Auf der reifsten Ebene befriedigt eine enge und liebevolle Beziehung das Bedürfnis nach Partnerschaft, Anteilnahme und nach Sexualität, die diese Beziehung zu einem wahren Schatz machen. Entwickelt sich die Beziehung gut, wirst du dich vermutlich wohlfühlen, und wenn es Enttäuschungen gibt, wirst du dich vermutlich schlecht fühlen.

Neben dieser reifen Ebene gibt es auf der Ebene des Zuneigungshungers deine Mutter, die dich anlächelt, die dich hält und an dir Freude hat, so daß du dadurch das Gefühl des tiefsten Genusses kennst. In deiner gegenwärtigen Liebesbeziehung kann dieser Genuß durch die einfachste Geste der Zuneigung, durch den liebevollen Blick, die zärtliche Umarmung oder durch ein besonders aufmerksames Geschenk intensiv wieder erlebt werden. Und so wie die Unterbrechung des Stroms liebevoller mütterlicher Aufmerksamkeit damals deine Verzweiflung weckte, so kann dich auch die Unterbrechung des Stroms der liebevollen Gefühle deines Partners heute niederdrücken. Diese Stimmungsschwankungen aus der Ebene des Zuneigungshungers können durch die geringfügigsten Handlungen deines Partners ausgelöst werden, durch einen unwirschen Ton, durch einen kurzen, zornigen oder gelangweilten Blick, durch sein Übersehen eines besonderen Gedenktages und so fort — und der Wechsel von Freude zur Depression kann plötzlich und niederschmetternd sein.

ANGST ODER DEPRESSION

So groß auch die emotionalen Schwankungen in der andauernden Beziehung sein können, sie werden noch viel intensiver, wenn du mit dem Gedanken spielst, die Beziehung zu beenden, oder wenn du gar den Abbruch der Beziehung real planst. Wenn sich eine Liebesbeziehung zum Schlechten wendet, gibt es zwei verschiedene Arten möglicher unangenehmer Gefühle. Beide resultieren daraus, daß man etwas verliert, was einmal sehr schön war.
Das erste ist ein chronisch depressiver Zustand, der sich entwickeln kann, wenn man in einer Beziehung bleibt, lange noch, nachdem die Freude aneinander oder sogar die Liebe vergangen sind. Obwohl sich das wie ein lebendiges Sterben anfühlen kann, kannst du in der Beziehung unter Umständen noch eine rettende Genugtuung finden, zum Beispiel bei dem Gedanken an die Kontinuität oder etwa bei der Hoffnung auf ein Wiederkehren dessen, was einmal war.

Die zweite Art der unglücklichen Gefühle kann sich ergeben, wenn wir die Beziehung, aus der die Freude oder die Liebe verschwunden ist, beenden oder mit dem Gedanken spielen, sie zu beenden. Damit verbunden ist das schmerzliche Gefühl, allein und verloren zu sein und die völlige Hoffnungslosigkeit, die Beziehung je wieder aufleben lassen zu können.

Lorna drückte ihre Gefühle so aus:
> Ich starb scheibchenweise. Ich wußte, ich liebte Dan nicht mehr. Oft fürchtete ich mich davor, abends nach Hause zu kommen. Wir unterhielten uns beim Essen auf die oberflächlichste Art und Weise, etwa in der Art: „Wie ist es denn gegangen heute?" Ich vermied es, schlafenzugehen, ehe Dan eingeschlafen war. Ich war chronisch depressiv. Wenn ich aber tatsächlich aufgestanden wäre, um fortzugehen, hätte ich mich gefühlt, als ob ich auf einen Abgrund zusteuerte, und dieser Gedanke war viel furchterregender und deprimierender als zu bleiben.

Dieser Zwiespalt zeigt sich auch dann, wenn noch irgendwelche Limerenz-Gefühle in einer schrecklichen Beziehung überlebt haben. Ich denke zum Beispiel an eine Frau, deren Mann ständig so grausam und abweisend war, daß ihr klar wurde, sie mußte ihn verlassen, um ihre Gesundheit, vielleicht sogar ihr Leben zu retten. In jenen seltenen Augenblicken aber, in denen er sie liebevoll im Arm hielt oder in denen sie nur davon träumte, er täte es, war sie völlig erfüllt von Freude und Erregung, daß all ihre negativen Empfindungen wie fortgeweht waren:

> Ich liebe ihn mehr als irgend jemanden oder irgend etwas, obwohl ich weiß, daß wir nicht miteinander leben können. Und obwohl ich so unglücklich bin, habe ich bei der Vorstellung, ich müßte für immer ohne ihn sein, das Gefühl, daß mein Leben sinnlos wäre.

Wenn deine Beziehung dich häufiger unglücklich als glücklich macht und wenn du alles getan hast, was du deiner Meinung nach tun könntest, um sie schöner zu gestalten, dann mußt du wählen zwischen der chronischen Depression, wenn ihr zusammenbleibt und der furchterregenden, aber vorübergehenden Depression, wenn ihr euch trennt. (Einige Leute bleiben, ohne besonders depressiv zu werden. Sie reduzieren ihre Erwartungen an die Beziehung und finden andere Möglichkeiten erfüllenden Glücks.) Tatsächlich kannst du nicht sicher sein, daß du depressiv wirst, wenn du den Partner verläßt und kannst auch sonst nicht wissen, wie du dich fühlen wirst. Du weißt nur, daß du Angst hast vor dem Weggehen, hast vielleicht Angst, du könntest depressiv werden, wenn du gehst. Richtiger ist es also, wenn man sagt: Die unangenehmen Alternativen, zwischen denen du wählen mußt, sind chronische Depression und Angst.
Auf welcher Basis kann man eine so unangenehme Wahl treffen?

Wenn du in einer schlechten Beziehung verharrst, wird sich deine Depression vertiefen, oder sie wird sich zum Gefühl einer beständigen Öde verflachen. Oft ist Depression verbunden mit dem Gefühl der Hilflosigkeit und der Hoffnungslosigkeit. Depression bedeutet, die Macht aufzugeben, passiv darauf zu warten, daß ein anderer die Dinge für einen verändert, oder zu resignieren, so daß der alte Zustand bleibt.

Wenn du den Schritt zum Abbruch der Beziehung tust — vorausgesetzt, daß du glaubst, alle Möglichkeiten zu ihrer Verbesserung ausgeschöpft zu haben —, wirst du dich gespannt, aufgeregt und sehr erschrocken fühlen , alles Zeichen von Angst. Anders als die hinausgeschobene Depression ist aber Angst oft der Zustand, der die Veränderung, die Aktivität, die Bewegung und das Risiko begleitet. Oft ist die Angst nur von kurzer Dauer, wenn der Schritt zum Abbruch der Beziehung erst einmal gewagt ist und nicht wieder rückgängig gemacht wird. Mit anderen Worten: Selbst wenn sich die Angst oft furchtbar anfühlt, ist sie vielleicht nur ein Wachstumsschmerz. Wenn du nach reiflicher Überlegung eine Entscheidung triffst, die deine Angst mobilisiert, so ist dieses Gefühl zwar unangenehm, es ist aber immer besser, die Angst zu wählen statt die Depression.

Wenn du dich unfähig fühlst, die Beziehung zu beenden, so kann es ein guter Zwischenschritt sein, sich zeitweilig zu trennen, sei es für ein paar Monate oder für ein paar Wochen, so daß du die schrecklichen Gefühle, vor denen du dich fürchtest, einmal erleben kannst und eine Vorstellung davon bekommst, wie du mit ihnen fertig werden könntest. Aus einer solchen Trennung auf Zeit kannst du viel gewinnen und lernen. Erinnere dich zum Beispiel an Norma, die das schreckliche einsame Wochenende erlebte und dieses furchtbare Gefühl der Haltlosigkeit beschrieb und der Angst, ins All hinauszutreiben, von niemandem umsorgt und ganz allein. Sie entdeckte aber auch, daß sie überleben und mit ihrer Angst fertig werden konnte.

Auch Clark hat eine Trennung auf Zeit ausprobiert. Er war 36 Jahre alt, Professor der Anthropologie und heftig verliebt in Paula, eine 3ojährige Designerin, die ihn ebenfalls liebte. Sie hatten aber recht unterschiedliche Erwartungen an das Leben. Clark liebte ruhige Abende zu Hause oder ging gern allein oder mit einigen wenigen nahen Freunden aus. Er wollte sich niederlassen und Kinder haben. Paula war sehr gesellig und aktiv und wollte fast jeden Abend mit allen möglichen Leuten zusammensein, irgendwohin ausgehen, wo was los war. Sie schätzte die Freiheit über alles, glaubte, daß sexuelle Treue einschränkend sei und daß „der größte Fehler meiner Mutter darin bestand, Kinder zu haben. Ich werde diesen Fehler nicht wiederholen."

Nachdem Clark fast ein Jahr lang versucht hatte, Paula von den Annehmlichkeiten seiner Lebensführung zu überzeugen, beschloß er, mit ihr Schluß zu machen trotz ihrer starken Anziehungskraft auf ihn und trotz der Freude und des Spaßes, den sie oft miteinander hatten. Er hatte gesehen, daß der Spaß im Laufe der Zeit immer geringer und die Frustrationen immer stärker wurden. Er konnte es aber nicht über sich bringen zu sagen: „Es ist vorbei." Der vorausgeahnte Schmerz und die Angst schienen zu furchtbar. Immerhin war er in der Lage zu entscheiden: „Wir wollen uns einen Monat lang nicht treffen und sehen, ob sich dadurch irgend etwas verändert."

Anfangs war die Trennung eine Tortur für Clark. Er verbrachte den größten Teil des ersten Wochenendes allein und weinte viel. Er schämte sich zunächst wegen seiner Tränen, sagte aber später: „Mir wurde deutlich, daß es stark war zu weinen, denn so war mir wirklich zumute. Und ich weinte, weil ich etwas verlor, das mir wirklich teuer war."

Über seine Gefühle schrieb er in eine Art Tagebuch. Hier sind einige Auszüge von den ersten Tagen der Trennung:

Ich hasse sie so sehr, daß ich sie, glaube ich, umbringen würde, wenn sie hier wäre. Wie kann sie ihre Discos und ihre blöde leere Freiheit wichtiger finden als mich? — Paula, Paula, Paula! Bitte ruf mich an und sag mir, daß du mich willst, daß du das willst, was ich will. — Ich bin nicht reich, ich sehe nicht gut aus, und ich bekomme eine Glatze. Ob es irgendeine andere Frau da draußen gibt, die Lust hätte, diesen dürren Körper zu umarmen? — Bei wem ist sie jetzt? Ich bin ganz allein, aber ich wette, sie ist es nicht. Ich könnte mich umbringen, wenn ich mir vorstelle, wie sie mit einem anderen Mann das tut, was wir zusammen getan haben. — Ich habe gerade ihre Nummer gewählt, nach dem ersten Klingeln aber wieder aufgelegt. — Ich habe mich gerade umgezogen, um in eine Single-Bar zu gehen, aber der Gedanke daran deprimiert mich nur noch mehr. Ich werde mich also bis zur Bewußtlosigkeit hier besaufen. — Paula, Paula, ach, Paula!

An den darauffolgenden Tagen gab es einige Veränderungen in den Eintragungen:

Donnerwetter! Mir ist gerade bewußt geworden, daß ich den ganzen Tag nicht an Paula gedacht habe. Befreie ich mich allmählich? — Ich merke, wie ich mich dazu zwingen will, diese neue Frau, die ich heute morgen in der Sporthalle getroffen habe, mehr zu mögen, als ich es tatsächlich tue. Hör auf damit, Clark! — Ich fange wieder an, Paula sehr zu vermissen. Aber ich kann es aushalten. Ich kann auch sehen, daß sie eigentlich die völlig falsche Frau für mich ist. — Ich fange gerade an, mich mit dem abzufinden, was das Alleinsein bedeutet. Es gefällt mir nicht, aber wie sollte es auch, wenn es noch so neu ist! Und ich lerne jetzt, daß es nicht genügt, sich etwas stark zu wünschen, damit sich dieser Wunsch erfüllt. Ich muß die leeren Räume selbst ausfüllen. Ich wollte Paula, damit sie Erregung in mein Leben bringt, aber ich werde meine eigene Erregung finden müssen. — Es gibt einem eine gewisse Würde, wenn man allein ist. Es ist in Ordnung. Und es heißt noch lange nicht, daß ich völlig einsam bin. Stan und mein Bruder waren hier, als ich sie brauchte.

Einen Monat später trafen sich Clark und Paula wie geplant. Die alte Attraktion war fast unverändert, und einige Wochen lang sahen sie sich beinah so häufig wie früher. Aber später sagte Clark:

Nichts Grundlegendes hatte sich verändert. Paula ist Paula, und ich bin ich. So haben wir schließlich ein Ende gemacht, und es war traurig aber in gewisser Weise auch sehr schön. Wir liebten uns oft in dieser Nacht und gingen zu einem unserer Lieblingsrestaurants zum Frühstück, und ich kaufte ihr eine Tüte von den Schokoladennüssen, die sie so gern mag, als Abschiedsgeschenk. Wenn wir versucht hätten, länger zusammen zu bleiben, hätte es ein Ende voller Haß und Bitterkeit gegeben. Es ist immer noch traurig, aber es ist auch gut so. Es ist so, als ob während dieses Monats der Trennung mein Fieber nach einer Krise gesunken wäre. Und nun kann ich sie gehenlassen.

Auch hier können wir sehen, wie hilfreich es sein kann, eine Trennung auf Zeit zu probieren und abzuwarten, welche Gefühle sich ohne den anderen wirklich entwickeln. Die Trennung auf Zeit hilft auch, mit den heftigen Gefühlen umzugehen, die aufkommen, wenn man eine abhängige Beziehung beenden will und für den vollständigen 'cold turkey'-Entzug noch nicht bereit ist. Am meisten gewinnst du aus dieser Situation, wenn du nicht jede Minute der Trennung mit Abwechslung, neuen Bekanntschaften oder irgendwelchen Pflichten ausfüllst. Fühle deine Gefühle. Laß das Fieber zum Höhepunkt kommen und dann sinken. Unterbrich die Zeit der Trennung nicht sogleich, wenn du verzweifelt bist. Es ist wichtig, dich deinem Zuneigungshunger zu stellen und zu entdecken, daß du die Entzugssymptome aushalten kannst. Erst dann kannst du dich wieder einem Leben zuwenden, das von deinem wahren Selbst-Interesse und nicht von deiner Abhängigkeit geprägt wird.

WIRKUNG

DER ABHÄNGIGKEIT

Kapitel 8

Der Gegenstand meiner Zuneigung

Die wenigsten Menschen wird der Zuneigungshunger dazu treiben, sich an irgendeine beliebige Person zu klammern. Fast immer wird eine gründliche Wahl getroffen. Wir haben vielleicht für einen Menschen freundliche Gefühle und fühlen uns zu einem anderen hingezogen, doch werden diese beiden nicht notwendigerweise das Objekt unseres Zuneigungshungers. Normalerweise muß dieser Mensch noch eine besondere Eigenschaft haben, um unseren Zuneigungshunger zu mobilisieren und zu erhalten. Für jeden von uns ist dies eine andere Qualität, aber der Mensch, der über sie verfügt, wird für uns das, was ich 'Zuneigungs-Fetisch' nenne.

Ich habe den Ausdruck 'Fetisch' der Literatur über sexuelle Störungen entnommen. Dort bezieht er sich zum Beispiel auf ein Kleidungsstück oder auf einen bestimmten Körperteil, der von dem Fetischisten benutzt wird, um sexuelle Erregung und Befriedigung zu erlangen. Der Ausdruck 'Zuneigungs-Fetisch' soll hier allerdings nicht bedeuten, daß man diese Person braucht, um sexuell erregt zu sein. Aber diese Person muß über eine bestimmte Fähigkeit verfügen, die dein Bedürfnis nach Symbiose zu stillen verspricht, so daß sie von deinem Zuneigungshunger ausgewählt wird. Manchmal gehört die sexuelle Anziehungskraft natürlich dazu, aber es braucht nicht so zu sein. Und auch Limerenz-Gefühle sind nicht notwendigerweise vorhanden, wenn jemand mit magnetischer Anziehungskraft deinen Zuneigungshunger aktiviert und zum Objekt deiner Abhängigkeit wird.

EIGENSCHAFTEN DES ZUNEIGUNGS-FETISCH

Die besonderen Eigenschaften, die jemand haben muß, um Objekt deiner Sehnsucht nach Zuneigung zu werden, lassen sich normalerweise in drei Kategorien unterteilen:
1. Körperliche Eigenschaften
2. Persönliche Charakteristika
3. Sein Verhalten dir gegenüber

KÖRPERLICHE EIGENSCHAFTEN
Die meisten Menschen fühlen sich stärker zu einem bestimmten Körpertyp hingezogen als zu einem anderen, ohne daß es eine einfache sexuelle Anziehungskraft wäre. Gewisse physische Eigenarten wecken einfach unsere tiefen Zuneigungsbedürfnisse.

Ein 3ojähriger Mann erzählte zum Beispiel:

> Ich finde nur kleine Frauen attraktiv, die schmalen und zierlichen. Es ist ko-
> misch. Ich bin 1.9o m lang, und wenn ich auf eine Single-Party gehe, richten
> sich sofort all die erleichterten und mich willkommen heißenden lächelnden
> Blicke der großen Frauen auf mich. Aber ich steuere dann auf die Frau zu,
> die nur 1.5o m groß ist... Vielleicht fühle ich mich sicher bei kleinen Men-
> schen, oder vielleicht gefällt mir die Art, wie sie zu mir aufblicken, oder ich
> genieße das Gefühl, so groß und mächtig zu sein, wenn ich sie im Arm halte.
> Ich weiß es nicht, ich fühle mich einfach wohler bei ihnen und aufgekratzt.

Ganz eindeutig gibt es hier eine körperliche Anziehung, aber sie scheint mit einem
Gefühl der Sicherheit und des Wohlbehagens verbunden zu sein, das den Zuneigungs-
bedürfnissen verwandter ist als allein dem sexuellen Appetit.

Dasselbe wird auch in den folgenden Aussagen deutlich:

> Ken hat warme, pelzige Augen, die mir das Gefühl geben, ich könnte mich in
> sie hineinkuscheln und warm und sicher sein.

> Ich mag üppige Frauen mit großen Brüsten. Sie wissen schon, diesen Mutter-
> Erde-Typ.

> Da ist irgend etwas in so eisblauen Augen, das mir das Gefühl gibt, dieser
> Mann wird sich nicht von mir herumstoßen lassen, und dadurch kann ich
> mich sicher und sehr, sehr neugierig fühlen.

> Wenn ich sie anblicke mit ihrer schönen Haut und den hohen Wangenkno-
> chen, und vor allem, wenn ich ihrer Stimme lausche, die so sanft und melo-
> disch klingt, dann schmelze ich einfach. Es ist, als ob ich in sie hinein-
> schmelze... Ich möchte sie so eng halten, daß wir eins werden.

> Mel sieht so zart und sensibel aus, ein bißchen wie Woody Allen. Ich habe
> den Wunsch, gut auf ihn aufzupassen, und dadurch fühle ich mich ihm sehr
> nahe.

> Ich habe mich immer zu Athleten hingezogen gefühlt, nicht nur, weil sie so
> attraktive Körper haben, sondern weil ich mich beschützt fühle, wenn ich
> mit einem Mann zusammen bin, der so gebaut ist.

In all diesen Aussagen ist die sexuelle Attraktion vorhanden, mehr Betonung liegt aber
auf der Erwartung, daß die Bedürfnisse des Zuneigungshungers gestillt werden. Die Erfüllung dieser Bedürfnisse kann maßgeblich sein für eine gute Beziehung. Sie kann aber
tragischerweise auch jemanden an eine sonst schreckliche Beziehung gebunden halten.

PERSÖNLICHE CHARAKTERISTIKA

Wenn du über die Menschen nachdenkst, denen du in einer Liebesbeziehung eng verbunden warst, dann haben sie vermutlich viel gemeinsam. Neben den wahrscheinlich
ähnlichen körperlichen Eigenschaften, waren vielleicht auch ihre persönlichen Charakteristika ähnlich.

Eve sagte:

> Alle Männer, zu denen ich mich wirklich hingezogen fühlte, waren auf ir-
> gendeine Weise hervorragend. Mehr noch, ein Mann muß kreative Einfälle
> haben, in der Lage sein, mit Ideen zu spielen und sie wie Bälle umherzuwer-
> fen. Das regt mich auf. Ich werde dann wie ein kleines Kind, das voller Stau-
> nen einem Jongleur oder Zauberer Beifall klatscht.

Und wie wir später noch genauer sehen werden, neigte Eve dazu, diesen Männern in
einer sklavischen und selbstverleugnenden Weise zu verfallen; sie wurde zur Handlangerin und zur Pflegerin, immer zu ihrem eigenen Nachteil.

Hier folgen noch einige andere Beispiele für die Bedeutung persönlicher Charakteristika
in einer Beziehung:

> Alle Frauen, mit denen ich eine ernsthafte Beziehung hatte, waren sehr ge-
> fühlsbetont und intensiv. Ihre Intensität gibt mir das Gefühl, voller Leben zu
> sein. Das Dumme ist nur, daß sie fast immer diese extremen Höhen und Tie-
> fen haben, und nach einer Weile macht mich das verrückt oder erschöpft
> mich einfach total.

> Bernard ist so ruhig und so zurückgezogen, daß ich manchmal Angst habe,
> ich verhungere. Aber das trifft auf fast alle Männer zu, in die ich mich seit
> meiner Schulzeit verliebt habe. Ich habe immer die Idee, ich könnte sie aus
> der Reserve locken.

> Ich habe so eine Neigung für egozentrische Frauen. Sie wissen, die, die so
> sexy aussehen und nach denen es jeden Mann gelüstet. Dabei sind sie in
> Wirklichkeit bloß eigensüchtige, gemeine Kinder. Immer mache ich mir was
> vor, wenn ich glaube, bei mir würden sie anders sein. Wann werde ich das je
> begreifen?

> Ich habe mich immer zu Männern mit 'gebrochenen Flügeln' oder irgendei-
> nem tragischen Defekt hingezogen gefühlt. Sie wissen schon, ein Trinkpro-
> blem; eine Frau, die sie hassen, aber nicht verlassen wollen, da sie hilflos ist;
> ein Rebell, der es bei keiner Arbeit aushält... Vielleicht weckt irgend etwas
> in ihnen meine mütterlichen Instinkte.

Diese Männer und Frauen sprechen von den persönlichen Charakteristika ihrer Zuneigungs-Fetische, von den Eigenschaften, die der andere haben muß, damit sie sich auf
eine Liebesbeziehung einlassen können. Und dann ist es manchmal gerade diese besondere Eigenschaft, die die Beziehung dazu verdammt, unglücklich zu werden. Wir
wollen erforschen, warum das so ist.

SEIN VERHALTEN DIR GEGENÜBER

Einige Menschen haben Glück: Sie fühlen sich zu Personen hingezogen, die sie gut behandeln, so wie Sharon zum Beispiel, die schon mit 15 Jahren sagte:

> Ich mag die Jungs, die mich mögen und die mir das auch mit ihrem Verhal-
> ten zeigen. Ich fühle mich wohl bei ihnen, und ich kann einige meiner
> Freundinnen nicht verstehen, die solche Jungs mögen, die gemein sind zu

ihnen, sie herablassend behandeln, sie immer warten lassen. Ich würde diese Kerle zum Teufel schicken.
Aber manche sind wie Barbara, die mir erzählte:
Du kannst mich bei irgendeiner beliebigen Party oder Single-Bar absetzen oder mich einfach in einen Raum voller Männer stellen; Ich steuere zielstrebig auf den gemeinsten, narzisstischsten Kerl zu, der da ist. Ich habe das immer so gemacht, und ich tue es noch. Und wenn ich mich erst einmal zu einem Mann hingezogen fühle, ist es, als ob ich ihm gehöre... Ich bekomme eben das, was ich verdiene.

Es gibt noch andere Dimensionen im Verhalten eines Menschen zu dir, die über reine Nettigkeit oder Gemeinheit hinausgehen:
Er bringt mich viel zum Lachen, und das liebe ich.
Sie ist zuverlässig. Wenn sie sagt, sie tut es, tut sie das auch.
Er verhält sich bei mir wie ein kleiner Junge, unverantwortlich und unzuverlässig. Aber irgendwie muß mir das gefallen, denn ich habe in meinem Leben immer solche Männer gewählt.
Sie ist wie alle Frauen, auf die ich mich einlasse: egozentrisch, unfähig zur Hingabe und kalt wie ein Fisch.
Sie akzeptiert mich so, wie ich bin, und gibt mir den Freiraum, den ich brauche. Ich lasse mich niemals mit Frauen ein, die mich mit vielen Forderungen bedrängen.

Sind diese dich so anziehenden Eigenschaften vorhanden (entweder die körperlichen oder persönlichen Eigenschaften oder die Art und Weise, wie sich die Person auf dich bezieht), dann kann das zu einer so mächtigen und abhängigen Bindung führen, daß du es unglaublich schwer findest, die Beziehung zu verändern oder aufzugeben, selbst dann, wenn sie einschränkend und destruktiv ist.
Woher stammt die Macht dieser Zuneigungs-Fetische? Welches sind die Wurzeln dieser Anziehungskraft in dir?

URSPRÜNGE DES ZUNEIGUNGS-FETISCHISMUS

Es gibt einen Witz über Myron, als er in die Armee kam. Er hatte noch nie etwas gegessen, das nicht von seiner Mutter zubereitet worden war. Sie ließ ihn weder bei Freunden essen (,,woher weißt du, wie sauber ihre Küche ist?''), noch im Restaurant (,,woher willst du wissen, was sie in das Essen tun?''). Er hatte also bisher in seinem Leben nur die mütterlichen Kochkünste kennengelernt. Und sein Leben lang litt Maron unter Sodbrennen. Nach einigen Tagen in der Armee sah man Myron zur Krankenstation rennen mit einer Hand auf dem Magen und voller Entsetzen in den Augen:,,Schnell'', schrie er, ,,einen Arzt. Ich sterbe, das Feuer ist ausgegangen.''

Wie in vielen Witzen steckt auch in diesem eine tiefe Wahrheit. Wir haben eine ganz bestimmte Art früher Fürsorge kennengelernt und diese Art — sei sie nun gut oder schlecht — ist uns zutiefst vertraut. Bei dieser Art der Fürsorge fühlen wir uns am meisten wie zu Hause und wir glauben, wir brauchten gerade diese Art zum Überleben, um das 'Feuer am Brennen' zu halten. Dies weist auf den - wie man es nennen könnte - Übertragungs-Ursprung hin bei unserer Wahl bestimmter Eigenschaften unseres Zuneigungs-Fetischs.

Am deutlichsten ist diese Übertragung, wenn wir jemanden wählen, der dieselben körperlichen Eigenschaften hat wie eine früher einmal wichtige Person. Ich erwähnte den großen Mann, der sich immer zu besonders kleinen Frauen hingezogen fühlte. Er sprach über sein Wohlbehagen und von der Sicherheit in ihrer Gegenwart und führte dies allein auf die Tatsache zurück, daß er größer war und sich deshalb mächtig und zuversichtlich fühlen konnte. Aber da sowohl seine Mutter als auch seine ältere Schwester sehr klein waren, ist der Sachverhalt vielleicht ein wenig komplizierter. Vielleicht gibt es eine Übertragungsebene für diese Attraktion, eine Ebene, auf der die kleinen Frauen, die er auswählte, heute vergangene gefühlsmäßige Erinnerungen an die angenehmen und liebevollen Gefühle wecken, die er als Kind durch die kleinen Frauen erfuhr. Als ich dies andeutete, fiel ihm ein, daß die ihn anziehenden kleinen Frauen ihm auch sonst in mancher Hinsicht vertraut waren:

> Ich habe einige Bilder von mir und meiner Mutter, als ich ein Baby war,und sie war damals ungefähr so alt wie die Frauen, mit denen ich heute ausgehe. Sie sieht auf den Bildern den Frauen sehr ähnlich, zu denen ich mich am meisten hingezogen fühlte, nicht nur was die Größe angeht, sondern auch in bezug auf die Haarfarbe, die Haarlänge, die Gesichtsform. Es ist wirklich erstaunlich.

Wenn man darüber nachdenkt, ist es eigentlich gar nicht so erstaunlich. Die ersten liebevollen Personen in unserem Leben müssen einfach unsere Gefühle und unsere Sehnsüchte beeinflussen, selbst wenn wir später vergessen, welche frühen Erlebnisse diese Sehnsüchte geformt haben. Ich habe oft festgestellt, daß Menschen mit starken fetischistischen Zuneigungen zu bestimmten Leuten recht eindrucksvolle Kindheitserlebnisse mit Menschen hatten, die dieselben Eigenschaften aufwiesen. Oft, aber nicht immer, sind diese Prototypen die Eltern. Eine Frau fühlte sich zu langen, dünnen und schlaksigen Männern hingezogen. Männer, die - wie sie später erkannte - wie ihr älterer Bruder aussahen, der sie sehr liebevoll beschützt hatte, als sie noch klein war. Und ein Mann, der eine kalte, recht dünne und modebewußte Mutter hatte, fühlte sich später von Frauen angezogen, die leicht rundlich, fleischig und warm waren, wie die in der Nachbarschaft lebende Schwester der Mutter, die ihn in seiner Kindheit so vergöttert hatte. Auch wenn wir uns immer wieder zu Menschen mit den gleichen körperlichen Attributen oder Persönlichkeitsmerkmalen hingezogen fühlen, kann es doch manchmal schwer sein, das Modell für diese Menschen in unserer Vergangenheit zu identifizieren. Oft gelingt es aber, wenn wir länger darüber nachdenken und vielleicht einige Familienmitglieder befragen.

Manchmal ist der Ursprung dieser Eigenschaften, die uns fesseln, komplizierter als die einfache Eins-zu-Eins-Übertragung. Der Mann zum Beispiel, der immer Beziehungen aufbaute zu recht dicken Frauen, hätte diese Frauen ja nicht nur deswegen anziehend finden können, weil sie seiner Tante so ähnlich waren, sondern vielleicht deswegen, weil sie so ganz anders waren als seine dünne und wenig fürsorgliche Mutter. Manche Menschen gehen immer wieder Beziehungen zu Personen ein, die so anders wie möglich sind als die eigenen Eltern. Für einige ist es ausreichend, wenn die Partner ein ganz anderes Erscheinungsbild haben oder eine ganz andere Einstellung zum Leben. Andere gehen weiter und verbinden sich mit Menschen, die einen völlig anderen religiösen, ethnischen, sozio-ökonomischen oder rassischen Hintergrund haben. Es gibt zum Beispiel weiße Männer und Frauen, die sich offenbar nur mit schwarzen Partnern verbinden können und umgekehrt. Und es gibt jüdische Männer und Frauen, die sich immer wieder nur mit nicht-jüdischen Partnern einlassen und umgekehrt. Ihr Bindungsfetischismus entspringt der Anti-Übertragung. Der Mann zum Beispiel, dessen Freundinnen immer ganz anders waren als seine dürre und kalte Mutter, distanziert sich dadurch von Eigenschaften, die für ihn gleichzeitig mit Zurückweisung, Mißachtung, Enttäuschung, Einschränkung oder anderen negativen frühen Erfahrungen verbunden sind.

Aber auch das kann noch komplizierter sein. Anti-Übertragungsbindungen kann zum Beispiel ein Mann eingehen, der sich als Kind allzusehr an seine Mutter gebunden fühlte, oder eine Frau, die sich als Kind allzusehr an den Vater gebunden fühlte. Diese Menschen treffen ihre Wahl vielleicht nicht, um heute beim Partner schmerzliches Verhalten ihrer Eltern zu vermeiden, sondern um ihre eigenen frühen und vielleicht unbewußten Impulse zu verneinen und zu unterdrücken. Sie können es sich nicht erlauben, eng mit Menschen verbunden zu sein, die diese alten Gefühle wieder wecken könnten, Gefühle, die nicht akzeptabel waren, weil sie eine verbotene sexuelle (ödipale) Bedeutung in sich tragen oder weil sie den allzu heftigen Wunsch hervorrufen, wieder so passiv und abhängig zu sein, wie damals, als sie sehr klein waren. Für sie sind Menschen mit einem anderen Hintergrund und einer anderen Ausstrahlung fremder und damit sicherer.

Die besonders zwanghaften und zerstörerischen Muster werden bei jenen Menschen deutlich, die sich immer wieder an Personen binden, die ganz eindeutig schlecht für sie sind. Ich habe von Eve gesprochen, der Frau, die sich auf eine ganze Reihe brillanter und wortgewandter Männer eingelassen hatte. Obwohl Eve sehr klug, fähig und gebildet war, entschied sie sich immer wieder für eine totale Unterwürfigkeit, nicht nur indem sie Handlangerin, Schreibkraft, Köchin oder Beichtmutter war, sondern auch durch ein kindliches und sich erniedrigendes Verhalten bei den alltäglichen kleinen Interaktionen in diesen Beziehungen. Neben ihrer Genialität hatten ihre Freunde meist auch ein recht autokratisches, forderndes und beherrschendes Gebaren, so daß Eve also jemandem ihr Äußerstes gab, für den ihre Aufmerksamkeit selbständlich war, der sie verächtlich behandelte und der offensichtlich nicht das Bedürfnis verspürte, sich selbst erkenntlich zu zeigen. Und nach einer Weile beendete entweder der Freund die Beziehung, weil er sich mit einer anderen Frau eingelassen hatte, oder Eve brach die Beziehung ab voller Depression und Verzweiflung.

Es ist nicht schwer, die Ursprünge von Eves Zuneigungsfetischismus in ihrer Geschichte zu entdecken. Ihr Vater war ein intelligenter, sehr wortgewandter Professor der Biochemie, den Eve bewunderte und anbetete. Schon ganz früh wußte Eve, daß ihr Vater Wortspiele mit ihr liebte und daß es ihm Spaß machte, wenn sie sich geistreich und klug darauf einlassen konnte. Sie fand aber auch bald heraus, daß er es ihr übelnahm und sich zurückzog, wenn sie ihn 'übertraf'. Eve half ihm bei Kreuzworträtseln, als sie noch sehr klein war und las seine Artikel durch und tippte sie ab, als sie älter war. Eves Mutter beschäftigte sich mehr mit Einkäufen und mit der Ausstattung des Hauses als mit Worten und Gedanken und war oft ein stummer Zuhörer. Trotzdem liebte Eves Vater seine Frau auf eine tolerante und beschützende Art.

Die Botschaften, die Eve von ihrem Vater erhielt, waren folgende: 1) Wenn sie klug und wortgewandt war, konnte sie die Augen eines gewissen Mannes zum Glänzen bringen, und dies war die aufregendste Sache der Welt. 2) Es war nur recht und billig, ihm auf jede Art zu helfen, da er ein so überlegenes Wesen war. 3) Es war besser, nicht durch Erfolge, die die seinen überschatteten, aus der Rolle der Gehilfin zu fallen und 4) er würde wahrscheinlich für seine Hauptbeziehung eine andere Partnerin wählen. Diese Erfahrungen mit dem Vater übertrug sie später auf andere Männer, so daß sie gewisse Männer überbewertete und sich selbst unterbewertete und eine ganze Reihe von bestimmten Beziehungen einging, die von vornherein zum Scheitern verurteilt waren. (Das Bewußtwerden dieses Musters und seines Anfangs halfen ihr - wie wir sehen werden - den ersten Schritt zu einer Veränderung zu tun.)

Ein weiteres Beispiel für einen selbstzerstörerischen Zuneigungsfetischismus gibt Ben, der Mann, der sagte:,,Sie ist wie alle Frauen, auf die ich mich eingelassen habe, egozentrisch, unfähig zur Hingabe und kalt wie ein Fisch." Wodurch wurde dieser ansonsten so vernünftige 35jährige Mann von Frauen angezogen, die ihm nichts gaben?
Es ist vielleicht ein Truismus, daß wir uns alle nach fürsorglichem und warmem Streicheln sehnen,warum also sollte Ben immer wieder Beziehungen eingehen mit Frauen, die sein Bedürfnis offensichtlich nicht stillen konnten? Es wird klarer, wenn wir erfahren, daß Bens Mutter sehr auf sich selbst bezogen war, schwach und nicht einfühlsam. Sie kümmerte sich mehr darum, daß sie gut gekleidet war und daß das Haus sauber und farblich gut kombiniert war, als daß sie sich um Ben kümmerte. Er beschrieb die Mahlzeiten zu Hause als 'Albträume der Eleganz' und sagte:,,Sie hat mich gewöhnlich wie ein Zubehör gekleidet." Durch den Mangel an Wärme, aufrichtiger Sorge und Bindung wurde Bens Zuneigungshunger ungeheuer gesteigert. Man würde vermuten, er würde später stark von fürsorglichen Frauen angezogen sein, die einige dieser unerfüllten Bedürfnisse befriedigen könnten. Manche Menschen machen das so und gehen Bindungen ein, die sie für all das entschädigen, was sie von der Mutter nicht bekommen haben. Aber Ben und viele andere beißen sich stattdessen an der Aufgabe fest, gerade solche Frauen wie seine Mutter dazu zu bringen, ihm schließlich doch zu geben, was er will. Es ist fast so, als sei er entschlossen, warme Milch von einer schönen aber kalten Marmorstatue zu erhalten. 'Romantische' Literatur, Mythen und klassische Erzählungen sind voll von Berichten über vernünftige und kluge Männer, die Glasberge erklimmen, Drachen erschlagen, sich demütigen und ihr Leben zerstören in dem besessenen Versuch, irgendeine kalte Frau zu gewinnen. Es ist eine sinnlose, das Leben zerstörende Aufgabe und kann eine tödliche Abhängigkeit bedeuten.

Auch Jeanne verband sich immer wieder mit Männern, die schlecht für sie waren. Ich zitierte oben ihren Ausspruch:,,Ich habe mich immer zu Männern mit 'gebrochenen Flügeln' oder irgendeinem tragischen Defekt hingezogen gefühlt...". Ihr Vater war ein betörender aber furchtbar passiver und erfolgloser Mann, der seine Hilflosigkeit unter ererbtem Reichtum und dem Smoking-Charme verbarg. Als Kind verehrte Jeanne ihn und als sie erwachsen wurde, kämpfte sie hart darum, seine Schwäche weiter zu übersehen. Aber ihr Vater enttäuschte sie immer wieder, hatte immer wieder keine Zeit für sie. Als sie sich der Wahrheit über ihn nicht länger verschließen konnte, fühlte sie sich betrogen:,,Ich hatte ihn idealisiert, eine Illusion geschaffen, und dann konnte ich plötzlich nicht mehr. Plötzlich sah ich ihn als jämmerlichen Verlierer. Es tut immer noch weh. All diese verschwendeten Jahre, in denen ich versuchte, sein Bild hochzuhalten. Was für eine traurige, dumme Vergeudung."

Während Jeanne diese Seite ihrer Beziehung schon recht deutlich sah, dauerte es noch eine ganze Zeit, ehe sie auch aufhören konnte, diese Interaktion auf andere Männer zu übertragen. Ich hatte Menschen wie Jeanne vor Augen, als ich schrieb:
,,Ich habe Frauen mit schwachen Vätern gesehen, die mit unfehlbarer Sicherheit immer wieder aus einer großen Zahl von Männern, die ihnen im Laufe des Lebens über den Weg liefen, jene aussuchten, die in einigen grundlegenden Aspekten kleine Jungen waren — vielleicht Alkoholiker, Drogensüchtige, Liebessüchtige, Versager im Beruf, Männer, die schlecht für den Lebensunterhalt sorgen konnten und die nicht in der Lage waren, sich durchzusetzen, außer vielleicht durch Bettelei, Wutanfälle oder Schmollen nach der Art kleiner Jungen."(Abschied von den Eltern, 1978 . Die Auszüge hier stammen aus dem 4.Kapitel)

Schon sehr früh lernst du, wenn du Jeanne ähnlich bist, wie deine Rolle in einer Beziehung mit einem solchen Mann aussehen muß:
,,Anfangs zumindest wirst du die grundlegende Schwäche deines Partners leugnen, indem du dir entweder in dieser Hinsicht Scheuklappen anlegst oder indem du seine Schwäche als ganz liebenswerte oder leicht irritierende Angewohnheit betrachtest. Wenn du dir dann aber genügend Beulen geholt hast, nachdem du jedes Mal auf die Nase bzw. auf deinen Allerwertesten gefallen bist, weil du glaubtest, dein Mann sei stark genug, daß er dir gelegentlich eine emotionale, moralische oder praktische Stütze sein könnte, dann dämmert es dir vielleicht allmählich, daß es sich hier um einen ernsten und grundlegenden Defekt handelt. Das wäre ein guter Zeitpunkt für die Neubewertung der ganzen Beziehung, aber wenn du dem Phantom einer Rettungs- und Rehabilitierungsaktion deines Vaters nachgejagt bist, wirst du schnell und ohne Überlegung die für die jeweilige Rettungsaktion erforderliche Uniform anlegen — Krankenschwester, Sozialarbeiterin, Berufsberater, wohlmeinende Mutter, Polizist — und dann wirst du den seelenzermürbenden Vorgang des Aufhebens, Aufpumpens, Idealisierens, Abstützens und schließlich der Kapitulation beginnen; und dann, nach kurzem Ausruhen, wirst du neu anfangen mit deinen Stützungsaktionen."

Ein solches Rettungsmanöver (ob es nun eine Frau ist, die einem hilflosen und erfolglosen Mann hilft, oder ein Mann, der einer hilflosen und erfolglosen Frau hilft) gilt gewöhnlich dem Versuch, alte Frustrationen aufzulösen. Wenn du dich selbst in dieser Rolle findest, weißt du, wie süchtig dich eine solche Aufgabe machen kann.

Alle diese Beispiele eines selbstzerstörerischen Zuneigungsfetischismus reflektieren eine sehr niedrige Selbstachtung. Ob es sich nun um Eve und ihre Zuneigung zu verbal betörenden Männern handelt, ob es um Bens Beziehungen zu Frauen geht, die wie kalte Fische sind, um Jeannes Neigung, Männer mit gebrochenen Flügeln zu retten, ob man ständig angezogen wird von unerreichbaren, grausamen oder depressiven Menschen oder von irgendeinem anderen Fetischtyp, bei dem die Vergeblichkeit vorprogrammiert ist, die Übertragung bezieht sich auf die Annahme, daß dir diese andere Person das Gefühl der Vollständigkeit, Zulänglichkeit, Sicherheit und des Glücks geben wird, wenn du ihn oder sie stark und liebevoll machen kannst. Mit anderen Worten: Ohne diese Person fühlst du dich unvollständig, unzulänglich, unsicher und unglücklich. Und solange du an diesem Glauben festhältst, wirst du empfänglich bleiben für diese bestimmte Art der selbstzerstörerischen Bindung.

Vermutlich steckt in jedem von uns die Neigung zum Zuneigungs-Fetischismus, denn dies heißt nichts weiter, als daß wir alle vermutlich immer wieder von Menschen mit ganz bestimmten Eigenschaften angezogen werden, wenn wir die Erfüllung unserer Bindungsbedürfnisse suchen. Diese Eigenschaften sind durch unsere persönliche Geschichte bestimmt, obwohl wir die Menschen, Vorfälle und Gefühle, die sie geprägt haben, vielleicht schon lange vergessen haben. Das Vorhandensein eines solchen Fetischismus ist an sich noch kein Grund zur Sorge. Meistens ist er harmlos, wenn er auch manchmal verhindert, daß wir Beziehungen zu anderen Menschen eingehen, die gut zu uns passen würden. Der Zuneigungsfetischismus kann sogar einen positiven Wert haben, wenn er uns in eine gute und wachsende Beziehung führt, da er dann besonders schöne und tiefe Bindung ermöglichen kann. Ja, die Macht dieser Anziehung kann sogar ein Band darstellen, das die Partner in den Stürmen und Anstrengungen zusammenhält, denen alle Menschen ausgesetzt sind, wenn sie ein Leben zu zweit versuchen. Zuneigungsfetischismus wird erst schädlich, wenn Mißerfolg und Niederlage unausweichlich mit eingebaut sind (wenn man zum Beispiel durch Grausamkeit oder Zurückweisung angezogen wird) oder wenn die dich anziehenden Eigenschaften eine so magnetische Macht haben, daß sie dich an eine Beziehung gebunden halten, die in anderen wichtigen Bereichen schädlich ist. Wenn dies geschieht, wirst du daran arbeiten müssen, die Macht dieser fetischistischen Eigenschaften zu brechen, um dich für andere und dankbarere Beziehungen freizumachen.

Das ist schwer, aber nicht unmöglich. Für Eve begann diese Arbeit mit einer Serie von Erkenntnissen. Zunächst entdeckte sie, daß das Problem nicht nur ihre Zuneigung zu klugen und wortgewaltigen Männern war - das war ihr schon lange bekannt, und sie war immer stolz darauf. Aber jetzt sah sie auch die beiden anderen dazugehörigen Eigenschaften, die Arroganz und die Unerreichbarkeit. Und sie sah, daß dadurch, per definitionem, eine erfüllte und dauernde Beziehung ausgeschlossen war. Ihr fiel die Ähnlichkeit dieser Männer zu ihrem Vater auf, die Klugheit, Wortgewandtheit, Arroganz und Unerreichbarkeit (er spielte mit ihr, aber er gehörte der Mutter). Und schließlich erkannte Eve, daß sie ein altes Familiendrama beständig neu aufführte, Hilfe und Spielgefährtin des Vaters war, aber nie sein Frau. Sie gestattete es sich nie, einen eigenen Mann zu haben, denn das war das Territorium der Mutter.

Diesen Erkenntnissen folgten kleine Veränderungen. Eve war intensiv gebunden an den Forschungsleiter einer großen Computergesellschaft. Er war scharfsinnig, geistreich, herrisch und verheiratet. Statt sich nun aber wieder vorzumachen, daß es dieses Mal anders sein würde, konnte sie letztlich schon den Bruch voraussehen, der in diese Beziehung mit eingebaut war. Sie begann sich darüber zu entrüsten, daß sie diesem Mann immer zu Diensten war, da sie jetzt nicht nur erkannte, daß es sie nirgendwohin bringen würde, sondern auch, daß und wie sehr sie sich beschränkte und sich selbst schadete durch diese sklavische Verfügbarkeit. Das Muster begann seine Attraktion zu verlieren, es wurde eher wertlos und erstickend. An einem Tag schließlich, vor einem gemeinsam geplanten Wochenende, übertrachte ein Bote ihr eine Rede, die er geschrieben hatte und die sie für ihn durchlesen sollte. Diesmal ließ sie die Rede ungelesen zurückgehen und fügte noch ein kleines Schreiben bei, in dem es hieß: ,,Es hat Spaß gemacht, aber jetzt nicht mehr. Vielen Dank für alles und - Auf Wiedersehen.''

Zunächst fand Eve ähnliche Männer weiterhin attraktiv, aber sie sagte:
> ,,Sobald ich ihre Arroganz rieche oder ihre Nichtverfügbarkeit ahne, oder wenn ich anfange, Vatis kleine Hilfe zu werden, klingeln bei mir alle Alarm-

glocken. Anfangs mußte ich mich dazu zwingen und alle meine Kräfte einsetzen, um mich solchen Männern fernzuhalten. In letzter Zeit aber stoßen sie mich schon ganz automatisch ab. Ich mag immer noch gern brillante und wortgewandte Männer, aber unter ihnen gibt es genügend viele, die anständig und wenigstens theoretisch verfügbar sind.

Ihre Beziehungen nahmen eindeutig eine Wende zum Guten.

Kapitel 9

Selbsttäuschung und Abhängigkeit

Es ist nicht leicht, an einer abhängigen Beziehung festzuhalten, wenn man das eigene Unglück, den Schmerz und die Enttäuschung bedenkt. Wenn du trotzdem an der Beziehung festhältst, hast du dich vielleicht selbst zum Narren gehalten mit der Idee, du seist glücklich und hast so den Schmerz betäubt und die Enttäuschung überspielt. (Manche Menschen greifen zum Alkohol, zu Beruhigungsmitteln, Antidepressiva,zu Barbituraten etc., um den Schmerz nicht zu fühlen, so daß sie sich mit den Realitäten der Beziehung nicht auseinanderzusetzen brauchen.) Wenn unser Zuneigungshunger uns zwingt, in der Beziehung zu bleiben, ist es natürlich verständlich, wenn wir uns über die unangenehme Wirkung hinwegtäuschen möchten. Und doch ist es genauso gefährlich, als wenn wir schmerztötende Mittel nehmen, um die Warnzeichen einer gefährlichen Krankheit zu verdecken. Wir wollen uns deshalb einmal kritisch mit den Selbsttäuschungsmanövern beschäftigen, mit denen man vielleicht eine selbstzerstörerische Situation erträglich macht.

RATIONALISIERUNG

Dein Zuneigungshunger versucht verzweifelt, die Bindung zu erhalten, ganz gleich, wie tödlich sie ist, und deine Denkprozesse lassen sich oft auf ein abgekartetes Spiel mit ihm ein und bahnen ihm einen Weg, so daß er deine Handlungen bestimmen kann. Im ersten Kapitel deutete ich an, wie die Rationalisierung — eine Technik, sich selbst gute Gründe in die Hand zu geben, die darunterliegende Gründe verbergen — dir ermöglicht, in einer Abhängigkeit zu bleiben. Ich erwähnte eine Frau, die sagte:,,Es ist nicht so, daß er mich nicht liebt. Er hat nur Angst, sich festzulegen und sich zu binden.''

In dieser spezifischen Situation wurde deutlich, wie wenig sich der Mann offenbar aus ihr machte. Alle Beweise dafür waren eindeutig, aber es gelang ihr, die Bedeutung der Beweise zu verdrehen (seine Kühle und Distanz). So brauchte sie nicht der schmerzlichen Wahrheit ins Auge zu blicken, die sie hätte veranlassen können, die Beziehung zu beenden.

Es gibt Fälle, wo diese Rationalisierung zutreffend sein mag: Der Partner liebt dich vielleicht wirklich und hat wirklich Angst, sich festzulegen. In solchen Fällen kannst du mit der Rationalisierung der Frage ausweichen:,,Ist es sehr schlimm, wenn er sich zwar etwas aus mir macht, sich aber nicht festlegen will, wenn ich mir gerade das sehr

wünsche?" Ob es für dich nun besser ist zu bleiben oder zu gehen, kannst nur du allein entscheiden. Aber du könntest eine vernünftige Entscheidung leichter treffen, wenn du deine Rationalisierung in Frage stelltest und die Realität betrachtetest, vielleicht mit Hilfe von Freunden. Es gibt eine gute Faustregel:
Nimm das frust-ierende Verhalten des anderen für bare Münze. Vermeide alle möglichen geistigen Verrenkungen, um das Verhalten umzudeuten. Dann kannst du sehen, ob dieses Verhalten für dich akzeptabel ist. Wenn nicht, wirst du vor die Wahl gestellt sein, damit zu leben, daran zu arbeiten oder auszusteigen — aber du wirst dich wenigstens nicht selbst täuschen.

IDEALISIERUNG

Wenn du an jemanden gebunden bist, der dein Zuneigungsfetisch ist, ist es sehr einfach (besonders, wenn auch Limerenz im Spiel ist), seine wirklichen Eigenschaften zu verdrehen, seine starken Seiten hochzuspielen und die schwachen Seiten abzumildern oder zu verdecken. Das mag manchmal eine harmlose oder auch hilfreiche Verzerrung sein, die die Räder der Beziehung für die unausweichlichen rauhen Stellen ölen kann. Aber wenn du Eigenschaften idealisierst, die dir eigentlich große Schwierigkeiten machen, oder wenn deine Idealisierung dich blind macht für die schädlichen Aspekte der Beziehung, dann wird sie zu einer bösen Selbsttäuschung.

Eine der häufigsten Formen dieser gefährlichen Idealisierung (und ein geistiges Manöver, das mit gleichem Geschick von Männern und Frauen vollzogen wird), ist die Umdeutung einer Unfähigkeit des anderen in eine Stärke, wenn zum Beispiel der Partner unfähig ist, liebevoll, hingebungsvoll und unterstützend zu sein, und diese verkrüppelnde Schwäche umgedeutet wird zu einem Beweis seiner Stärke.

Liz zum Beispiel war schon lange mit Jim zusammen, einem Mann, der trotz ihres Wunsches nach persönlicherer, gefühlvollerer und engagierterer Zuwendung steinern und unbeweglich blieb. Eine seiner Lieblingsaussagen war: „Ich werde dich nicht verhätscheln." Und seine Standardantwort auf ihre Frage, ob er sie liebe, lautete: „Wenn du es nicht weißt, werde ich es dir nicht sagen." Für Liz war Jim ein starker und in sich ruhender Mensch und sich selbst hielt sie im Gegensatz dazu für unheimlich bedürftig und schwächlich:
> Ich bewundere seine Stärke. Er ist wie ein Felsen. Nichts fehlt ihm. Ich kann verstehen, daß ihn mein Bedürfnis nach Zuneigung abstößt.

Sie litt weiter unter dem Schmerz, sich ausgeschlossen und vernachlässigt zu fühlen, versuchte aber voller Energie, damit fertig zu werden und diesen Schmerz als ein Produkt ihrer eigenen „unreifen Abhängigkeit" zu verstehen.

Mit der Zeit wurde Liz bewußt, daß Jim sie offenbar in seine Sorgen und in seine Gefühle der Entmutigung nicht einweihen konnte, obwohl deutlich wurde, daß manches in seinem Leben schief lief. Er zog sich immer mehr zurück, wurde mürrisch und unnahbar. Es dämmerte ihr, daß seine scheinbar so große Stärke in Wirklichkeit eine verzweifelte und brüchige Abwehr seiner riesigen uneingestandenen Bedürfnisse war. Sie durchschaute seine Härte ihr gegenüber und erkannte hinter seiner Abwehr und seiner Verachtung seine große Verletzlichkeit. Ihre Wünsche nach liebevoller Hingabe mußten für Jim eine große Bedrohung sein, da er seine eigenen Bedürfnisse eingemauert hatte und nicht an sie erinnert werden wollte. Und was sie jetzt als ernstes psychisches Handicap erkannte, hatte sie immer entschuldigt und zu einer in sich selbst ruhenden Stärke uminterpretiert.

Liz erinnerte sich, daß ihre Eltern beide recht wenig gefühlsbetont waren, sondern eher geschäftig und unnahbar, sehr auf der Hut vor Gefühlen und möglicher Abhängigkeit. „Ich hielt nichts von all diesem 'Mammi-Geschwafel' ", hatte ihre Mutter kürzlich in einer Unterhaltung über die Vergangenheit erzählt. Und Liz fiel die Ähnlichkeit zu Jims Worten auf: „Ich werde dich nicht verhätscheln". Liz konnte sich nicht daran erinnern, daß sie auch nur ein einziges Mal mit ihrem Vater über Gefühle, Bedürfnisse oder Ziele gesprochen hätte. Früher hatte Liz von ihren Eltern immer als zurückhaltenden, aber verläßlichen Säulen der Stärke gesprochen und ihre eigenen emotionalen Bedürfnisse immer für eine schändliche Schwäche gehalten. In jüngster Zeit war ihr deutlich geworden, wie sehr sich die Eltern durch diese Lebensweise eingeschränkt hatten.
Aber jetzt, als sie bemerkte, wie sich Jim gegen Gefühle der Bedürftigkeit und der Verletzlichkeit wappnete, erkannte sie, daß sich die Eltern ganz ähnlich abgeschirmt hatten. Immer hatte sie als kleines Kind die notwendige elterliche Fürsorge entbehrt und immer angenommen, die Eltern seien im Gegensatz zu ihr stark und stünden über allen Bedürfnissen. Und da sie nicht hatte erkennen können, daß die Eltern einfach nur unfähig zur Fürsorge waren, hatte sie immer befürchtet, irgend etwas könne mit ihr selbst nicht stimmen.

Als sie die Geschichte ihrer Beziehungen zu Männern im Lichte dieser Erkenntnisse betrachtete, entdeckte sie, daß sie immer wieder schwache und tief unsichere Männer auf einen Sockel erhoben hatte und ihre scheinbare Unabhängigkeit immer wieder als reife Stärke mißdeutet hatte. Jetzt mußte sie sich diesem neuen Wissen stellen und entscheiden, was sie mit dieser von der Idealisierung befreiten Beziehung anfangen wollte.

Nach demselben Muster idealisieren manche Männer flatterhafte, exzentrische, verführerische, unbeständige und unzuverlässige Frauen, nennen sie „richtige Frauen" und erkennen nicht das Kindische, das diesem Verhalten so oft zugrunde liegt. Diese Männer sind immer wieder verwirrt, warum sich all die Erwartungen an eine solche Beziehung nicht erfüllen. Sie sind dann frustriert und verzweifelt, aber meinen vielleicht immer noch, daß sie nicht 'Manns genug' seien für eine solche Frau, statt zu erkennen, daß sie in einer Beziehung mit einem kleinen Mädchen gefangen sind, das sehr enge Grenzen hat. Fast jede Eigenschaft oder jeder Charakterzug kann zum Zwecke der Selbsttäuschung idealisiert werden.

UNBEGRÜNDETE HOFFNUNG

Wie der berühmte optimistische kleine Junge, der eine Kiste mit Dung geschenkt bekam, eine Schaufel ergriff und sagte: „Irgendwo muß ein Pony drinstecken", so gibt es viele Leute, die immer wieder voller Hoffnung nach den geringsten Anzeichen der Verbesserung suchen, wenn sie in einer schlechten und demütigenden Beziehung stecken. Und manchmal gibt es diese Anzeichen. Manchmal bewirkt allein schon das Akzeptieren der Beziehung so, wie sie ist, daß sie sich in eine positive Richtung verändert. Manchmal versteckt sich hinter den ermüdenden Verteidigungen und den frustrierenden Spielen eine wertvolle Beziehung. Und wenn du den Zustand akzeptierst und das verbindest mit harter, aufrichtiger und liebevoller Konfrontation, dann kannst du diesen Wert vielleicht erkennen. Manchmal lohnt es sich tatsächlich, eine Schaufel zu ergreifen und anzufangen zu graben nach dem Pony. Aber man muß auch wissen, wann man damit aufhören und einsehen muß, daß das viel Dung aber kein Pony ist. Zwar sind Hoffnung und Optimismus von ungeheuer großem Wert bei der Entwicklung einer guten Beziehung, aber unbegründete Hoffnung kann zu einer Täuschung werden, eingesetzt, um sich ewig in einer schlechten und strafenden Beziehung anzuketten.

Ich denke an eine Patientin, die zehn Jahre lang verheiratet war mit einem Mann, der unter periodischen Zornesausbrüchen litt, wobei er Möbel zertrümmerte, die Kinder terrorisierte und seine Frau manchmal sogar heftig schlug. Danach war er voller Reue und begab sich mehrere Male zusammen mit ihr oder allein in Therapie, um das Problem zu lösen. Aber nach einer Weile war er dann überzeugt, alles sei wieder in Ordnung, und er beendete die Therapie ganz impulsiv bis zum nächsten ernsthaften Wutanfall. Bei einer Sitzung, zwei Wochen, nachdem er sie heftig mißhandelt und sich dann wieder in Therapie begeben hatte, sagte sie:,,Wenn es Tom wieder besser geht...'' Ich unterbrach:,,Was ist, wenn es ihm niemals besser geht?'' Sie war völlig verblüfft: ,,Aber, es wird ihm besser gehen, er ist zu seinem Therapeuten zurückgegangen!'' Wir schauten uns gemeinsam die Vergangenheit an, und sie mußte zugeben, daß über all die Jahre hinweg seine Zornesausbrüche eher schlimmer und häufiger geworden waren als weniger. Und sie mußte eingestehen, daß bei ihm eigentlich nicht ernsthaft der Wunsch erkennbar war, an diesem Problem zu arbeiten, sondern daß er sich wahrscheinlich wegen seiner spontanen Schuldgefühle und um sie zu beschwichtigen immer mal in Therapie begab. Wenn es überhaupt eine Veränderung gegeben hatte, dann zum Schlechteren:

> ,,Ich will das nicht akzeptieren, obwohl ich weiß, daß es stimmt... Das ganze Zimmer dreht sich... Wenn ich davon überzeugt bin, es würde ihm nicht irgendwann besser gehen, weiß ich, was ich tun müßte, und das kann ich nicht. Ich habe Angst davor.''

Meistens sind die trügerischen Hoffnungen nicht ganz so dramatisch wie diese, die sogar angesichts tatsächlicher körperlicher Mißhandlung bestehen blieb. Aber viele Menschen setzen sie ein, um in einer schlechten Beziehung zu bleiben:

> Wenn sie mich nicht liebte, würde sie nicht weiter mit mir ausgehen.
> Er sagt, er will nie heiraten, aber viele Männer haben das gesagt und sind jetzt verheiratet.
> Es gibt Zeiten, wo sie zugibt, daß sie es mir schwer macht, und dann habe ich immer die Hoffnung, daß sie damit aufhört.
> Er sagt, er will aufhören zu trinken (spielen, zu viel zu arbeiten, mich zu betrügen etc.), und obwohl er es schon oft gesagt hat, weiß ich, daß er es dieses Mal wirklich meint.

Wie unterscheidet man berechtigte Hoffnung von trügerischer Hoffnung? Indem man sorgfältig und kühl die Fakten betrachtet. Sagt der Partner, er möchte die Dinge anders haben als sie sind? Tut er irgend etwas dafür? Wollt ihr wirklich dasselbe oder verdrehst du das vielleicht? Gibt es bedeutende, realistische Veränderungen in die Richtung, die du dir wünschst? Hast du wirklich den Versuch unternommen, es besser zu machen? Mit welchem Ergebnis? Wie lange war es unbefriedigend? Gibt es irgendeinen wirklichen Beweis, daß es im Laufe der Zeit einmal besser werden könnte?

Eine objektive Erforschung dieser Fragen kann dir einen Anhaltspunkt dafür geben, ob du dich selbst mit falschen Hoffnungen betrügst oder ob du dir Mut machst während einer schwierigen Phase eurer Beziehung und sich dein Optimismus auf eine realistische Beurteilung der Fakten und Möglichkeiten bezieht. Da es aber schwer ist, das allein zu tun, solltest du andere Leute zu Rate ziehen, vorausgesetzt, daß sie keine persönlichen Vorurteile in bezug auf deinen Partner haben.

DIE AUFRECHTERHALTUNG EINER ILLUSION

Oft sind die Rationalisierung und die Idealisierung, die wir untersucht haben, selbst Teil eines ganzen Netzwerkes von Techniken, mit denen wir eine Illusion aufrechterhalten. Die grundlegende illusionäre Hoffnung, die in sich selbst eine Verzerrung der Realität ist, lautet:,,Wenn ich mit dieser Person verbunden sein kann und sich alles zum Guten wendet, wird mein Leben wundervoll sein; wenn nicht, wird mein Leben furchtbar leer und unglücklich sein.''
Wir erkennen hier wieder den unbewußten Wunsch, das Erlebnis der seligen Beziehung mit der Mutter und/oder die etwas später liegende besondere und aufregende Beziehung zum Vater wieder einzufangen.

Der Vater einer jungen Frau verhielt sich buchstäblich wie ein 'Zaubergeist', der ihr alles versprach und ihr alles gab, worum sie bat, und sie dadurch glauben machte, sie könnte ihn tatsächlich haben. Sie wiederholte diese Erfahrung, indem sie sich mit 'unerreichbaren' Männern einließ, die ihr durch gelegentliche Großzügigkeit die Illusion gaben, sie stünden voll zur Verfügung. Der Verlauf der Desillusionierung war lang und hart. Einmal, als sie alle ihre Wünsche auf einen verheirateten Mann gerichtet hatte, von dem sie entgegen jeder Vernunft hoffte, er würde ihretwegen seine Frau verlassen, träumte sie, der Freund sei gestorben, habe ihr aber kurz zuvor einen riesigen Palast geschenkt ,,... wie aus Tausend und Einer Nacht''. Im Traum ging sie zu seinem Begräbnis. Seine Frau und die Kinder waren da, und ihre nebensächliche Rolle, die sie in seinem Leben spielte, wurde ihr schmerzlich bewußt. Es war nicht schwer, die Botschaft dieses Traumes zu verstehen — die Beziehung zu dem Mann entsprach der Beziehung zum 'Zaubergeist' Vater, aber die primäre Bindung dieses Mannes (wie des Vaters) richtete sich auf eine andere Person. Als sie diesen Traum hatte, war sie gerade dabei, die Beziehung zu diesem Mann zu lösen (symbolisiert durch sein Sterben), und - was noch wichtiger war - sie fing gerade an, der Tatsache ins Auge zu blicken, daß ihre Suche nach einer Beziehung, die ihre Welt in einen Zaubergarten verwandeln würde, an sich eine Illusion war.

Wenn du diese besondere Art der Selbsttäuschung beenden willst, mußt du ganz besonders hellhörig sein, wenn du dich bei dem Gedanken ertappst, dies allein sei die einzige Person, die dich glücklich machen kann, die du wirklich lieben kannst, die dich wirklich sexuell befriedigt usw. Sobald du das Einzigartige mit hineinbringst, hast du es nicht mehr mit der Realität zu tun, sondern versuchst, alte Gefühle wieder zu erleben aus der Zeit, als Vater und Mutter noch dein Ein-und-Alles waren. Sie stellten die Welt für dich dar, als diese Welt und deine Fähigkeit, dich selbständig mit ihr auseinanderzusetzen, noch sehr begrenzt waren. Jetzt aber ist deine Welt größer und du hast die Fähigkeit, dein eigenes Glück zu wecken und zu schaffen. Eine befriedigende Liebesbeziehung kann zwar einen großen Teil deines Glückes ausmachen, aber es wäre eine Illusion anzunehmen, nur die Beziehung zu diesem einen Menschen könne dich glücklich machen, denn eine solche Illusion würde dich vermutlich eher unglücklich machen.

Bestimmte Überzeugungen halten dich womöglich in einer Illusion gefangen, zum Beispiel:,,Es muß alles gut werden'' oder:,,Er(sie) muß mich lieben, da ich sie(ihn) liebe.'' Du tust gut daran, einige deiner grundlegenden Ideen über Beziehungen im allgemeinen und über diese eine Beziehung insbesondere, in Frage zu stellen, um dich selbst zu desillusionieren. Einige Illusionen mögen das Leben bereichern, nicht aber die, die dich verführen, in einer unglücklichen Beziehung steckenzubleiben.

Kapitel 10

Die Kunst, gefesselt zu bleiben

Da die Fortsetzung der Beziehung zum Partner das einzige Ziel deines Zuneigungshungers ist, hast du vermutlich Techniken entwickelt, um dieses Ziel zu erreichen. Deine Methoden mögen unbewußt sein, und sie können mehr oder wenig großen Umfang in deinen Interaktionen mit dem Partner einnehmen: Wenn du aber einmal aufrichtig die Interaktionen betrachtest, wirst du erkennen, wie du versuchst, die Beziehung auf eine Weise zu beherrschen und zu kontrollieren, die dir ermöglicht, deine Bedürfnisse nach Bindung zuverlässig zu erfüllen.

Es gibt fünf recht häufige Techniken der Kontrolle und Beherrschung:
1. Kontrolle durch Macht
2. Kontrolle durch Schwäche
3. Kontrolle durch Unterwürfigkeit
4. Kontrolle durch Schuld
5. Kontrolle durch Eifersucht.
Eine Untersuchung dieser Techniken soll dir helfen, die von dir (oder deinem Partner) benutzten Methoden zu erkennen, mit denen du dafür sorgst, daß du gefesselt bleibst.

KONTROLLE DURCH MACHT

In gewisser Weise ist dies die ehrlichste Technik, um eine Beziehung zu kontrollieren im Dienste deiner Bedürfnisse. Die extremste Form ist die Einstellung des Macho-Mannes oder die der keifenden Frau, deren Grundaussage lautet:,,Entweder tust du, was ich will, oder...." Und das äußerste 'oder' heißt:,,...ich verlasse dich". Sehr wirkungsvoll wird das von Partnern eingesetzt, die davon überzeugt sind, daß der andere sie mehr brauche als sie ihn.

Ein besonders gutes Beispiel dafür ist der Mann, der in den ersten Wochen seiner Ehe von seiner Frau um Hilfe gebeten wird beim Aufwaschen. Ohne zu zögern und völlig überlegt läßt er jeden Teller ihres Porzellans auf den Boden fallen. Dann sagt er:,,Wenn du mich irgendwann noch einmal darum bittest, gehe ich aus dieser Tür, und du wirst mich nie wiedersehen." Es funktionierte. Sie bat ihn nie wieder um Hilfe bei der sogenannten 'Frauenarbeit'. Aber seitdem schien eine tödliche Leere über ihrer Beziehung zu schweben.

Dieser Mann hatte zwar seine Macht als Erwachsener voll eingesetzt, das heißt aber noch lange nicht, daß nicht auch Abhängigkeitsbedürfnisse in ihm wirksam waren. Seine Frau hätte ihm deutlich machen können, wie unakzeptabel seine Haltung für sie ist und sie hätte auf seiner Hilfe bestehen können. Hätte sie ihrerseits damit gedroht, ihn zu verlassen, wenn er je wieder versuchen würde, sie einzuschüchtern, dann wäre vermutlich s e i n e Furcht davor, sie zu verlieren, an die Oberfläche gekommen. Vermutlich hätten dann beide entdeckt, daß seine Bindungsbedürfnisse ebenso groß sind wie die ihren. Aber solche Schachzüge werden selten in Frage gestellt, und so kann keiner von beiden erkennen, wie groß in Wirklichkeit die Bedürftigkeit der scheinbar so autoritären Person ist. Oft glauben sogar Außenstehende, der 'mächtige' Partner halte nicht viel von dem offenbar abhängigeren Partner. Und manchmal stimmt das auch. Aber bei der Arbeit mit Paaren habe ich gesehen, wie der dominierende Partner buchstäblich auf seine Knie fiel und den anderen bat, ihn (oder sie) nicht zu verlassen, wenn der sonst nachgiebige Partner endlich einmal gesagt hatte:,,Ich habe genug''.

Nehmen wir an, du seist die Person, die diese Machttechnik einsetzt, um den Partner zu beherrschen. Was könnte dich dazu bringen, jemanden durch die Drohung 'Entweder—Oder' zu beherrschen. Sicherlich spricht da nicht der reife Erwachsene in dir; es ist vielmehr das ungezogene Kind, das fordernde Kleinkind, das kreischte und schrie und tyrannisierte, wenn es seinen Willen nicht durchsetzen konnte, oder wenn sein Zuneigungshunger nicht gestillt wurde. Vielleicht wurden diese Machtmanöver seinerzeit gefördert, weil sie allzu lange bei den Eltern funktionierten oder weil du dich daran orientiertest, wie deine Eltern sich gegenseitig oder dich behandelten. Vielleicht dienen diese Machtmanöver dazu, deine eigene Abhängigkeit zu verbergen, die du nicht akzeptieren kannst, oder deine Ängste, daß dein Zuneigungshunger dich schwach und verletzlich machen könnte.

Ich denke an eine junge Frau, die in ihren Beziehungen immer dominieren und immer Recht haben mußte. Verständlicherweise las sich die Geschichte ihrer Liebesbeziehungen wie ein Katastrophen-Katalog, und voller Bestürzung über dieses Muster begab sie sich in Therapie. Während einer Sitzung erzählte sie von einem heftigen Streit, den sie mit ihrem Freund wegen eines Films hatte, den er mochte und sie nicht.,,Er kann dir nicht gefallen haben'', sagte sie zu ihm, und später:,,Der Film war geschmacklos, und du bist es auch''. Sie war sich bewußt, daß sie zu heftig und destruktiv war. Als wir ihre Reaktion erforschten, sagte sie:,,Wenn ihm dieser Film wirklich gefallen hat, sind wir sehr unterschiedlich.'' Ich sagte:,,Dann seid ihr wirklich zwei verschiedene Menschen und nicht einer.'' Sie stimmte zu und sprach darüber, wie unerträglich es für sie war, wenn der Partner andere Gefühle, andere Ansichten und andere Vorlieben zu haben schien, da sie diese Unterschiede als Beweis einer unakzeptablen Eigenständigkeit und Distanz erlebe.
Einmal sagte sie:
> Wenn ich mich mir selbst als eigenständig vorstelle, dann sehe ich mich sehr klein und winzig in einem dunklen Tunnel, und ich bin naß, und der Wind bläst durch den Tunnel. Ich bin kalt und allein, und so werde ich immer bleiben.

Sie äußerte diese Urfurcht aus der Ebene des Zuneigungshungers und sprach von der öden, ewigen Einsamkeit, die das Kleinkind fürchtet, wenn der Bruch der Verschmelzung mit der Mutter erlebt wird. Ein anderes Mal sagte sie:,,Ich vermute, wenn er eigenständig ist, bedeutet das für mich, er könnte mich verlassen.''

Diese junge Frau befahl ihrer Mutter - in Gestalt ihres Freundes -, das zu tun, was sie sagte, die Dinge so zu sehen wie sie, und zuzugeben, daß sie Recht habe. So wollte sie die Illusion der Einheit aufrechterhalten und den Schrecken der Trennung vermeiden.

Wenn du in einer Beziehung bist, in der du dominierst, in der du aber unglücklich genug bist, um herauszuwollen, könnte es dir helfen, dir diese Fragen zu stellen: Besteht wirklich eine Verbindung zwischen deinem Dominieren und deinem Wunsch, Schluß zu machen? Kannst du wirklich jemanden richtig kennen, ihn respektieren und das Beste aus ihm herausholen, wenn du ihn einschüchterst? Mußt du nicht jemanden verachten, der dies zuläßt? Und wenn du deinen Partner nicht wirklich respektierst, kannst du liebevolle Gefühle für ihn haben? Welche tieferen Bedürfnisse aus der Ebene des Zuneigungshungers versteckst du vielleicht unter deiner Neigung, die Oberhand zu behalten? Wenn du ihn beherrschen mußt: Weist das nicht darauf hin, daß du Angst hast vor seiner Unabhängigkeit? Hast du sie?
Steht hinter deiner Herrschsucht die Angst, verletzlich zu sein? Schwach zu sein? Deine Abhängigkeit aufzudecken? Erkannt zu werden? Und - vor allem - hast du Angst davor, verlassen zu werden?
Hast du Schuldgefühle wegen deines Machtgebarens, so daß du dich verantwortlich fühlst für deinen Partner und nicht wagen könntest, ihn zu verlassen? Was, glaubst du, würde geschehen, wenn du deine Machtposition aufgäbest? Würde sich eine Überprüfung lohnen, ehe du die Beziehung abbrichst?

Zusätzlich zu diesen Fragen könntest du über ein altes Sprichwort nachdenken und sehen, ob es auf dich zutrifft:,,Mach dich nicht so groß; du bist doch gar nicht so klein.''

Nehmen wir an, nicht du, sondern dein Partner versucht beständig, die Oberhand zu behalten. Vermutlich trägt seine dominierende Haltung viel dazu bei, daß du den Abbruch der Beziehung erwägst. Aber vielleicht überlegst du dir zunächst einmal, ob das Problem vielleicht nicht nur das Bedürfnis des anderen nach Dominanz ist, sondern ob nicht auch deine Reaktion darauf problematisch ist.
Wenn du sehr unterwürfig gewesen bist, bist du unter Umständen zugleich erstickend depressiv, zornig und wütend. Diese Gefühle begleiten eine solche selbstverneinende Rolle recht häufig. Und die einzige Lösung scheint dir nun im Abbruch der Beziehung zu liegen.
Wenn du mit dem Partner um die Herrschaft in der Beziehung gewetteifert hast, bist du vielleicht angespannt, kampfesmüde und voller Bitterkeit und schmerzlicher Erinnerungen an alte Liebesgefühle, die durch die ewige Rivalität zerstört wurden. Auch in diesem Fall scheint dir vielleicht die einzige Lösung im Abbruch der Beziehung zu liegen.

Ob du nun nachgiebig oder streitsüchtig reagiert hast: Du hast mit dazu beigetragen, daß es zu der furchtbaren Talfahrt eurer liebevollen Gefühle kam. Frage dich, warum das so ist. Siehst du vielleicht keine andere Möglichkeit, mit der Übermacht deines Partners fertig zu werden? Vielleicht. Wenn du aber genauer hinsiehst, wirst du wahrscheinlich erkennen, daß du mit deinen Reaktionen im Dienste deines Zuneigungshungers gehandelt hast. Deine Furcht, nicht geliebt, sondern verlassen zu werden, wenn du nicht mitspielst, hat dich vielleicht gefügig gemacht, denn diese Furcht ist für das Kind in dir eine ganz schreckliche Erfahrung. In deiner Streitsucht erkennst du andererseits vielleicht auch deine eigenen Dominanzbedürfnisse und damit deinen Versuch, eine

88

Einheit mit dem Partner zu deinen Bedingungen herzustellen. Und der Kampf an sich — die Streitereien, die Beleidigungen, die Bosheit — kann eine intensive emotionale Bindung zum anderen herstellen, die das zuneigungshungrige Kind in dir vielleicht viel höher schätzt als friedlichere, weniger stimulierende Formen der Bezugnahme.

Bevor du also entscheidest, Trennung sei die einzige Lösung, lohnt es sich, im Umgang mit dem Partner etwas Neues zu riskieren. Du könntest dich zum Beispiel weigern, dich länger einer unvernünftigen Herrschaft zu unterwerfen, bzw. du könntest auf den Kampf um die Vorherrschaft verzichten. Damit würdest du ausdrücken:

> Nein, ich werde dieser Forderung nicht nachgeben, weil sie mir nicht entspricht und mir keine Selbstachtung erlauben würde. Ich bin gewillt zu verhandeln und zu versuchen, etwas zu finden, was für uns beide annehmbar ist. Wenn ich dir auch nicht nachgebe, so bedeutet das noch lange nicht, daß ich dich nicht liebe.

Eine Frau bestand so heftig auf ihrem Willen und seine Durchsetzung, daß ihre Ehe ernstlich gefährdet war. Ein chronischer Konflikt bestand darin, daß ihr Mann einen Tag und einen Abend des Wochenende ohne gesellschaftliche Verpflichtung mit ihr allein verbringen wollte. Sie aber liebte das gesellschaftliche Leben leidenschaftlich und füllte immer wieder ihre Wochenenden mit Verabredungen. Eine Weile machte er das mit, aber es brodelte in ihm. Oft explodierte er und verlangte, daß sie eine getroffene Verabredung absagte, weil er sonst tagelang beleidigt sein und sie mit Schweigen bestrafen würde. Schließlich aber konnte er darauf verzichten, die Beziehung durch Nachgiebigkeit oder Kampf zu erhalten, und er vermittelte ihr eine andere Einstellung, die ausdrückte:

> Für mich ist es unbedingt notwendig, daß ich Zeit genug habe, um mich zu entspannen. Für dich ist es offenbar wichtig, gesellschaftlich mitten im Geschehen zu stehen. Ich achte meine Bedürfnisse und fordere einen Tag und einen Abend an jedem Wochenende für mich oder für uns allein. Wenn du uns überbelegst, werde ich einiges nicht mitmachen, wobei du dann wählen kannst, bei welchen Aktivitäten ich unbedingt dabei sein soll. Es wäre mir lieber, wenn ich ähnlich denken würde wie du, was die Wochenenden anlangt, denn ich möchte dich gerne glücklich sehen. Aber leider steht es im Gegensatz zu einigen meiner wichtigsten Bedürfnisse.

Trotz ihres großen Drucks blieb er standhaft, und am Ende fanden sie eine beide befriedigende Lösung. Sie lernten, auch über andere Probleme in dieser Art zu verhandeln, und er konnte feststellen, daß seine quälenden und furchterregenden Gedanken an Scheidung immer schwächer wurden. Wenn seine Frau weiter auf ihrem Willen bestanden hätte trotz seiner deutlichen Erklärung, wenn sie sich auch weiterhin so bestrafend verhalten hätte, dann wäre er vielleicht doch zu dem Schluß gekommen, daß Trennung die beste Lösung sei.

Einige Machtmanöver können furchterregend sein. Die Drohung: „Wenn du versuchst, mich zu verlassen, werde ich dich zusammenschlagen (dir Schwierigkeiten machen, das Haus zerstören, den Kindern wehtun, dich töten)", hat vielleicht viele Leute in einer Beziehung gehalten, die sie nicht länger wollten. Wenn das auch deine Situation ist, mußt du unbedingt so sorgfältig wie möglich abwägen, ob es sich nur um eine leere oder um eine ernsthafte Drohung handelt. Ist sie ernsthaft, mußt du realistische Möglichkeiten suchen, damit fertigzuwerden. Du wirst dafür die Hilfe von Freunden brauchen oder die von Rechtsanwälten, Sozialbehörden etc., um deinen Partner daran zu hindern, dein Leben zu tyrannisieren und dein Schicksal zu bestimmen. Ob dieses 'Entweder-Oder' nun großartig und gefährlich ist oder nur geringfügig und ärgerlich, auf jeden Fall ist das Machtspiel deines Partners nicht einseitig: Du spielst es mit. Seine Einschüchterung spricht vielleicht das verletzliche Kind in dir an und dein Partner mag furchterregender erscheinen als er ist, weil er zu der furchterregenden Gestalt deiner Vergangenheit geworden ist.

Doch vielleicht bringt nicht die Furcht allein dich dazu, dieses schreckliche Spiel mitzuspielen, sondern vielleicht ist die Furcht verbunden mit deinem eigenen Zuneigungshunger und lähmt und fesselt dich dadurch. Um Veränderungen durchzusetzen, mußt du dir selbst ehrlich die Frage beantworten:,,Bleibe ich nur, weil ich Angst habe, oder verbirgt sich hinter meiner Furcht der Widerstand des zuneigungshungrigen Kindes in mir, dieses Band zu zerschneiden?''

KONTROLLE DURCH SCHWÄCHE

Manche Leute können ihre Schwäche so machtvoll handhaben wie andere eine Keule. Ihr Grund-Manifest heißt:
> Ich bin schwach, hilflos, abhängig und werde ohne dich auseinanderfallen. Darum mußt du für mich sorgen, tun, was ich will, mein verläßlicher Fels sein und darfst mich niemals verlassen.

Welche Schwäche! Es ist eine mächtige Haltung, die einen anderen so wirksam manipulieren kann, daß wir uns fragen sollten, warum überhaupt jemand, der durch Schwäche beherrscht, den Wunsch nach Beendigung haben sollte.

Wenn du selbst aber Unzulänglichkeit und Kraftlosigkeit einsetzt, um den Partner an dich gebunden zu halten, kennst du sehr wohl einige Gründe, das Band zu zerschneiden. Zunächst einmal funktioniert es vielleicht nicht. Dein Partner ist es vielleicht müde geworden, die Rolle des Beschützers zu spielen, und du hast seine Gefühle für dich vielleicht zum Erkalten gebracht. Und selbst wenn das nicht so ist, zahlst du doch einen hohen Preis für dieses Manöver — du mußt dich selbst schwach halten und weniger wert sein als eine vollständige Person.

Ich denke an ein Paar, das zu mir in die Beratung kam, als sich ihre Ehe in einem verzweifelten Zustand befand. Sie lebten in einem Vorort und Jenny hatte es vermieden, autofahren zu lernen, so daß sie abhängig war von ihrem Mann, von den Freunden und Nachbarn, die sie zum Einkaufen mitnehmen, die Kinder abholen mußten usw. Häufig rief sie in hilfloser Panik ihren Mann im Büro an, wenn die Kinder krank wurden, sich verletzt hatten oder sich einfach schlecht benommen hatten. Sie weigerte sich auch, auch nur etwas über die Familienfinanzen zu lernen und konnte noch nicht einmal eine Glühbirne einschrauben.
Ihre isolierte kleine Welt brach auseinander, als sie entdeckte, daß ihr Mann eine Beziehung zu einer anderen Frau hatte. Ich erinnere mich genau an die erste Sitzung. Sie

saß da mit rot geränderten Augen und sah wirklich aus wie eine kleine graue Maus. Ihr Mann wirkte müde und schien voller Verachtung. Als sie nachfragte, was diese andere Frau ihr gegenüber denn für Vorteile habe, sagte er:

> Du bist viel hübscher als sie, du bist niedlicher und sogar jünger. Aber sie kann, verdammt noch mal, auf ihren eigenen zwei Beinen stehen.

Während der Arbeit mit ihnen kam es für sie zu einer Serie von Selbstentdeckungen. Zunächst begriff sie, welche Last sie für ihren Mann und für andere war und wie absurd ihre Hilflosigkeit wirken mußte. Sie konnte erkennen, wie ähnlich sie ihrer Mutter in dieser Hinsicht war. Jenny erkannte in ihrer Mutter nicht nur das Modell für ihre Unfähigkeit, sondern sah auch, wie das Band zu ihrer Mutter, das sich auf ihrer gemeinsamen Unfähigkeit begründete, auseinanderzureißen drohte, wann immer Jenny früher kompetent und unabhängig zu werden drohte. Ihr Vater übernahm in finsterer Verachtung alle organisatorischen Aufgaben der Familie bis auf die allertrivialsten. Jenny begriff, wie sie durch ihre hilflose Rolle auf symbolische Weise an ihre Mutter gebunden blieb und die Ehe ihrer Eltern in ihrer eigenen wiederholte. Sie durchschaute ihren Versuch, den Mann an sich zu binden, indem sie weniger seine ebenbürtige Partnerin war, als sein kleines Mädchen. Es gelang ihr, den alten Befürchtungen und Abneigungen vor Stärke und Fähigkeit ins Gesicht zu blicken. Sie sagte zu ihrem Mann:

> Ich bin nicht so hilflos. Schließlich war ich diejenige, die die Initiative ergriff und einen Therapeuten fand und dich dazu brachte, hierherzukommen.

Es kann dich sehr teuer zu stehen kommen und deiner Selbstachtung sehr schaden, wenn du hilflos und abhängig bist, selbst wenn du damit deinen Zuneigungshunger zu stillen scheinst und den anderen Menschen an dich ketten kannst. Du kannst dich selbst in eine Doppelbindung stellen, bei der du den Partner haßt, weil du von ihm so abhängig bist, und dich doch gerade wegen dieser Abhängigkeit unfähig fühlst, ihn zu verlassen. Wie bei allen Abhängigkeitsmanövern ist das Hauptproblem hier nicht der Bruch mit dem Partner, sondern der Bruch mit diesem destruktiven Manöver. Wenn du das schaffst, stehst du weniger im Bann deines Zuneigungshungers und kannst die Beziehung entweder verbessern oder beenden, was immer am besten erscheint.

Wenn dein Partner dich durch Schwäche beherrscht, weißt du, wie leicht du dem Glauben verfallen kannst, seine Selbstachtung, sein Existenzgefühl, ja sogar sein Überleben hinge von dir ab. Wie könntest du es also wagen, ihn zu verlassen, selbst wenn dich seine Abhängigkeit erstickt?
Eine Frau sagte in bezug auf die scheinbare Zerbrechlichkeit ihres Mannes:

> Ich fühle, daß er wie eines dieser Tiere aus der 'Glasmenagerie' ist. Ich muß vorsichtig sein, sonst wird er zerbrechen. Wenn ich ihn verlasse, habe ich Angst, er könnte in tausend Stücke zerfallen.

Aber dein Partner ist nicht so zerbrechlich und hilflos. Er kam in dieser Welt zurecht, ehe du in sein Leben tratest. Und er kann es auch, wenn du nicht mehr in seinem Leben bist. Wenn du dich nicht mehr durch seine Abhängigkeit beherrschen läßt, hast du vielleicht nicht mehr den Wunsch, ihn zu verlassen. Aber du brauchst nicht bei ihm zu bleiben, nur weil du dem Mythos glaubst, er könne allein mit deiner Hilfe und mit deiner Unterstützung funktionieren.

KONTROLLE DURCH UNTERWÜRFIGKEIT

Die oben erwähnte Frau erkannte, auf welche Weise sie selbst zu den Schwierigkeiten in der Ehe beigetragen hatte. Aber auch ihr Mann mußte viel lernen. Anfangs nahm er die sorgenvolle Miene eines Mannes ein, der sich selbst völlig erschöpft hatte in der unwillkommenen aber unvermeidlichen Aufgabe, für seine unfähige Frau zu sorgen. Als wir uns aber darauf konzentrierten, warum er diese Rollenverteilung eigentlich mitspielte, konnte er nach einer Weile sehen, wie diese Situation auch seinen eigenen Bedürfnissen entgegenkam. Er hegte tiefe Zweifel daran, ob irgend jemand ihn beständig lieben könnte, und er übernahm die Rolle des verläßlichen Sklaven, um die gefürchtete Zurückweisung zu vermeiden. Wir erkannten, welches große Interesse er daran hatte, seine Frau abhängig zu halten, obwohl er sich gleichzeitig über ihre Hilflosigkeit beklagte. Er fing auch an zu verstehen, wie seine Selbstzweifel durch die Beziehung zu seinen Eltern gefördert worden waren, die hart gearbeitet hatten, sich voll einsetzten, aber emotional sehr eingeschränkt waren. Es war schwer gewesen, gefühlsmäßige Reaktionen aus ihnen hervorzulocken, aber er hatte früh begriffen, daß sie harte Arbeit und Dienste schätzten, und daß er sich durch Hilfsbereitschaft geliebt und akzeptiert fühlen konnte.

Er übertrug dieses Muster auf seine Ehe, wählte eine Frau, die sich abhängig fühlte und die er sich dann selbst auf die Schultern lud, und er konnte dadurch sicher sein, daß ihre Hilflosigkeit sie daran hindern würde, ihn jemals zu verlassen. Im Laufe der Zeit wurde er aber immer ärgerlicher und war es leid, sie zu 'tragen'. So fühlte er sich immer stärker zu Frauen hingezogen, die einfallsreicher zu sein schienen.

Wenn Unterwürfigkeit dein Spiel ist, muß dir bewußt werden, wie sie deinem Zuneigungshunger dient, weil sie nämlich verkündet:,,Ich werde mich so nützlich machen, so unersetzbar, daß du an mich gebunden und nicht in der Lage sein wirst, mich zu verlassen." Und dann mußt du dich fragen:

Ist dieses 'zu Diensten sein' wirklich alles, was ich anzubieten habe? Wie komme ich auf diese Idee? Welche meiner Bedürfnisse verleugne ich? Welcher Seite in mir tue ich Gewalt an, indem ich diese schmierige Rolle spiele? Und die allerwichtigste Frage: Wage ich es, nicht länger der ewig bereite Gehilfe, Diener, Sekretär, Hurra-Schreier usw. zu sein und damit die riskante Frage zu stellen, ob ich auch dann geschätzt, geliebt und nicht im Stich gelassen werde, wenn ich nicht 'nützlich' bin?

Wenn du derjenige bist, auf den sich die Diensteifrigkeit deines Partners richtet, mußt du dir ebenfalls einige Fragen stellen. Du überlegst dir vielleicht, ob seine (ihre) Dienstbarkeit u.U. etwas mit deiner Unzufriedenheit in der Beziehung zu tun hat. Ich erinnere mich an einen Mann, der sagte:

> Es ist verwirrend. Ich liebe e s (nämlich die tüchtige und beständige Erfüllung seiner Bedürfnisse durch seine Frau), aber ich hasse s i e dafür, daß sie es tut.

Das wird oft so empfunden: Es ist schön, wenn man umsorgt wird, es ist bequem, hilfreich und sicher ; aber wenn du merkst, wie der Partner dabei seine eigenen Bedürfnisse, seine Autonomie und Entwicklung mißachtet und verneint, wird daraus leicht eine Verachtung, die die respektvollen und romantischen Gefühle auslöscht. Trotzdem trägst du vielleicht zu dieser liebeszerstörenden Interaktion bei, nicht nur weil diese

Bedienung einige einladende Vorzüge hat, sondern weil sie die selige 'vergessene' Zeit wiederholt, als du als Baby und kleines Kind verhätschelt wurdest und im Mittelpunkt aller Bemühungen und Energien eines Menschen standest. Vielleicht brauchst du auch die Überzeugung, daß jemand, der sich so sehr zur Verlängerung deiner Wünsche macht, dich vermutlich viel zu sehr braucht, um dich je zu verlassen. Aber wenn du Gefallen daran hast, könnte dies vielleicht die Ursache für einen so großen Haß sein, daß du selbst am liebsten fortgehen möchtest. Vielleicht solltest du deine Rolle im Herr-Sklave-Spiel beenden, ehe du tatsächlich Schritte unternimmst fortzugehen, damit du zunächst einmal sehen kannst, wie es zwischen euch läuft, wenn ihr gleiche Partner mit Selbstachtung seid.

KONTROLLE DURCH SCHULD

Das menschliche Gehirn hat vermutlich keine wirkungsvollere Technik für einen Menschen entworfen, einen anderen zu manipulieren (außer vielleicht die direkte Bedrohung von Leib und Leben) als durch die Provozierung von Schuld. Wenn deine Eltern diese Schuldtechnik benutzt haben, um dich zu beherrschen und zu kontrollieren, ist es sowohl wahrscheinlich, daß du sie selbst benutzen wirst (durch Imitation) als auch wahrscheinlich, daß du selbst empfänglich für sie sein wirst (durch diese Einflüsse).

Ich schrieb einmal über die Märtyrer-Mutter, die ihr Kind auf eine Weise beherrscht, daß es das Gefühl bekommt, es sei Ursache für all ihr Unglück, ihre Angst, ihre Krankheit und sogar für ihren drohenden Tod. Ich schrieb, wie wirkungsvoll das ist, weil sie schon sehr früh damit beginnt, wenn das Kind noch verzweifelt versucht, die Mutter von dieser Trauer zu erlösen, da seine eigene Sicherheit davon abhängt. Wenn dein Schicksal so aussah, hat es in dir einen wunden Punkt hinterlassen, ein persönliches Bündel von Schuldkomplexen, das ,,gefüllt ist mit all deinen Taten und Gedanken, die du für schlecht hieltest. Es enthält einige beschämende Geheimnisse, aber vor allem enthält es deine gesamte frühe Erziehung, daß deine Mutter traurig war, wenn du etwas wolltest, tatest oder warst, was sie nicht guthieß und daß du - als die Ursache dieser Trauer - daher schlecht bist. Du hast nicht nur die Botschaft erhalten:'Tu, was ich will, und ich werde dich lieben. Tu etwas gegen meinen Willen, und ich werde dich nicht lieben', ein Verbot von überwältigendem Einfluß auf das abhängige Kind - sondern die Märtyrer-Mutter hat dem noch eine weitere Botschaft hinzugefügt:'Wenn du nicht tust, was ich will, dann muß ich leiden und du bist egoistisch und verletzend.' Diese Botschaften, die es auf Abhängigkeit und Schuldkomplexe in deinem inneren Kind abgesehen haben, setzen Termiten auf den hölzernen Unterbau deiner eigenen Persönlichkeit an." (Abschied von den Eltern, S.37)

In einer Liebesbeziehung kann die Schuldprovokation viele Formen annehmen. Oft ist sie sehr unterschwellig und unausgesprochen — ein gequälter Blick, ein Seufzer, tränenerfüllte Augen, Schweigen. Manchmal wird sie aber in so abgedroschenen Worten ausgesprochen, daß es wie eine Satire klingen würde, wenn man sie wiedererzählte, aber diese Worte können in der realen Situation tödlich sein.
Überlege einmal, ob einige von ihnen dir bekannt vorkommen:

Du warst zu beschäftigt, um an meinen Geburtstag zu denken?
Ich hätte Karriere machen können, wenn du nicht sofort hättest Kinder haben wollen.
Natürlich bin ich dauernd krank, aber ich wette, das wäre anders, wenn wir häufiger miteinander schlafen würden.
Du wußtest, daß ich mich vorstelle wegen des Jobs, aber du hast nicht mal angerufen, um mir Glück zu wünschen.
Wenn du freundlicher zu mir wärest, brauchte ich nicht so viel Alkohol zu trinken.
Ich arbeite den ganzen Tag hart, und du kannst nicht mal das Essen rechtzeitig auf den Tisch bringen.
Hör auf, mich so anzuschreien, ich kriege schon wieder diese Schmerzen in der Brust.
Geh und amüsier dich nur, wir machen ja sowieso nie was zusammen.
Wenn du bereit gewesen wärst, in die andere Stadt zu ziehen, wäre ich heute Vizepräsident der Gesellschaft.
Wenn ich dir nicht so egal wäre, hättest du mich nicht im Regen auf dich warten lassen; jetzt werde ich wahrscheinlich eine Lungenentzündung bekommen.
Ich bin froh, daß wenigstens einer von uns mit den Ferienterminen zufrieden ist.
Natürlich haben die Kinder Probleme; du kümmerst dich ja auch nie um sie.
Alle anderen haben angerufen, um zu hören, wie Vatis Operation verlief, nur du nicht.

Fast jeder von uns ist zu irgendeinem Zeitpunkt Empfänger oder Sender solcher Botschaften, wenn sie aber ständiges Thema einer Beziehung sind, wird damit gesagt:
Ich bin gut, und du bist schlecht. Ich bin das Opfer, und du bist der Verfolger, und da du mir wehtust, bist du es mir jetzt schuldig, nett zu mir zu sein.

Wird dieses Thema zum Konflikt zwischen deinen Wünschen, eine Beziehung zu erhalten oder sie zu lösen, dann kann die Schuldprovokation eine Megatonwaffe im Arsenal des Zuneigungshungers sein. Der Schuldprovokateur sagt oder deutet an:
Wenn du mich verläßt, werde ich auseinanderbrechen (habe ich nichts, wofür ich leben soll - werde ich ewig allein und unglücklich sein - werde ich mich zusammenrollen und sterben - werde ich mich töten etc.), und es wird alles deine Schuld sein. Nach allem, was ich für dich getan habe, nach allem, was wir geteilt und geplant haben, nachdem ich mich so auf dich verlassen habe — wie kannst du mir das antun!

Und selbst wenn dies in bezug auf eine schreckliche, unglückliche und zerstörerische Beziehung gesagt wird, kann eine solche Beschuldigung den angeklagten Partner veranlassen, weiter mitzumachen. Ja, diese Beschuldigung kann sogar seine eigenen Bedürfnisse des Zuneigungshungers ansprechen, bei dem es um eine Rationalisierung für das Fortbestehen dieser Beziehung geht. Mit anderen Worten: Die Aussage: ,,Ich kann nicht so gemein sein und ihn (sie) verletzen und sein (ihr) Vertrauen verraten", kann in Wirklichkeit das Gefühl des Zuneigungshungers: ,,Ich habe Angst davor, den Bruch zu vollziehen" verdecken.

Oft benutzen beide die Schuldprovokation:,,Du glaubst, ich mißbrauche dich? Guck mal, was du mit mir machst!" Es kommt zu einer Art Eskalation der Anschuldigungen, zu einem Kampf, bei dem man - um zu gewinnen - sicherstellen muß, daß man schlimmere Wunden als der Partner bekommt. Einige Menschen können ewig in diesem teuflischen Anschuldigungsspiel verharren; aber der Preis ist eine immer größer werdende Verzweiflung. Wenn du der gemarterte Schuldprovokateur bist, solltest du einmal dein Augenmerk darauf richten, wie du Schuld einsetzt, um deinen Partner zu beherrschen, und du solltest dir die zerstörerische Wirkung dieser Technik auf euch beide bewußt machen. Außerdem wäre es hilfreich, wenn du dich einmal fragtest, warum du eine so erbärmliche Manipulation benutzen mußt.

Eine Frau, die mit dieser Frage konfrontiert wurde, kam schließlich zu dem Schluß:
Erstens tue ich es, weil meine Eltern es bei mir getan haben, verstehen Sie: 'Du bist noch mal mein Tod'. Zweitens benutze ich die Schuldgefühle, weil sie mir Einfluß auf Bill geben, und manchmal glaube ich, daß ich ihn nur dadurch halten kann.

Vielleicht hast du mit deiner Schuldprovokation die Beziehung sowohl für dich als auch für deinen Partner verdorben, denn um sie einzusetzen, mußt du selbst in der mächtigen aber unglückseligen Rolle des Opfers bleiben. Es kann nicht besser werden, wenn du nicht aufhören kannst mit diesen Schachzügen: Anschuldigungen, Vorwürfe, Verletztsein, die Wunden zur Schau stellen, Phrasen benutzen wie:'Es ist alles deine Schuld', 'Wenn du nicht wärst', 'Guck mal, was du mir angetan hast' und andere Techniken, durch die sich dein Partner furchtbar fühlt. Wenn du erkennst, daß du das tust, um den anderen zu beherrschen und zu kontrollieren, und wenn du siehst, wie du deine Beziehung vergiftest, könnte das ein Anstoß sein, damit aufzuhören. Aber das ist nicht leicht, denn du hast es früh gelernt und bis zu einem gewissen Grade ist es ungeheuer wirkungsvoll. Du nimmst damit auch das Risiko auf dich, daß der Partner trotzdem wünscht, bei dir zu sein, sich um dich zu kümmern und genügend auf deine Bedürfnisse einzugehen, selbst wenn du ihm keine Schuldgefühle mehr geben willst. Wenn du aufhörst mit diesen Anschuldigungen, kann sich die Beziehung so weit verbessern, daß du dich nicht mehr daraus lösen willst.
Aber selbst wenn das geschieht, würdest du dich in deiner Entscheidung frei fühlen, sie abzubrechen oder nicht, weil du nicht mehr in diesem gegenseitigen Austausch schlechter Gefühle gefangen bist, die dir vielleicht genauso viel Schuldkomplexe machen wie deinem Partner.

Wenn dein Partner derjenige ist, der das 'Opfer' spielt, und wenn er dich beschuldigt, sein Verfolger zu sein, dann überprüfe so objektiv wie möglich, ob du wirklich so schrecklich und verletzend bist. Wenn du kannst, frage einige Freunde, auf deren Urteil du Wert legst. Wenn sie dich auf solche Verhaltensweisen aufmerksam machen, kannst du daran arbeiten, sie zu verändern. Das ist besser, als dieses Beschuldigungsspiel länger mitzuspielen und Gegenangriffe zu starten oder reumütig zu sein bis zur Unterwerfung. Auch bist du vermutlich gar nicht so 'schlecht', wie dein schuldprovozierender Partner dir suggerieren möchte. Wenn du dies erkennst, kannst du dir sagen, daß du nicht wegen eines manipulierten Schuldgefühls in einer Beziehung zu bleiben brauchst, wenn du das nicht willst. Und vor allem ist es wichtig, sich zu verdeutlichen, daß dein Partner nicht zu zerbrechen, nicht für immer unglücklich zu sein, sich nicht umzubringen braucht oder was sonst. Solche Konsequenzen wären seine eigene Entscheidung und nicht die unausweichlichen Folgen deines Fortgehens. Im Gegenteil, es kann sogar für ihn eine Möglichkeit bieten, ein neues und besseres Leben zu beginnen. Wenn es also für dich auch viele gute Gründe geben mag, an der Beziehung festzuhalten, so ist die Erpressung durch Schuldgefühle gewiß keiner davon.

KONTROLLE DURCH EIFERSUCHT

Es gibt nur wenige Menschen, die nicht dazu gebracht werden können, eifersüchtig zu sein. Unsere Anfälligkeit für Eifersucht beruht auf zwei Befürchtungen: Einmal auf der Angst, wir könnten den Partner verlieren, und für viele unserer Bedürfnisse kann das eine schreckliche Bedrohung sein. Hierzu gehören auch die Bedürfnisse aus der Ebene des Zuneigungshungers, auf der ein möglicher Verlust wie eine Katastrophe erscheint. Zum anderen ist da die Furcht vor der Schlußfolgerung, daß wir nichts taugen können, wenn unser Partner sich mit einem anderen Menschen einläßt. Wir können uns leicht einreden, unser Rivale sei besser als wir, attraktiver, anziehender und edler. Denn warum sollte unser Partner an dieser anderen Person Interesse haben, wenn wir bei einem Vergleich nicht schlecht abschließen würden? Alte Gefühle der Unzulänglichkeit und früherer unglücklicher Rivalitäten können wieder auftauchen (vgl. Kapitel 7).

Diese verwundbare Stelle macht es deinem Partner möglich, Eifersucht in dir hervorzurufen, um deine Bindung zu intensivieren, um dich dazu zu bringen, ihn höher zu schätzen. Beides kann er durch deine Eifersucht erreichen. Und dein Wissen um die Verletzbarkeit deines Partners macht es dir möglich, in ihm Eifersucht zu wecken und damit seine Bindung an dich und seine Wertschätzung für dich zu intensivieren. Das Hervorrufen von Eifersucht kann daher in einer Liebesbeziehung eine mächtige, aber auch gefährliche Manipulation sein, gefährlich deshalb, weil es Gefühle weckt, die dem entgegenstehen, was eine gute Liebesbeziehung ausmacht. Statt Vertrauen entsteht Mißtrauen, statt Zärtlichkeit Zorn. Statt Freundlichkeit entsteht Rachsucht, statt Gelassenheit Unruhe.

Aber wie wirksam dies manchmal sein kann! Eine Frau sagte:
Wann immer ich den Eindruck habe, daß Joe das Interesse an mir verliert, brauche ich nur mit einem anderen Mann auf einer Party zu flirten, oder auch nur den Namen eines alten Freundes zu erwähnen.
Und ein Mann erzählte:
Wenn Bea gemein und lieblos wird, brauche ich nur ein paar Abende 'länger zu arbeiten'. Ich brauche nicht einmal eine andere Frau zu treffen. Sie fragt mich mißtrauisch aus, aber sie wird auch ganz sicher aufmerksamer. Und wissen Sie, welches die Kombination mit dem meisten Dynamit ist? - Länger arbeiten und dann kleine Geschenke mit nach Hause bringen!

Geringfügige Eifersüchteleien können recht harmlos sein. Sie können sogar die sexuell anregende Atmosphäre einer Situation verstärken durch die stimulierenden Ergebnisse dessen, was die Sexologen den 'Schrankeneffekt' nennen. Es kann aber unheilvolle Folgen haben, wenn diese Manöver schlimmere Gefühle hervorrufen als der betroffene

Partner verkraften kann - im extremen Fall kann es dann zu 'Verbrechen aus Leidenschaft' führen - und wenn Eifersucht benutzt wird, um jemanden zu halten, der sich lösen möchte.

Eine ungefähr 3ojährige Frau, die sich seit drei Jahren in einer recht stürmischen Beziehung befand, erzählte:

> Ich weiß, Ira will da raus. Er sagt es mir auch. Und rational weiß ich, wenn er gehen will, sollte ich ihn lassen. Aber ich kann den Gedanken nicht ertragen, daß es zu Ende sein und ich zurückgewiesen sein könnte. Und darum gehe ich manchmal abends überhaupt nicht ans Telefon, oder ich lasse Streichholzschachteln aus irgendwelchen Restaurants liegen oder von Motels, in denen wir nie zusammen waren, und schon bald erklärt er mir seine unsterbliche Liebe. Und wenn das alles nichts nützt, nehme ich mein Pessar aus dem Arzneischränkchen.

Und Ira berichtete:

> Ich hätte schon lange mit Kate Schluß machen sollen. Wir sind schlecht füreinander, und ich liebe sie nicht wirklich. Ich mag sie nicht einmal besonders gern. Aber wenn ich vermute, daß sie einen anderen Mann trifft, werde ich verrückt vor Eifersucht. Ich stelle mir dann vor, wie sie das zusammen tun, was wir machen, und ich frage mich, ob es ihr mit ihm mehr Spaß macht als mit mir, ob er besser ist im Bett - und dann bin ich schon davon überzeugt, daß sie die schönste, wundervollste Frau der Welt ist, und daß ich diesen einzigartigen Schatz verlieren könnte, wenn ich mich nicht ranhalte und sie daran hindere, mir zu entgleiten. Und wenn ich dann wieder glaube, sie fest zu haben, ist es wieder derselbe alte Mist.

Iras Worte weisen auf einige wichtige Wahrheiten hin:

Du brauchst jemanden nicht zu lieben oder auch nur zu mögen, um eifersüchtig zu sein (du kannst sogar eifersüchtig sein auf jemanden, den du nicht ausstehen kannst). Wenn du in den Klauen der Eifersucht bist, kann es sich anfühlen, als liebtest du den anderen Menschen wie verrückt, auch wenn das eine Illusion ist.

Du idealisierst dann den anderen und spielst deinen eigenen Wert und deine eigene Attraktivität herunter.

Dieses Gefühl, der andere sei dein Ein-und-Alles, das häufig die Eifersucht begleitet, stammt aus der Ebene des frühen Zuneigungshungers, als deine Mutter die schönste, wunderbarste und einzigartige Erfüllerin deiner tiefsten Bedürfnisse war.

Eifersucht ist ein höchst unzuverlässiger Anzeiger dafür, ob man in einer Beziehung bleiben oder sie abbrechen möchte.

Wenn man in einer Beziehung hauptsächlich wegen der eigenen Eifersucht bleibt oder indem man die Eifersucht des Partners provoziert, ist dies eine Garantie für endlose Spannung und Folter.

Um zu vermeiden, daß du durch die eigene Eifersucht gefangen bist, muß du diese Wahrheiten als solche erkennen. Du kannst dann diese Erkenntnis auf verschiedene Arten benutzen: Du kannst aufhören, dir selbst etwas vorzumachen und zu glauben, daß du auch verliebt sein müßtest, weil du eifersüchtig bist. Du kannst aufhören, deinen Partner zu überschätzen und dich selbst zu unterschätzen, wenn du meinst, jemand anderes sei auf dem Plan. Und du kannst aufhören, das zuneigungshungrige Kind in dir in Panik geraten zu lassen, so daß du denkst, dein Partner sei der einzige für dich.

Du mußt auch einige der durch unsere Kultur überlieferten Überzeugungen überprüfen, ob es nämlich wirklich eine Schande und Erniedrigung für dich ist, wenn sich der Partner mit einem anderen Menschen eingelassen hat. Diese Beziehung kann einiges über ihn und über eure Beziehung aussagen. Sie ist aber nicht der Maßstab für deinen Wert oder für deine Anziehungskraft.

Wenn du Eifersucht einsetzt, um an jemandem festzuhalten, obwohl du selbst schon ein ungutes Gefühl bei dieser Bindung hast, mußt du dich deinen Gründen einmal stellen. Steckt vielleicht das Bedürfnis dahinter, den Partner zu beherrschen und ihn zu quälen, um mit ihm abzurechnen? Um künstliche Anzeichen seiner Liebe oder seiner Bindung hervorzulocken? Ist es das zuneigungshungrige Kind in dir, das Angst vor dem Ende der Beziehung hat, und das daher im Partner Eifersucht weckt, um ihn an der Leine zu halten?

Ob du nun der Eifersucht provozierende Marionettenspieler bist oder die eifersüchtige Marionette: Du befindest dich entweder an dem einen oder an dem anderen Ende dieses neidischen Bandes. Wenn du dir erlaubst, die Verzerrungen durch den Zuneigungshunger zu erkennen und die falschen Überzeugungen hinter diesen Manipulationen, dann kannst du vielleicht dieses Band loslassen und in Freiheit entscheiden, wie du als unabhängiger Erwachsener über die Beziehung denkst und darüber, was du machen willst.

DAS ENDE DES TRÜGERISCHEN SCHEINS

All diese zuneigungserhaltenden Manöver haben eins gemeinsam: ihre Falschheit. Ob man nun durch Macht, Schwäche, Unterwürfigkeit, Schuld oder Eifersucht herrscht und kontrolliert, auf jeden Fall werden Ursprünglichkeit und Ehrlichkeit aus der Beziehung verjagt. Wenn du diese Mittel benutzt, bindest du vielleicht jemanden an dich, der nicht bei dir sein möchte und der dich nicht liebt. Ist das wirklich das, was du willst? Wenn jemand diese Manöver dir gegenüber einsetzt, werden deine eigenen wunden Punkte getroffen, um dich davon abzuhalten, du selbst zu sein und zu erfahren, was du von der Beziehung willst. Es gibt viele Gründe, weshalb du die Beherrschung über dieses zuneigungshungrige Kind in dir zurückgewinnen solltest, wenn du durch den Einsatz solcher Manipulationen oder durch das Eingehen auf solche Manipulationen vonseiten des Partners das Hörigkeitsband festhältst.

Kapitel 11

Zuneigungshunger: gut oder schlecht?

Wenn Zuneigungshunger deine Gefühle und Handlungen beherrscht, kann er mächtige körperliche und emotionale Reaktionen wecken, die deine Urteilsfähigkeit schwächen, deine Wahrnehmung von Zeit und Menschen verzerren und deine Gefühle über dich selbst formen. Er ist die Basis für deine hörige Bindung an andere Menschen. Hierdurch scheint der Zuneigungshunger eindeutig eine destruktive Macht zu sein, die du am besten auszulöschen versuchst. Aber ist der Zuneigungshunger immer destruktiv? Mußt du ihn ausrotten? Hat er keinen gültigen Platz in einer Beziehung?

Im zweiten Kapitel wies ich darauf hin, daß der Zuneigungshunger auch eine positive Wirkung auf unsere Gefühle und unser Verhalten haben kann. Ich berichtete von Silvermans Experiment, bei dem die Furcht vor Insekten deutlich reduziert wurde, als die Personen in ein Tachistokop blickten, in dem die Worte 'Mutti und ich sind eins' unmerklich eingeblendet waren. In einer anderen Studie „wurde zwei Gruppen von Collegestudenten, die in ihren akademischen Leistungen zusammenpaßten, eine Tachistokopstimulierung zu Beginn des Juraunterrichts gegeben, und zwar viermal in der Woche während sechs Wochen. Die Botschaft, die der einen Gruppe unbemerkt eingeblendet wurde, war wieder:'Mutti und ich sind eins' während es bei der Kontrollgruppe die neutrale Botschaft war:'Die Menschen gehen'. Die Studenten der ersten Gruppe erhielten in ihrem Examen Zensuren (anonym gegeben), die signifikant wesentlich höher waren als die der Kontrollgruppe.''
(Dieses Zitat stammt aus einem Artikel von Lloyd Silverman mit dem Titel 'Unconscious Symbiotic Fantasy: A Ubiquitous Therapeutic Agent', veröffentlicht im International Journal of Psychoanalytic Psychotherapy, 1978/79, Band 7, S.568. Er berichtet hier von einer Studie von K.Partker, 'The Effects of Sublimal Merging Stimuli on the Academic Performance of College Students', 1977, unveröffentlichte Dissertation der New Yorker Universität.)
In anderen Untersuchungen, über die ebenfalls in diesem Artikel berichtet wird, hatte das unmerkliche Einblenden der Worte 'Mutti und ich sind eins' eine therapeutische und entspannende Wirkung auf Phobien, Fettsucht, Schizophrene Symptomatologie und andere emotionale Krankheiten. Silverman stellt die Hypothese auf, dieser Satz habe aus verschiedenen Gründen eine so heilende Wirkung auf seine Untersuchungspersonen, u.a. wegen der „magischen Erfüllung von ... Wünschen, die aus der frühesten Entwicklungsebene auftauchen, insbesondere Wünsche nach oraler Befriedigung und mütterlicher Wärme'' wegen der Versicherung, die Mutter würde nicht fortgehen und sie verlassen, wegen der Reduzierung der Bedrohung, die sie durch zeitweilige Trennung erleben, denn schließlich sind ja Mutti und ich eins; und schließlich wegen der Verschmelzung mit der mütterlichen Stärke, die wie durch ein Wunder alle Mängel und Schwächen heilen kann (S.574).

Offensichtlich kann uns der Zuneigungshunger auf sehr komplexe und sogar widersprüchliche Weise beeinflussen. Er steht an der Wurzel der interpersonellen Hörigkeit, die uns veranlassen kann, an selbstzerstörerischen und unglücklichen Beziehungen festzuhalten, und doch gibt es Beweise für die wohltätige Wirkung, die die Befriedigung unseres Zuneigungshungers mit sich bringt. Wir können entweder sehr viel gewinnen, wenn wir die Befriedigung unserer Ursehnsucht (und vermutlich universalen Sehnsucht) verfolgen, um den 'vergessenen' Zustand der frühen Einheit mit unserer Mutter neu zu erleben, oder wir können bei dieser Suche zerstört werden. Dies ist nicht eigentlich ein Widerspruch. Wie bei vielen menschlichen Situationen ist es eine Frage dessen, wie wir das Problem anpacken. Und vor allem ist es eine Frage des Preises, den wir für diese Befriedigung bezahlen und der im Großen und Ganzen bestimmen wird, ob die Wirkung positiv oder verderblich sein wird.

Meistens suchen wir Befriedigung des Zuneigungshungers in einer Liebesbeziehung, aber das ist nicht die einzige Möglichkeit. Symbiotische Erfüllung spielt auch bei der Anziehungskraft der meisten Religionen eine wichtige Rolle. 'Eins mit Gott' sein oder das Blut und den Leib Jesu in den eigenen Körper aufnehmen oder die absolute Gewissheit fühlen, daß man von einer höheren Macht geliebt wird, befriedigt auf symbolische Weise Teile des Symbiose-Wunsches.
(Die Tatsache, daß bei diesen Beispielen männliche Gestalten eine Rolle spielen, läßt vermuten, daß die Suche nach dem Erlebnis des Einsseins häufig den Wunsch nach der Verschmelzung mit dem Vater widerspiegelt, und daß das Objekt entweder nicht immer die Mutter ist, oder daß einfach eine Übertragung von der mütterlichen auf die väterliche Figur stattgefunden hat. Psychodynamische Beobachtungen bei Männern und Frauen in der Therapie stellen ganz eindeutig den häufigen und mächtigen Wunsch nach Verschmelzung mit dem Vater fest.)
Religionen, die das Einssein mit dem Universum betonen und zu transzendentalen Zuständen führen, erwecken ein Gefühl der Verbindung mit etwas Größerem als man selbst. Dies trifft auch auf Rituale mit langen Traditionen zu, Singen und Beten in Gemeinschaft und die Bewußtseinsveränderung, die durch rezitatives Singen hervorgerufen werden kann, durch Meditation, Fasten, Drehen im Tanz und Trance-Erlebnisse. In ihrem Kapitel über 'The Search for Oneness in the Real World' (Kapitel 6 des erwähnten Buches) diskutieren Silverman und seine Mitautoren im Detail die Suche nach diesem Gefühl der Verschmelzung in religiösen und nicht-religiösen Meditationen, bei bewußtseinsverändernden Drogen, Kultlebensformen und Jogging. Sie zitieren einen Läufer, der sagt:,,Ich fühle... ein Hochgefühl.. ich nehme das Universum um mich herum und wickle mich darin ein und werde eins mit ihm.''

Ganz eindeutig haben alle diese Bestrebungen eine gewisse positive Wirkung auf die Teilnehmer, unter Umständen durch die Befriedigung des im Großen und Ganzen unbewußten symbiotischen Wunsches. Diese Erlebnisse durchbrechen die Gefühle der Isolation, des Verlorenseins, des Unbedeutendseins und der Verletzlichkeit, und sie können Gefühle der Verbindung schaffen, der Bedeutung, der Gelassenheit und Stärke; Gefühle, die übergehen in eine widerstandsfähige und harmonische Lebensanschauung. Aber sie können ebenso zu einer emotionalen Verkrüppelung führen, und das ist wiederum abhängig davon, wie sie verfolgt werden, und welcher Preis gezahlt wird. Zum Beispiel kann ein Mensch aus seiner Religion großen Trost und große Sicherheit gewinnen durch das Gefühl, eins mit Gott zu sein, mit seinen Mitgläubigen und einer alten Tradition. Wenn dieser Trost aber gespendet wird zum Preis einer stark eingeschränkten Sichtweise, einer verminderten Fähigkeit, für sich selbst zu denken, oder einer Verachtung und eines Hasses auf Leute mit anderen Überzeugungen und Verhaltensweisen, dann sind die Kosten sehr hoch und die zerstörerische Wirkung kann schwerwiegender sein als die konstruktive. Jeder muß das für sich selbst abwägen.

Das Extrem finden wir, wenn religiöse Gruppen zu Kulten werden. Zweifellos ging Jim Jones auf die Bedürfnisse des Zuneigungshungers seiner Jünger ein, als er ihnen gestattete, sich seiner Macht zu unterwerfen, sich mit ihr zu 'vereinigen' und von der Stärke, Freude und Harmonie dieser Vereinigung erfüllt zu sein. Aber zweifellos zerstörte diese Verbindung aus Zuneigungshunger auch ihren Glauben an ihre Urteilsfähigkeit und Weisheit ihres individuellen Ich und brachte sie dazu, seinem Todesbefehl zu folgen, vielleicht auf der Suche nach einer noch vollkommeneren Einheit.

Eine ähnliche Aussage könnte man über Erfahrungen mit bewußtseinsverändernden Drogen machen. Viele Menschen berichten von kosmischen Erlebnissen, von Gefühlen der Auflösung ihrer Körpergrenzen und einem Empfinden des Verschmelzens mit dem Universum, wenn sie Drogen - insbesondere halluzinogene - eingenommen haben. Andere genossen ein Gefühl der Seligkeit, Leichtigkeit und des Gleichmuts, in dem sich vielleicht Gefühle aus einem frühen symbiotischen Stadium wiederholten. Viele betrachten ihre Drogenerlebnisse als wohltuende und verändernde Erfahrungen. Und etliche Teilnehmer an einem experimentellen Programm der LSD-Therapie halten sie für die wirkungsvollste Therapie überhaupt. Wenn aber der Mißbrauch oder sorglose Gebrauch mit diesen Substanzen zu einer Drogenabhängigkeit führt, zu körperlicher Behinderung und Verringerung der Denkfähigkeiten und der Motivation, wirksam das eigene Leben zu gestalten, dann überwiegt ganz offensichtlich und auf ganz gefährliche Weise der zu zahlende Preis die erreichte Befriedigung des Zuneigungshungers.

Selbst Jogging, das viele emotionale und körperliche Vorteile hat, birgt seine Gefahren, vor allem, wenn es unvorsichtig und übertrieben gemacht wird. Ich habe Leute gesehen, die so besessen waren vom Laufen und so unglücklich und besorgt, wenn sie einen Lauf verpaßt hatten, daß diese Aktivität anfing, andere wichtige Bereiche ihres Lebens zu beeinträchtigen. Vielleicht kann der veränderte geistige Zustand, die rhythmische Bewegung, die geistige Harmonie mit allem, was um einen herum ist, von dem manche Läufer berichten, ein so mächtiges Wiedererleben der euphorischen Gefühle hervorrufen - Gefühle, die ähnlich der ursprünglichen Symbiose sind - daß dieses lohnende Erlebnis voller Besessenheit verfolgt wird.

Ebenso kann eine wichtige und intime Bindung zu einer anderen Person - da sie der Eins-zu-Eins-Nähe der Mutter-Kind-Interaktion ähnlich ist und oft körperliche Intimität und meistens intensive gefühlsmäßige Bindung beinhaltet - auf tiefgründigste und wertvollste Art das Bedürfnis nach Verschmelzung erfüllen, das die meisten Menschen kennen. Ob man es nun eine Liebesbeziehung nennt, eine primäre Bindung, Limerenz oder eine herzliche Vertrautheit, es kann Sehnsüchte befriedigen, die aus vielen verschiedenen Ebenen stammen: die praktischen Bedürfnisse, die besser erfüllt werden können, wenn die Menschen zusammen arbeiten; die besondere Freude geteilter Erlebnisse; die Freuden der reifen Liebe; das über-sich-Hinauswachsen der Sorge und Pflege; und die Erfüllung des Zuneigungshungers. Wenn die Bedürfnisse des Zuneigungshungers gestillt werden, ist es normalerweise ein schönes Gefühl, bei dem die meisten Menschen vermutlich größeres Glück, Stärke, Zutrauen und Gesundheit erleben, vorausgesetzt, der zu zahlende gefühlsmäßige Preis wiegt nicht schwerer als die Vorteile.

Kapitel 12

Aber sollte ich einen Bruch wagen?

Manchmal bin ich absolut sicher, daß ich diese Beziehung beenden sollte. Oft fühlt es sich sogar so an, als sei dies die einzig vernünftige Lösung. Und zu anderen Zeiten glaube ich, es wäre verrückt, Schluß zu machen, glaube, daß ich viel aus der Beziehung gewinne und sie nicht aufgeben möchte. Das Schlimmste daran ist, daß ich mich nicht entscheiden kann.

Bei dem Entschluß, eine Beziehung abzubrechen oder nicht, spielen Faktoren eine Rolle, die sich durch große emotionale Kraft, Komplexität und völlige Subjektivität auszeichnen. Es gibt normalerweise nicht das klare und leicht erkennbare 'Beste'. Wenn du versuchst, dich zu entscheiden, fühlst du dich vielleicht gefangen zwischen zwei gegensätzlichen aber auf gleiche Weise destruktiven Gefahren. Die eine ist die Gefahr, die im Verbleib in einer unglücklichen, ungesunden und beengenden Beziehung liegt. Wir haben bis ins Detail diese Gefahr erörtert. Die andere Gefahr, der man sich auch bewußt werden muß, besteht in dem großen Schaden, der sowohl für deinen Partner als auch für dich entstehen kann, wenn du dich entschließt, die Beziehung impulsiv oder vorzeitig zu beenden, weil du enttäuscht bist, da deine Erwartungen nicht erfüllt wurden, Erwartungen, die von Anfang an unrealistisch gewesen sein können.

Durch diese gegensätzlichen Gefahren wird der Entscheidungsprozeß zu einem Vorgang, der mit viel Geduld, Seelenerforschung und Aufrichtigkeit abgewickelt werden muß - und mit einsichtigem Abwägen aller relevanten praktischen und emotionalen Aspekte. Es gibt insbesondere zwei wichtige Fragen, deren Beantwortung du dir schuldig bist und die du so objektiv wie möglich erforschen mußt, ehe du deine weitere Richtung bestimmst:
1. Übertreffen die positiven Seiten, die ich aus dieser Beziehung erlange, die Kosten?
2. Treiben mich meine narzistischen und kindischen Bedürfnisse und Erwartungen aus falschen Gründen zu dem Bruch der Beziehung?

Diese Fragen sind so wesentlich für den Entscheidungsprozeß, daß es sinnvoll ist, jeder systematisch nachzugehen.

NUTZEN—KOSTEN—ANALYSE

Ganz gleich, wie gut eine Beziehung ist, sie beinhaltet auch Kosten - selbst wenn die Kosten nur im Verlust einer gewissen Freiheit bestehen. Und ganz gleich, wie schlecht eine Beziehung ist, es wird Nutzen daraus gezogen. Im Grunde genommen hängt die Frage, ob du besser bei deinem Partner bleibst oder ihn besser verläßt, von der Entscheidung ab, ob der Nutzen, den du aus dem Zusammensein ziehst schwerer wiegt als die Kosten, oder ob der zu zahlende Preis zu hoch ist für die guten Dinge, die du bekommst.

Wenn du dich aber gerade in Aufruhr hinsichtlich einer Liebesbeziehung befindest, sind deine Gedanken und Gefühle vermutlich durcheinander und machen es dir schwer, ganz klar auszuwerten, was dir die Beziehung gibt, ob sie dich enttäuscht oder ob sie dir schaden könnte. Es wäre schön, wenn es einen Bilanzbogen gäbe, auf dem du Plus und Minus gegeneinander abwägen und zu einer Antwort kommen könntest, die so sicher ist wie der Saldo im Hauptbuch eines Buchhalters, aber das ist im komplexen Bereich der menschlichen Gefühle leider nicht möglich.

Wenn also die folgende Selbstauswertungs-Inventur über die Befriedigung in deiner Beziehung auch nicht geeignet ist, dir eine quantitativ bestimmbare Antwort zu geben, was du tun sollst, so kann sie dir doch helfen, klarere Gedanken über die Beziehung zu fassen und zu bestimmen, ob du zufrieden bist oder nicht. Sie soll dir helfen, eine objektivere Nutzen-Kosten-Analyse der Beziehung aufzustellen. Du findest es vielleicht hilfreich, wenigstens einmal im Kopf zu überprüfen, wie du die folgenden Dimensionen bewertest.

Gib jedem Bereich die entsprechende Bewertung:
sehr hoch(1) — hoch(2) — angemessen(3) — niedrig(4) — sehr niedrig(5)

Allgemeine emotionale Zufriedenheit — Kommunikation — Gesellschaft — Teilen von Interessen — Praktische Unterstützung — Emotionale Unterstützung — Unterstützung in der persönlichen Entfaltung — Sich geliebt fühlen vom Partner — Dem Partner gegenüber Liebe empfinden — Sich respektiert fühlen vom Partner — Respekt für den Partner empfinden — Gefühle des Vertrauens vonseiten des Partners — Das Gefühl, dem Partner zu vertrauen — Sich umhegt fühlen vom Partner — Fürsorgliche Gefühle für den Partner haben — Freude — Wärme — Gefühl der Selbstachtung in der Beziehung — Sexuelle Befriedigung — Der Wunsch, Zeit mit dem Partner zu verbringen.

Wenn du diese Einschätzung gemacht hast, schau sie dir noch einmal an. Bist du ganz ehrlich gewesen? Wenn nicht, dann nimm die notwendigen Veränderungen vor, um deine Gefühle noch genauer zu bestimmen.

Dann betrachte die Bereiche mit der höchsten Befriedigung. Gibt es davon mehr als Bereiche der Unzufriedenheit?

Aber vielleicht ist es nicht so bedeutungsvoll, die Bereiche zu zählen und sie gegeneinander abzuwägen. Entscheidender ist vielleicht die Frage, wie wichtig ein bestimmtes Gebiet für dich ist. Nehmen wir zum Beispiel an, das sexuelle Glück sei für dich nicht so wichtig. Dann hat die Tatsache, daß du deine sexuelle Befriedigung niedrig einstufst, sehr wenig Gewicht auf der Kosten-Seite im Vergleich mit deinen anderen Befriedigungen.Die sehr positive Einschätzung deiner sexuellen Befriedigung könnte unbedeutend sein, wenn du sie gegen die viel wichtigeren Unzufriedenheiten auf anderen Gebieten abwägst. Wenn sexuelles Glück aber ein sehr wichtiges Gebiet ist, kann sexuelles Unglück mit deinem Partner viele andere positive Dinge überwiegen und deine sexuelle Befriedigung könnte andere negative Dinge aufwiegen. Das ist alles sehr verschieden für die einzelnen Menschen. Du kannst zwar die Bedeutung einiger Gebiete für dein eigenes Glück bestimmen, wenn du aber das ganze Bild aus einer objektiven Perspektive betrachtest, könntest du dich fragen, ob du einige Gebiete über- und andere unterbewertest, vielleicht auf eine Art und Weise, die deinen besten Interessen zuwiderläuft.

Um diesen Überblick über deine Zufriedenheit oder Unzufriedenheit abzurunden, überlege einmal, ob es einige wichtige Bereiche gibt, die nicht in dieser Inventur der Befriedigung enthalten sind. Stell dir die Frage:,,Was mag ich an meinem Partner? Was schätze ich am meisten bei ihm und worüber freue ich mich? Was gefällt mir am wenigsten? Worüber bin ich am glücklichsten in der Beziehung? Was macht mich in ihr am unglücklichsten? Wie hilft mir diese Beziehung in meinem eigenen Wachstum und wie hält sie mich zurück?''

Setze all dies ein — die Einschätzung, das subjektive Abwägen dieser Einschätzungen, deine Antworten auf diese Fragen — um ein aufmerksameres Empfinden für die Unzufriedenheit in dieser Beziehung zu erhalten. Stell dir diese Zufriedenheiten und Unzufriedenheiten vor, als lägen sie auf Waagschalen und bekomme eine Empfindung dafür, welche Seite der Waagschale sich senkt. Wenn sie sich eindeutig auf der Seite der Unzufriedenheiten senkt, mußt du dich mit den Gründen auseinandersetzen, warum du bleibst (praktische Erwägungen? Überzeugungen? Limerenz? Zuneigungshunger?). Wenn sie sich eindeutig auf der Seite der Zufriedenheiten senkt, mußt du dich fragen, warum du die Beziehung verlassen möchtest (später mehr über diese letzte Frage). Um diese Fragen genauer zu untersuchen, wollen wir uns ansehen, wie deine Nutzen-Kossten-Analyse dadurch beeinflußt werden kann, ob die Beziehung begründet ist auf eine Bindung durch Limerenz oder nicht.

BINDUNG DURCH LIMERENZ

Wenn Limerenz Teil der Bindung an eine andere Person ist, gewinnt der Zuneigungshunger dadurch sehr stark an Intensität. Wenn du verliebt bist, wirst du auf angenehme Weise oder schmerzlich von Gedanken an den anderen verfolgt, deine Gefühle schwanken vermutlich zwischen Ekstase und Verzweiflung hin und her und das Verlangen nach Einssein mit dem Gegenstand deiner Liebe kann zum Mittelpunkt deines Lebens werden. Ist dieser Zustand gut oder schlecht? Bereichert er dein Leben oder entzieht er ihm etwas? Menschen, die in solchen Gefühlen gefangen sind, haben völlig unterschiedliche Ansichten darüber.
Ein 35jähriger Mann sagte:

> Der Schmerz ist unerträglich. Ich habe wochenlang keine Nacht geschlafen, und in diesem Augenblick könnte ich sagen, ich gäbe alles darum, wenn nur der Schmerz aufhörte, wenn ich sie nur vergessen könnte. Aber ich weiß: Wenn du mir einen Zaubertrank gäbst und sagtest:'Trink, und all dein Verlangen wird aufhören, die ganze schreckliche Qual, all die Depressionen und der Selbsthaß, all diese krankhafte Bedürftigkeit — aber du wirst dann auch nie wieder diese Freude erleben, dieses herrliche Gefühl der Erregung, das

Gefühl, ganz und gar lebendig zu sein, wenn du glücklich verliebt bist', dann würde ich den Zaubertrank nicht nehmen. Ich würde ohne das nicht leben wollen.

Andere würden in ähnlicher Lage genau das Gegenteil sagen - daß sie nur zu glücklich wären, diese intensive Freude aufzugeben, um den Schmerz und das Sehnen nicht mehr fühlen zu müssen.
Eine etwa 4ojährige Frau sagte:

Ich glaube nicht, daß ich jemals wieder jemanden auf diese altmodische Art 'ich kann nicht ohne dich leben' haben möchte. Es gab viele Höhepunkte, aber, mein Gott, diese Tiefpunkte! Und ich hatte nie das Gefühl, mein Leben gehöre mir. Jetzt ist es vielleicht langweiliger und weniger aufregend, aber meine Beziehungen sind freundlich und gesund, und sie sind nicht mehr Mittelpunkt von allem — Himmel, was für eine Erleichterung!

Du hast vermutlich deine eigene Meinung über die Wirkung von Limerenz. Auch Fachleute diskutieren, ob dies ein gesunder oder ungesunder Zustand ist. Wenn du aber unentschlossen bist, ob du in einer Beziehung bleiben sollst, in der du zwar verliebt bist, die dir aber auch Sorgen macht, geht es wie immer um folgendes: Wie sehen die Kosten aus im Verhältnis zur Befriedigung, die du bekommst?

Einige Beispiele sollen die Komplexität verdeutlichen, die in einer solchen Beurteilung stecken.
Donna heiratete, als sie 22 Jahre alt war. Drei Jahre später bat ein Mann sie in einem Kaufhaus, ihm bei der Auswahl eines Geschenkes für seine Frau zu helfen. Alles an ihm regte Donna auf, das kühle Blau seiner Augen, das tiefe Grübchen im Kinn, seine Kleidung, die Art zu gehen, sein Lachen, einfach alles. Sie und Mark begannen kurz nach ihrer ersten Begegnung eine Affäre, und ihre Erregung und Freude bei ihm, und ihr beständiges Träumen von ihm, wenn sie getrennt waren, ließen sie folgern, ihre Ehe sei ein Fehler gewesen. Schließlich war sie nie zuvor so euphorisch besessen gewesen von einem Mann. Mark wurde zu dem zentralen, fast ausschließlichen Interesse ihres Lebens. Sie trafen sich unregelmäßig, nach einem Plan, den er allein aufstellte. Wenn sie zusammen waren, war er sehr liebevoll, sehr aufmerksam und sehr leidenschaftlich, aber er sagte ihr deutlich und geradeheraus, daß er seine Frau und seinen Sohn weder jetzt noch später verlassen würde. Er wollte auch, daß sie die Dinge leicht nahm und sie entdeckte, daß er niemals da war, wenn sie krank oder in Not war und daß er ihr zu ihrem Entsetzen sogar vorschlug, Schluß zu machen, wenn sie einmal wegen der Art ihrer Beziehung niedergeschlagen und deprimiert schien. Trotz der ganz eindeutigen Grenzen klammerte sich Donna an Geringfügigkeiten, wenn er sie zum Beispiel von einer Geschäftsreise aus anrief, um ihre Hoffnung auf eine vollkommenere Beziehung zu schüren.

Donnas Leben verengte sich. Ihre Ehe war so gut wie tot, ihre Freunde waren es leid, von ihren Schwierigkeiten mit Mark zu hören und fingen an, sie zu meiden. Ihre berufliche Laufbahn litt, und sie fühlte sich immer erschöpft und hinfällig durch die eine oder andere Krankheit. Und doch fühlte sie sich bei all ihrem Elend - obwohl sie rational die Hoffnungslosigkeit ihrer Lage erkannte - noch immer angezogen und erregt durch seine blauen Augen, sein Grübchen, seine Art zu gehen, sein Lachen, seinen Körper und die Art, wie er sie liebte. Und so klammerte sie sich an diese Beziehung, obwohl sie jeden Bereich ihres Lebens verschlang, weil sie davon überzeugt war, kein anderer Mann auf der Welt könne ihr diese Gefühle vermitteln. Ganz eindeutig waren die Kosten dieser auf Limerenz begründeten Beziehung zu hoch. Auch Donna gestand das ein; sie wünschte, sie könnte die Stärke und den Mut finden, sie abzubrechen.

Auf der anderen Seite haben wir Carols Beziehung zu Jack:

> Die Neigung seiner Schultern und die Kurve seines Rückens bewegen meine Phantasie und ziehen meine Gefühle zu ihm wie ein Magnet. Diese Verletzlichkeit und diese Sensibilität seines Gesichtes kommen mir immer dann in den Sinn, wenn ich einmal daran denke, ihn zu verlassen.

Die Frustrationen, deretwegen Carol so häufig erwog, Jack zu verlassen, hingen damit zusammen, daß er so stark mit sich selbst beschäftigt war, sich dann in sich selbst zurückzog und keinen Platz für sie hatte und sogar real immer wieder für längere Zeit aus ihrem Leben verschwand. Einige Male trennte sich Carol von ihm, aber wenn sie abwog, was sie von Jack bekam gegen den Preis, den sie zahlte, dann kam sie zu dem Ergebnis, daß die Beziehung im Ganzen gesehen ein Gewinn war für sie und ihre gefühlsmäßigen 'Kosten' wert war.

> Ich kann es nicht ausstehen, wenn er sich in sein Schneckenhaus zurückzieht, aber ich bin nicht so sehr Masochist, daß ich bleiben würde, wenn ich nicht auf der anderen Seite eine Menge gewönne. Zum einen bin ich ganz irrsinnig in ihn verliebt, und es ist wunderbar, so etwas für jemanden zu fühlen. Aber nicht einmal das wäre genug, um mich zu halten. Das Wichtigste ist, daß er eigentlich immer, wenn ich ihn wirklich brauche, für mich da ist, freundlich und einfühlsam. Statt ihn also zu verlassen, versuche ich, Möglichkeiten zu finden, nicht zu leiden, wenn er diese Anfälle von Rückzug hat, sondern dann einfach meine eigenen Angelegenheiten weiter zu verfolgen, bis er wieder da ist für mich.

Hier haben wir also zwei Frauen, die beide verliebt sind, beide unglücklich sind über gewisse Aspekte der Beziehung und doch jede zu einem anderen Entschluß kommt. Donna wußte, daß die Kosten ihrer Beziehung zu Mark zu hoch waren im Verhältnis zu dem Nutzen, den sie daraus gewann. Dennoch dauerte es einige Jahre des Leidens, ehe sie ihn schließlich verlassen konnte. Auch Carol erlebte Schmerz in ihrer limerenten Beziehung zu Jack, aber für sie war es im Ganzen eine wertvolle Beziehung, und sie beschloß, sie aufrechtzuerhalten. Und wenn du in Limerenz an jemanden gebunden bist, kannst nur du entscheiden, ob das, was du bekommst, die emotionalen und praktischen Kosten aufwiegt. Da Limerenz blind machen kann, kann es hilfreich sein, die Meinung deiner Freunde zu hören, die das Gesamtbild besser sehen können als du. Abgesehen von dem Bilanzbogen mit den positiven und angenehmen Seiten auf der einen und den negativen Wirkungen für deine Gefühle und dein Leben auf der anderen Seite, solltest du auch die folgenden Fragen so aufrichtig wie möglich beantworten:

Was gibt mir diese Beziehung, was sich so gut für mich anfühlt? Warum ist mir das so viel wert? Welche Wirkung hat die Beziehung auf mein Selbstvertrauen? Auf mein alltägliches Glück? Macht die Beziehung mich depressiv? besorgt? angespannt? Beeinträchtigt sie meine Gesundheit, meinen Schlaf? Steigert diese Beziehung meine Fähigkeit, wirksam zu arbeiten, oder verringert sie sie und hindert mich daran, mich zu konzentrieren und erfolgreich zu sein?

Erweitert sie mein Leben und meinen Ausblick, oder verengt sie es? Stört sie meine Beziehungen zu Freunden? Verhindert sie die Verfolgung meiner Ziele?

Selbst wenn die Bilanz enorm hohe Kosten anzeigt in bezug auf den emotionalen Gewinn, den die Limerenz dir gibt, kannst du vielleicht immer noch schwer entscheiden, ob du die Beziehung aufgeben solltest, versuchen solltest, sie zu verbessern oder an ihr festhalten solltest, so wie sie ist. Aber selbst wenn du beschließt, sie zu beenden, kann es sehr schwer sein, deinen limerenten Gefühlen entgegenzuarbeiten. Es ist daher wichtig zu erkennen, daß Limerenz zwar zu den großen Freuden des Lebens gehören kann, daß es aber beträchtliche Gefahren gibt:

In dem Maße, wie dich Limerenz dazu bringt, die andere Person zu idealisieren und dich ihren Fehlern gegenüber blind zu machen, kann sie in dir bewirken, daß du dich in bezug auf den Partner wertlos fühlst und daher vielleicht versucht bist, dich mit Brosamen und großem Unglück innerhalb dieser Beziehung abzufinden.

Deine Furcht davor, diese wunderbare Person fortzujagen und ohne sie zu leben, verleitet dich vielleicht dazu, Konfrontationen und Verpflichtungen zu meiden, die gewöhnlich notwendig sind für die Entwicklung einer gegenseitigen und aufrichtig zufriedenstellenden Beziehung.

Du neigst vielleicht dazu, zu vergessen - falls du es je wußtest - daß für das Entstehen und Erhalten einer guten und erfüllenden Beziehung Limerenz allein auch nicht annähernd reicht.

BINDUNG OHNE LIMERENZ

Lilian und Andrew waren sieben Jahre lang 'miteinander gegangen', d.h. sie verbrachten ihre Wochenenden gemeinsam und mindestens eine Nacht in seiner oder ihrer Wohnung, und keiner von ihnen ging mit anderen aus.

> Ich mag Andy sehr gern, und er mag mich. Das ist für uns beide sehr angenehm... Ich kann nicht sagen, ich hätte jemals große Leidenschaft für Andy empfunden oder hätte festgestellt, daß ich mich danach sehne, ihn zu berühren, mit ihm zu schlafen oder so, aber ich vermisse ihn eindeutig, wenn irgend etwas geschieht und wir nicht zusammen sein können...

Lilian kämpfte mit der Frage, ob sie die Beziehung beenden sollte oder nicht.

> Ich möchte gern, daß wir heiraten. Ich möchte mit ihm leben, und ein Leben mit ihm zusammen aufbauen. Ich möchte Kinder, oder wenigstens ein Kind. Mir bleiben nicht mehr viele Jahre, um Kinder zu bekommen, und sieben Jahre habe ich mit Andy zusammen verbracht, der mir immer wieder sagt, ihm gefiele es so, wie es ist, und er könne sich nicht vorstellen, wie Ehe und Kinder in sein Leben passen sollten.

Lilians Wunsch nach Ehe und Kindern war eindeutig und klar, obwohl sie eine gewisse Unschlüssigkeit eingestand, da es durch viele Diskussionen und Auseinandersetzungen mit Andy deutlich wurde, wie sicher er auf seinem Standpunkt beharrte. Sechs von den sieben Jahren mit Andy hatte sie immer wieder ernsthaft erwogen, ihn zu verlassen. Sie traf die Entscheidung und machte sie dann wieder rückgängig, sagte ihm, es sei Schluß und rief ihn dann wieder an, fuhr ohne ihn in die Ferien und kehrte zu ihm zurück. Trotz ihrer Frustrationen wegen der grundlegenden Unterschiede und trotz des

Mangels an Limerenz war Lilian so an Andy gekettet wie irgendein vor Liebe verrückter, verliebt-verlorener Romantiker.

Wenn Lilian Gründe nannte, warum sie in der Beziehung blieb, kamen Antworten wie: Andy ist wie eine Familie geworden. Ich freue mich darauf, jeden Abend mit ihm zu sprechen über all diese kleinen Erlebnisse meines Tages, an denen sonst niemand interessiert wäre... Wir kennen einander so gut. Oft weiß er genau, wie ich mich fühle, und was ich möchte, ohne daß ich darüber sprechen muß... Er ist da. Bei allen Veränderungen, die in den letzten sieben Jahren in meinem Leben aufgetreten sind, ist er die eine Konstante... Er akzeptiert mich so, wie ich bin. Woher soll ich wissen, daß ein anderer das auch tun würde?... Manchmal sehne ich mich danach, wirklich verliebt zu sein. Aber ich weiß, ich verliebte mich immer in Männer, die mich nicht liebten, und das war die Hölle... Es gibt keine Garantie, daß ich jemanden finden kann, den ich heiraten und mit dem ich ein Kind haben möchte. Ich habe nicht mehr so viele Jahre übrig, um Kinder zu bekommen... Ich habe große Angst vor neuen Verabredungen. Es ist schon so lange her, und ich hasse diese Single-Szene. Ich träume von Sex mit anderen Männern, aber die Wirklichkeit macht mir Angst. Mir werden Gefühle des Abscheus für meinen Körper bewußt, und ich schäme mich seiner... Ich könnte es nicht aushalten, wieder ganz allein und ohne jemanden zu sein, der sich darum kümmert, was mit mir geschieht. Und vielleicht wird es nie einen anderen außer Andy interessieren... Wenn ich in fünf Jahren noch in derselben Situation bin mit Andy und dann die Chance für Kinder verpaßt habe, werde ich mich hassen. Aber was, wenn ich ihn verlasse und in fünf Jahren weder einen Mann noch ein Kind habe?

Welche emotionale Belohnung bekommt Lilian aus dieser tiefen nicht-limerenten Bindung an Andy? Da ist die Vertrautheit, die Kontinuität und die Fürsorge, die Teilnahme und die Bequemlichkeit. Dies sind keine geringen Nutzen. Und die Kosten? Da ist einmal die fehlende verliebte Erregung (was nicht allzu wichtig für Lilian zu sein scheint) und die Aussichtslosigkeit ihres Wunsches nach Ehe und Mutterschaft (was nach ihrer Aussage sehr wichtig ist für sie). Nur Lilian selbst kann ihr eigenes Überzeugungssystem in bezug auf Wert und Bedeutung der Ehe beurteilen. Nur sie kann die Nutzen und Kosten des Fortbestandes dieser Beziehung abwägen. Nur Lilian kann genau diese unfaßbaren emotionalen Faktoren abschätzen.

Aber es könnte Lilian helfen, eine wirklich gute Entscheidung zu treffen, wenn ihre Gedanken und Gefühle frei wären, sowohl vom Druck eines nicht überprüften Überzeugungssystems (eine Frau muß verheiratet sein, muß ein Kind haben, um erfüllt zu sein), als auch von den Verzerrungen, die der Hunger nach Zuneigung mit sich bringt. Es besteht die sehr reale Möglichkeit, daß sie niemanden findet, den sie heiraten könnte und mit dem sie ein Kind haben könnte, zumal sie nicht mehr sehr jung ist. Und sie wird wahrscheinlich auch auf Abweisung stoßen hier und da und unter Umständen sehr allein sein. Aber Lilians Erscheinung und ihre Persönlichkeit sind anziehend genug, so daß sie wahrscheinlich nicht immer abgewiesen würde und nicht ewig allein sein würde. Es gibt keinen Grund anzunehmen, Andy sei der einzige Mensch der Welt, der sie so akzeptieren könnte, wie sie ist, der sich wünschen könnte, mit ihr zusammen zu sein und die alltäglichen Erfahrungen ihres Lebens zu teilen. Diese Vorstellungen und die schreckliche Unsicherheit, Schande und Angst, die sie begleiten, stammen zum größten Teil aus der Ebene des Zuneigungshungers und können Lilian hindern, die best-möglichste Entscheidung zu treffen. Für Lilian war es besonders schwer, die Nutzen und Kosten des Zusammenbleibens mit Andy abzuwägen, da sie viel Gutes aus der Beziehung erhielt, Andy gern hatte und Gefallen an ihm fand.

Aber ich kenne Leute, die starke nicht-limerente Beziehungen zu Personen haben, von denen sie nur wenig bekommen, Partner, die sie schlecht behandeln, sie nicht lieben und ihnen vielleicht noch nicht einmal gefallen. Manchmal sieht man das deutlich bei alten Menschen, die seit Jahrzehnten in geballtem Haß zusammenleben, über alles zanken, alles kritisieren, unnachgiebig und verbittert sind. Und doch halten die Jahre der Vertrautheit, der Gewöhnung und der gemeinsamen Geschichte ein immer größer werdendes Sicherheitsbedürfnis im Alter, sowie die Angst vor dem Alleinsein und ein langjähriges Gefühl der Verpflichtung sie davon ab, überhaupt mit dem Gedanken an Trennung zu spielen. Man findet dieselbe Unfähigkeit aber auch bei jüngeren Leuten, die eigentlich recht selbständig sein könnten, die beweglich sind und noch genug Zeit vor sich haben, um neue Beziehungen aufzubauen und ein neues Leben zu schaffen. Es ist, als ob die Bedürfnisse des Zuneigungshungers nach Verschmelzung und Sicherheit alle anderen Wünsche überdecken. Ihr Überleben, ihre Identität, Vollkommenheit und ihre Selbstachtung sind abhängig davon, daß diese nicht-limerente Bindung erhalten bleibt. Und das wird oft verstärkt durch Überzeugungen sowohl auf der persönlichen Ebene (ich bin häßlich, ich bin nicht begehrenswert), als auf der gesellschaftlichen Ebene (man sollte immer eine enge Beziehung haben, jede Beziehung kann verbessert werden, der Spatz in der Hand ist besser als die Taube auf dem Dach, man sollte die Gefühle anderer nicht verletzen).

Wie Personen, die durch Limerenz gefesselt sind, mußt du auch in einer nicht-limerenten Bindung eine Nutzen-Kosten-Analyse machen, wenn du entscheiden willst, ob der Gewinn seinen Preis wert ist. Und du wirst rücksichtslos offen mit dir sein müssen. Du wirst ehrlich sein in bezug darauf, was du bekommst und was du nicht bekommst, und zwar in jeder Hinsicht: gefühlsmäßig, materiell, sexuell. Es könnte helfen, wenn du dir folgende Fragen stellst:
Was sind die Belohnungen? Empfange ich Fürsorge? Unterstützung? Anteilnahme? Spaß? Hilft mir die Beziehung zu wachsen und mich gut zu fühlen? Oder engt sie mich ein und macht mir schlechte Gefühle? Ist sie frustrierend? deprimierend? schmerzlich?

Wenn du die Verluste und die Risiken bedenkst, denen du dich gegenübersehen wirst, wenn du ein Ende machst, mußt du auch bedenken, daß es oft in der Natur der nicht-limerenten Bindungen liegt, daß man seine eigenen Fähigkeiten unterschätzt, ob man erfolgreich im Leben zurechtkommen könnte. Da der Zuneigungshunger ein Zustand ist, dessen Grundlagen in der Kleinkindzeit gelegt sind, siehst du vielleicht die Realität falsch und fühlst dich wie ein unzulängliches Kleinkind in einer Welt, die für dich zu schwierig ist, um ohne einen Partner in ihr zu bestehen. Das kann dich dazu bringen, die Nutzen-Kosten-Analyse deiner Beziehung zu verzerren und dich davon abhalten, ein zerstörerisches Band zu zerschneiden.

SELBSTZENTRIERTE AUSWERTUNG

Eine Nutzen-Kosten-Analyse bei etwas so Komplexem, wie es eine Liebesbeziehung ist, kann nur ein Hinweis sein, eine Struktur, die dir hilft, die Beziehung und die unterschiedlichen Grade und Ebenen der Befriedigung und der Unzufriedenheit zu erforschen. Um es noch komplizierter zu machen: Selbst wenn eine solche Analyse dem Unglück mehr Gewicht gibt, bedeutet das nicht unbedingt, daß die Beziehung am besten beendet wird. Du wirst auch entscheiden müssen, ob das Unglück daraus resultiert, daß die Beziehung deine legitimen Erwartungen an eine Liebesbeziehung nicht erfüllt, oder daraus, daß deine eigene Frustrationsschwelle in einer engen Interaktion zu niedrig ist. Und du wirst dich auch fragen müssen, ob deine Erwartung, der Partner müsse deine Bedürfnisse befriedigen, nicht zu hoch ist, oder ob deine Neigung zu groß ist, etwas zu beenden, nur wenn es schwierig oder unbequem ist. Das ist keine leichte Entscheidung, nicht nur, weil sie aufrichtige Selbsteinschätzung von dir verlangt, sondern auch wegen einer gegenwärtigen Zeitströmung.

Man hat unsere gegenwärtige Zeit die Zeit des Narzißmus genannt. Als Reaktion auf generationenlange erdrückende Unterordnung der persönlichen Neigungen unter vorgegebene Strukturen hat es einen Sturm selbstgerechter Selbstbestätigung gegeben. Vieles davon ist ein gesundes Gegengewicht gewesen gegen die alten und oft unüberlegten und destruktiven Zwänge. Es hat uns gestattet, mehr Freiheit zu erfahren und hat uns in die Lage versetzt, weitere Horizonte zu erschließen.

Aber es hat auch seine eigenen Probleme geschaffen. Selbstverwirklichung ist an sich ein wertvolles Konzept, das uns ermuntert, unsere Fähigkeiten zu erproben, kreativ zu sein, wach und liebevoll. Aber oft ist sie in enge, egozentrische Selbstsucht verkehrt worden. Sie ist verdreht worden und bedeutet dann das, was Althea Horner den 'Kult des Ich' genannt hat: „Ihre Maxime, 'wenn es sich gut anfühlt, tu es', weist auf die Abwehr der berechtigten Stimmen des Gewissens und der Rücksichtnahme für andere hin. Menschliche Werte, die mit Moral, Ethik oder einfach mit Anstand zu tun haben, werden als irrelevant abgetan und stellen die frühen repressiven Kräfte im Leben des Individuums dar... Ja, 'seinen eigenen Kram tun', eine andere Maxime derer, die den Kult des Ich predigen und praktizieren, impliziert häufig, daß andere Menschen nicht zählen. Kein Buchtitel drückt diesen und andere Grundsätze des Ich-Kultes bündiger aus als 'Looking Out for Number One' (Althea Horner, Being and Loving, 1978, S.27).

In dieser narzißtischen Ära kann man bedenkenlos eine enge und wichtige Verpflichtung beenden (sogar mit Glückwünschen), wenn sie aufhört, 'sich gut anzufühlen'. Diese größer gewordene soziale Toleranz ist eine sehr befreiende Entwicklung für die, die in wirklich destruktiven Bindungen gefangen waren. Denn wir haben zwar gesehen, daß wir häufig beherrscht und geleitet werden durch mächtige Gefühle aus der Ebene des Zuneigungshungers, aber es ist auch wichtig, den anderen Aspekt dieser kleinkindhaften Gefühle zu sehen. Das Kleinkind möchte sich an die 'perfekte mütterliche Person' binden, die ihm die ganze Zeit ein gutes Gefühl gibt, und es wird böse, wenn diese Mutter nicht perfekt ist und nicht perfekt seine Bedürfnisse stillt. Die größer gewordene soziale Toleranz kann dem kleinen Kind in uns erlauben, auf den Plan zu treten, Forderungen zu stellen, zu dominieren und wie ein launischer Knirps ein Spielzeug oder eine Beziehung zu zerbrechen, die ihm im Augenblick mißfällt.

Der 34jährige Dane gibt uns hierfür ein gutes Beispiel. Er war seit elf Jahren mit Lois verheiratet, und sie hatten drei Kinder. Das Plastik-Container-Geschäft, das er mit einem Freund aus den Collegetagen zusammen aufgebaut hatte, ging gut, und er lebte angenehm mit seiner Familie in einem schönen Haus in der Vorstadt. Während der letzten Jahre hatte er Lois immer stärker versteckt angegriffen, sich immer häufiger beklagt und sie immer mehr kritisiert — sie hielte die Kinder davon ab, ihn zu belagern, wenn er nach Hause kam, sie sorgte nicht für Ruhe, sie sah gequält und ein bißchen verblichen aus am Abend usw. Er sagte es ihr nie, aber wenn er ihren Körper betrachtete, konnte er fast nur noch die Schwangerschaftsstreifen und die Narbe vom Kaiserschnitt sehen. In ihren ersten Ehejahren hatten ihn auch ihre unterschiedlichen Interessen nicht besonders gestört, aber jetzt verachtete er Lois deswegen. Er war gern aktiv, fuhr Ski, ritt, tauchte und ging in Diskotheken. Lois war seßhafter, liebte Theater, Museen, Essen mit Freunden, und vor allem entspannte Zeiten zu Hause mit Dane und den Kindern. Früher wurden sie mit diesen Unterschieden fertig, indem sie sich wechselseitig begleiteten oder oft auch getrennt gingen. Aber jetzt ärgerte sich Dane über Lois' Forderungen, Zeit mit ruhigen Dingen gemeinsam zu verbringen und wurde fast wütend. Und bei einem denkwürdigen Vorfall hatte Lois' Tolpatschigkeit bei einer Skiübung solche Schmähungen und solchen beißenden Spott in ihm geweckt, daß Lois ihre Ski abnahm und sich weigerte, jemals wieder mit ihm zu fahren. Dane war sich bewußt, wieviel Zeit er darauf verwandte, Lois intensiv zu hassen.

Dann traf Dane Sandy an einem Ski-Wochenende, und sie schien all das zu verkörpern, was Lois nicht war, alles, was er sich jetzt wünschte. Sandy hatte nie Kinder gehabt, und ihr Körper war tadellos. Sie wollte auch keine Kinder. Sie pries ihre Freiheit, arbeitete in einer Kosmetikfirma und sah immer aus wie aus dem Ei gepellt. Und sie liebte Aktivitäten draußen im Freien. Dane hatte ein sehr lebhaftes Pferd, mit dem man schwer fertigwerden konnte. Und nach einem gemeinsamen Ausritt stellte er begeistert fest:,,Du bist die einzige außer mir, die dieses Pferd reiten kann." Drei Monate, nachdem er Sandy begegnet war, verließ Dane seine Frau Lois.

Dieser Bruch der Ehe kann auf verschiedene Weise interpretiert werden. Zwei Menschen mit unterschiedlichen Interessen und Bedürfnissen können sich auseinandergelebt haben, ein trauriges, aber nicht seltenes Geschehen. Danes Ausbruch kann auch Zeichen seiner Entwicklungskrise in den Mitdreißigern sein: Nach dem Erfolg im Geschäft, der Familiengründung und dem Hausbau fühlte er sich unruhig und fragte sich, was ihm das Leben jetzt noch Neues bringen könnte und was er jetzt wollte. Lois mag zu sehr in ihre Aufgabe als Mutter vertieft gewesen und ihrer Rolle als Partnerin dadurch nicht gerecht worden sein. Und wir können uns fragen: Wenn das so ist, warum dann keine Trennung? Warum sollten sie jetzt zusammenbleiben, wenn sie sich an so unterschiedlichen Standorten im Leben mit so unterschiedlichen Interessen und Bedürfnissen befinden? Warum vor allem sollte Dane in einer Ehe bleiben mit einer Frau, mit der ihn nach seiner jetzigen Meinung wenig verband, die ihn nicht länger faszinierte und die er oft sogar haßte?
Vielleicht steckt wirklich nicht mehr genug in der Beziehung, um sie fortzusetzen, a b e r vielleicht doch.

Zunächst gibt es einmal den offensichtlichen Wert einer Familie, die intakt gehalten werden könnte, besonders da die Kinder noch klein waren. Das allein mag jedoch nicht ausreichend sein, um zu bleiben. Wir kennen ja alle zu viele Paare, die 'der Kinder wegen' zusammengeblieben sind, und wir konnten beobachten, wie der geballte Haß zwischen ihnen eine zerstörerische Atmosphäre für diese Kinder schuf, schlimmer, als es eine Trennung hätte tun können. Aber Danes Beziehung zu den Kindern, die er vermutlich liebte, hätte auch Teil eines komplexen Netzwerkes von Gründen sein können, um deretwillen sich sein Bleiben hätte lohnen können. Dieses komplexe Netzwerk von Gründen hätte ihm die Möglichkeit geben können, sich zu einer vollen, reifen Person zu entwickeln, wenn er es vermieden hätte, die Familie vorzeitig zu verlassen. In dem Maße, in dem er aufgrund der Bedürfnisse und Forderungen des kleinen Kindes in ihm handelte, vermied er diese Wachstumsmöglichkeit.

Das Kind in Dane - und das Kind in uns allen — will nur eine kleine Kleinigkeit, die alle Kinder wollen: den eigenen Kopf durchsetzen. Dieses zuneigungshungrige Kind in Dane will genau das, was es will, und wenn dann das, was es bekommt, nicht haargenau seinen Bedürfnissen entspricht, taugt es nichts. Stimmt die andere Person perfekt mit dem Bild überein - so wie Sandy es jetzt bei Dane zu tun schien - liebt er sie. Entspricht sie nicht genau diesem Bild - so wie Lois - dann haßt er sie. (Wenn Mammi perfekt die Bedürfnisse des kleinen Kindes befriedigt, ist sie eine gute Mutter. Tut sie es nicht, ist sie eine böse Mutter.) Und Dane verlangt von seiner Partnerin vielleicht, genau dieses Spiegelbild zu sein. Wenn er bewundernd von Sandy sagt:,,Sie ist die einzige, die mein Pferd reiten kann'', sagt er gleichzeitig:,,Sie ist wie ich, und da ich von mir selbst verzückt bin, bin ich verzückt von ihr.'' Und im Gegensatz dazu:,,Lois ist nicht so wie ich, sie taugt nichts, und ich liebe sie nicht.''

Wenn Dane seine Ehe hätte retten wollen und dieser Regung zum Bruch hätte Herr werden wollen, hätte er zunächst einmal den kleinen Jungen in sich aufspüren und erkennen müssen, daß es dieser kleine Junge war, der die intensive Abneigung gegen Lois spürte und den Impuls weckte, die Beziehung abzubrechen und mit Sandy zu gehen. Aber entweder konnte Dane diese schmerzliche Erkenntnis nicht akzeptieren, oder er hatte nicht die notwendige Geduld. Sich diesen eigenen tiefsten Gefühlen zu stellen, birgt emotionale Risiken, die Dane - der doch in der Lage war, große körperliche Risiken auf den Skihängen und auf dem Pferderücken auf sich zu nehmen - nicht eingehen wollte. Es erfordert sehr harte Arbeit, die eigenen Motive zu untersuchen und sich durch die schwierigen Entwicklungsstufen einer Beziehung hindurchzukämpfen, und obwohl Dane im Beruf sehr hart arbeiten konnte, hatte das Kind in ihm nicht genügend Geduld für die Art von Arbeit, die für die Erforschung der eigenen Motive notwendig ist, und keine Geduld für das Geben und Nehmen, das für die Erhaltung und Entwicklung einer Beziehung zu Lois erforderlich gewesen wäre.

Wie der egozentrisch ehrgeizige Ralph Newsome in Joseph Hellers 'Good as Gold' sagt:,,...Ich konnte keinen Sinn darin sehen, mich an eine Frau in mittleren Jahren mit vier Kindern zu binden, auch wenn diese Frau meine Ehefrau war und diese Kinder meine eigenen. Kannst du das?''('Good as Gold', 1979, S.51)

So lief Dane davon und verpaßte die Chance, eine weniger egozentrische, wahrhaft 'größere' Person zu werden, sich über seine narzißtischen Grenzen hinwegzustrecken und einen Punkt zu erreichen, an dem er genauso viel Freude darin hätte finden können, für Lois und die Kinder als getrennte Individuen zu sorgen, wie darin, seinen eigenen Kopf durchzusetzen. Er wählte stattdessen den für ihn leichten Weg und opferte damit nicht nur seine Wachstumschancen, sondern auch die vielen guten Dinge, die es in seiner Beziehung mit Lois gab. Er verzichtete auf die unvergleichliche Freude, in die alltägliche Entwicklung seiner Kinder einbezogen zu sein. Ihm wurden diese Verluste nur schwach bewußt, da sein inneres Kind ausgerichtet war auf unmittelbare Freuden. Er wußte nur, daß seine Beziehung zu Lois ihm kein gutes Gefühl vermittelte und er fand etwas, was im Augenblick dazu besser geeignet war, und darum wollte er heraus. Man kann sich fragen, wie lange Sandy in seinem Leben wohl noch eine Rolle spielen würde, wenn sie erst einmal von einem Pferd fallen, sich die Hüfte brechen, älter und müder werden würde.

Eine enge Beziehung, wie sie die Ehe ist, sollte man also nicht aus einer Laune heraus beenden, und sie wird auch niemals ohne wirklich tiefe Verluste beendet. Manchmal aber ist es auch reife Selbstachtung, die uns sagen läßt: „Genug. Ich möchte diese Beziehung nicht länger fortsetzen." Und wie kann man wissen, ob man gehen möchte aus den legitimen Bedürfnissen des Erwachsenen oder aus den beständigen Klagen des kleinen Kindes in uns, das die perfekte Bindung sucht?

Oft ist das schwer zu wissen. Häufig sind die Bedürfnisse aus der Ebene des Zuneigungshungers und die reifen Bedürfnisse einander sogar ähnlich. Manchmal verdecken und rationalisieren die Bedürfnisse des Erwachsenen die darunterliegenden Eingebungen des Zuneigung suchenden Kindes. Manchmal ist das Gegenteil wahr, und man bezeichnet dann seine angemessenen Erwachsenen-Erwartungen als kindisch. Aber bei einem aufrichtigen und peinlich genauen Versuch, sich selbst zu erkennen, kannst du unterscheiden, ob es dein reifes Ich oder das zuneigungshungrige Kind in dir ist, das dich dazu bringt, den Abbruch einer engen Beziehung zu erwägen. Und als Hilfe bei dieser Selbsterforschung dient die folgende Liste von Bedürfnissen und Forderungen, die das zuneigungshungrige Kind in uns an eine Liebesbeziehung stellt:

Der Partner muß im allgemeinen und zu einer gegebenen Zeit genau so sein, wie du es willst. Wenn er es nicht ist, bist du enttäuscht, zornig und abweisend.
Der Partner muß alle deine Bedürfnisse erfüllen und immer da sein, wenn du ihn brauchst, und nicht da sein, wenn du ihn nicht willst.
Der Partner darf keine Forderungen stellen und keine Schwächen und Probleme haben, die für dich unbequem sind, die dein Bild von seiner Vollkommenheit stören oder die Erfüllung deiner Bedürfnisse beeinträchtigen.
Der Partner muß dir ein gutes Image geben, muß einen hohen 'Trophäenwert' haben.
Der Partner muß dein psychologischer Klon sein, muß das mögen, was du magst, ähnliche Meinungen haben wie du und das tun wollen, was du tun willst.
Der Partner muß deine Wünsche vorausahnen und wissen, was du willst, ohne daß du lange darüber sprechen mußt.
Du sagst oft: „Wenn du mich wirklich liebtest, würdest du..."
Der Partner darf kein dauerhaftes oder starkes Interesse an anderen Aktivitäten, Verantwortungen, Karriere, Hobbies oder Personen haben, die seine Aufmerksamkeit für dich beeinträchtigen.
Der Partner darf sich nicht verändern oder in einer Weise wachsen, die ihn daran hindert, deine Bedürfnisse zu stillen, deinen Anweisungen zu folgen oder die dein Empfinden für Sicherheit stören.
Der Partner darf sich nicht körperlich verändern, so daß er nicht länger dem Bild gleicht, das du attraktiv fandest, als du die Beziehung begannst. Er darf nicht älter aussehen, darf keine Lebensnarben zeigen, darf nicht langsamer werden.

Wenn du dich veränderst, muß sich auch der Partner verändern, damit er sich deinen neuen Bedürfnissen anpaßt.

Du hast Recht, und alle Probleme in der Beziehung gehen auf das Konto des Partners. Du denkst über diese Beziehung hauptsächlich in Begriffen von Bekommen und nicht Bekommen und selten - wenn überhaupt einmal - in Begriffen von Geben oder nicht Geben.

Wenn der Partner deine Erwartungen nicht erfüllt, muß er abgelehnt oder sogar gehaßt werden. Du solltest sehr kritisch sein, viel klagen und dich darüber lustig machen, wann immer du einen Fehler am Partner, individuelle Besonderheiten oder Unangemessenheiten an ihm entdeckst.

Wenn sich der Partner dann immer noch nicht anpaßt, wer braucht ihn dann?

Man sollte an einer Liebesbeziehung nicht zu arbeiten brauchen, wenn es da ist, ist es da, wenn nicht, mach ein Ende.

Diese Aussagen geben dir ein recht gutes Bild davon, was das zuneigungshungrige Kind in dir vermutlich von einer Beziehung will. Dieses zuneigungshungrige Kind spielt in jeder engen Beziehung eine gewisse Rolle. Die Frage ist, ob es in dir die lauteste Stimme hat bei dem Ruf nach Abbruch der Beziehung.

DEINE REIFEN BEDÜRFNISSE IN DER BEZIEHUNG

Wir wollen den oben genannten Bedürfnissen des Kleinkindes das gegenüberstellen, was sich der reife erwachsene Teil in dir in einer engen Beziehung wünscht. Zunächst aber will ich erklären, wovon ich spreche, wenn ich mich auf den 'reifen erwachsenen Teil' beziehe. Es ist der Teil in dir, der weiß, daß du in der Lage bist, auf eigenen Beinen zu stehen und dich effektiv in der Welt zu behaupten. Es ist der Teil in dir, der weiß, daß du existierst als einzigartige Einheit, die beträchtliche Fähigkeiten hat, ihr Leben zu gestalten und deren Wert nicht von irgendeiner anderen Person abhängig ist.

So definiert, erscheint das reife Ich recht selbstgenügsam, sogar unabhängig. Was also braucht dann oder erwartet der reife erwachsene Teil in dir von einer engen Beziehung? Sehr viel! Es muß sehr viel sein, wenn du gewillt sein sollst, so viel Freiheit aufzugeben und so viele unbequeme Verpflichtungen zu übernehmen.

Der reife Erwachsene wünscht sich durch eine enge Verbindung die Möglichkeit zu wachsen, neue Seiten in sich selbst zu entwickeln, neue Stärken zu entdecken und ein größeres Gefühl des Glücks zu erreichen. Und Teil dieses Wachstums und der Entwicklung ist die Erweiterung seiner Fähigkeit, für einen anderen zu sorgen, so daß Wachstum und Wohlergehen dieser anderen Person ebenso wichtig wird wie das eigene. Wenn er dies erreicht, wird er eine erweiterte Persönlichkeit, die in einer erweiterten Welt lebt. Der reife Erwachsene möchte seine Fähigkeit vergrößern, einen anderen Menschen wirklich zu kennen, ihn zu respektieren, zu akzeptieren, wie er ist, sowohl seine Stärken als auch seine Schwächen. Er weiß, er wird niemals alles am anderen mögen, noch wird dieser andere Mensch alles an ihm mögen, aber er vertraut auf ausreichende Fürsorge, um eine ausreichend gute Chance zu haben, die Beziehung aufrecht zu erhalten. Und er wünscht sich einen Gesellschafter, jemanden, dem er vertrauen kann, jemandem, dem er seine Gefühle mitteilen kann, seine Gedanken und seine Sehnsüchte, jemand, der vielleicht andere Ziele hat, die aber nicht im Gegensatz zu seinen stehen, jemand, bei dem er sich anlehnen kann, wenn es notwendig ist, und jemand, der sich bei ihm anlehnt. Aber er will und braucht keine Beziehung, die auf dieser Anlehnung basiert, sondern auf der Ermutigung für jeden, die eigene Individualität voll zu entwikkeln. Ja, er hat die Zuversicht, daß sein Wert, seine Fähigkeit, für sich einzustehen, und sein Leben wertzuschätzen und sich daran zu freuen, nicht zerstört werden wird, auch wenn die Beziehung nicht funktionieren oder aus irgendeinem Grund zu Ende gehen sollte, ganz gleich, wie schmerzlich auch das Ende sein mag.

Dies ist ein ideales Bild, aber diese reifen Bedürfnisse gibt es in unterschiedlichem Ausmaß in jedem von uns, und im Vergleich zum Zuneigungshunger können sie auch in jeder Person sehr unterschiedlich stark sein. Und genauso wie dieser reife Teil in dir viele spezielle Forderungen an wichtige Beziehungen stellt, so kann er entsprechende Gründe haben, eine solche Beziehung zu beenden.

Nimm zum Beispiel an, die Ebene des Zuneigungshungers in deinem Partner dominiere so stark, daß er eine Beziehung von dir fordert, in der sich dein ganzes Leben um ihn drehen muß, in der du hauptsächlich seinen Bedürfnissen nach Aufmerksamkeit und Sicherheit dienen sollst. Die Herrschsucht des Partners kann dann so groß sein und deine eigene Entwicklung so stark einschränken, daß du die Beziehung beenden mußt, um völlige Erstickung zu vermeiden, es sei denn, du findest eine befriedigende Art, damit fertig zu werden.
Oder nimm an, dein Partner sei so beunruhigt darüber, daß du eine getrennte Person bist oder so beunruhigt über dein Wachstum, daß er immer wieder krank wird oder zerbricht in dem endlosen Versuch, dich an der Kette zu halten.
Nimm an, dein Partner verhielte sich verletzend, körperlich oder emotional, und behandelte dich grausam, mit Mißachtung und Mangel an basischem Respekt.
Nimm an, er sei unfähig zur Gegenseitigkeit - dem emotionalen Geben und Nehmen, das eine Beziehung erfordert - und erwartet, du solltest alle seine Wünsche erfüllen, obwohl er nur wenige oder gar keine Versuche unternimmt, seinerseits deine berechtigten Bedürfnisse zu erkennen, zu verstehen und zu erfüllen.
Nimm an, du entdeckst, daß seine Angst vor Nähe so groß ist, daß er sich vor ihr hütet, indem er sich voller Kälte verschließt und dich in einer solchen Distanz hält, daß alle deine eigenen Bedürfnisse nach Intimität und Anteilnahme ungestillt bleiben.
Nimm an, diese Frustrationen und Beraubungen seien chronisch und durchdringend, und Freude und Liebe seien in der Beziehung abgestorben.
Und nimm an, deine besten Bemühungen, die Beziehung zu verbessern, seien erfolglos geblieben.
In solchen Situationen würde der reife und erwachsene Teil in dir erkennen, daß wenig oder nichts in der Beziehung zu deinem Wohlbefinden beiträgt und so viel daran zerstörerisch ist, so daß du sie am besten beendest.

Wie kannst du aber sicher sein, daß diese Schlußfolgerung auf reifem Denken basiert und nicht etwa eine Reaktion deines zuneigungshungrigen Kindes ist, das die perfekte Erfüllung seiner Bedürfnisse wünscht?
Allein die Tatsache, daß du dies zu unterscheiden versuchst, deutet darauf hin, daß erwachsene Erwägungen für dich zumindest eine große Rolle spielen.
Der reife Teil in dir wäre gewillt, die eigene Sichtweise und die eigenen Motive kritisch

zu überprüfen und den eigenen Anteil am Konflikt zu bearbeiten.

Du würdest versuchen, deinen Beitrag an der zerstörerischen Interaktion zu beenden, und es dem Partner dadurch erschweren, das Muster allein zu wiederholen.

Du wärest gewillt, dich mit dem Partner den Meinungsverschiedenheiten zu stellen und an ihnen als einem Teil des gemeinsamen Problems zu arbeiten.

Du wärest gewillt, der Lösung dieser Aufgabe Zeit zu geben, dem Partner Zeit zu geben und dir selbst, damit ihr euch gründlicher versteht und prüfen könnt, ob es lohnende Veränderungen in der Interaktion geben könnte. (Vergiß nicht, daß du dich beim Zuneigungshunger in der Kleinkindzeit befindest – nur dieser Augenblick zählt, und du mußt jede Frustration jetzt beenden.)

Wenn du den Eindruck hättest, es sei sinnvoll, allein oder mit dem Partner in Therapie zu gehen oder sich beraten zu lassen, würdest du es tun.

Und schließlich würde der reife erwachsene Teil in dir verstehen, daß der Partner unmöglich alle deine Bedürfnisse stillen und unmöglich alle deine Erwartungen erfüllen kann, und du würdest andere konstruktive Möglichkeiten suchen, deine Bedürfnisse zu befriedigen, ohne sofort zu beschließen, die Beziehung tauge nichts und sei aufzugeben.

Dies sind also einige der Richtlinien, die dir bei der Lösung helfen können, ob deine Motive für den Abbruch der Beziehung ihren Ursprung eher in den Forderungen des bindungssuchenden Kindes oder in den legitimen erwachsenen Bedürfnissen haben. Zusammen mit deiner Analyse der Nutzen und Kosten der Beziehung hast du also einen nützlichen Rahmen für die Erforschung der Frage, ob du dir am ehesten gerecht wirst durch Beendigung der Beziehung oder durch ihre Erhaltung.

DAS DURCHBRECHEN DER

ABHÄNGIGKEIT

Kapitel 13

Ausbruch aus einer Ehe in Hörigkeit

Etwa um drei Uhr morgens in einer jener Nächte, in denen sie schlaflos dalag, gestand sich Dorothy mit niederschmetternder Schärfe ein, daß sie Ted nicht mehr liebte und chronisch und unwiderruflich unglücklich war in ihrer Ehe. Aber als sie sich vorstellte, wie es sein würde, wenn sie ihn verließ, stürzte sie voller Angst und Panik ins Badezimmer, um Valium zu schlucken.

Über fünf Jahre hatte dies gedauert, und in dieser Zeit hatte sie zahllose schlaflose Nächte verbracht und viel Valium geschluckt, und sie machte keine ernsthaften Anstalten, ihre Ehe zu beenden.

Sie hatte schon lange die Hoffnung aufgegeben, mit Ted glücklich zu sein. Sie hielt ihn nicht für einen schlechten Menschen, ganz eindeutig arbeitete er hart, sorgte gut für sie und nahm seine Verantwortung ernst, was aber seine gefühlsmäßigen Reaktionen anlangte, so war es, als ob seine Uhr Punkt zwölf Uhr mittags stehengeblieben und er ständig zum Essen auswärts war. Er sah verlegen aus, wenn sie zu ihm über ihre Gefühle und Sehnsüchte sprach und zog sich in seine endlose Papierarbeit zurück mit Listen, Rechnungen, Plänen usw. Es gab Zeiten, in denen sie sich angespannt und überwältigt fühlte und ihn bat: „Leg deine Arme um mich und halte mich einfach für eine Minute." Er sah sie dann hilflos an und wandte ihr den Rücken zu. Sein sexuelles Interesse war so weit abgeflaut, daß sie nur alle ein oder zwei Monate miteinander schliefen und auch dann nur schnell und hastig. Sie war durch Stadien gegangen, in denen sie zu ihm sprach, ihn verführte, ihm zu gefallen suchte, ihm ihre Bedürfnisse erklärte und ihn anschrie, und alle diese Versuche riefen für kurze Zeit eine gewisse Veränderung hervor, aber dann war er wieder so entrückt wie vorher. Wenige Jahre zuvor hatte sie darauf gedrungen, mit ihm in Therapie zu gehen. Zwei Sitzungen lang kam er mit und sagte dann dem Therapeuten: „So bin ich eben" und wollte nicht wiederkommen, obwohl der Therapeut ihn darauf aufmerksam machte, in welcher Gefahr sich ihre Ehe befand.

Bald nach dieser Erfahrung mit der mißlungenen Therapie begann Dorothy, entgegen ihren starken, tief eingegrabenen moralischen Vorstellungen eine Affäre mit einem verheirateten Mann, den sie zufällig getroffen hatte. Sie wurde hineingetrieben in diese Liebesbeziehung durch eine unbefriedigte Sehnsucht nach Nähe, Sex, Spaß und nach dem Gefühl, gebraucht und geliebt zu werden. Auch hoffte sie, daß sie die Ehe aufrechterhalten konnte, wenn sie diese Bedürfnisse anderswo stillen würde. Aber die süße Fürsorge, die Zärtlichkeit, das Lachen und die erfüllende sexuelle Beziehung mit ihrem Freund machten ihr nur noch deutlicher bewußt, wie betrogen sie sich in ihrer Ehe mit Ted fühlte. Obwohl sie angewidert war von Teds Gegenwart in ihrem Bett, konnte sie nicht ernsthaft daran denken, ihn zu verlassen, weil sie unverzüglich so große Angst bekam, daß sie den Gedanken wieder von sich wies und sich für einen weiteren Tag stark machte. — Wie sahen nun bei all diesen Vernachlässigungen die Gegengewichte in Dorothy aus, die sie in dieser Ehe hielten? Wir werden sehen, daß - wie in jeder interpersonellen Abhängigkeit - die Gefühle aus der Ebene des Zuneigungshungers tief und mächtig sind. Eine stärkere und oft wichtigere Rolle spielen aber die Gründe, die aus den Ebenen der praktischen Erwägungen und Überzeugungen stammen (vgl. Kap.2). Und dies trifft besonders dann zu, wenn kleine Kinder da sind.

Wir wollen uns ansehen, wie sich diese Ebenen in Dorothys Lage ausgewirkt haben und wie sie im allgemeinen die Entscheidungsfindung in der Ehe beeinflussen.

PRAKTISCHE ERWÄGUNGEN

Wenn sie in den frühen Morgenstunden hellwach in ihrem Bett lag, grübelte Dorothy darüber nach, welche Wirkung eine Scheidung auf ihre beiden Kinder, auf die zwölfjährige Jennifer und den neunjährigen Edward, haben würde. Sie kannte alle Klischees, daß eine schlechte Ehe schlimmer für die Kinder sein kann als eine zerbrochene Ehe, aber traf das wirklich in ihrem Fall zu? Ted war kein schlechter Vater. Es stimmte, er schien zu den Kindern keine persönlichere Bindung zu haben als zu ihr, aber er nahm seine Pflichten ihnen gegenüber ernst, fuhr sie zu ihren verschiedenen Unternehmungen am Wochenende, spielte mit ihnen Tennis, half ihnen bei der Hausarbeit und ermahnte sie, vielleicht etwas zu ausführlich, wenn sie sich schlecht benahmen. Das war viel mehr als andere Väter taten. Und obwohl die Kinder durch seine Distanz frustriert zu sein schienen, liebten und respektierten sie ihn doch offensichtlich. Wie konnte sie sie seiner Gegenwart berauben? Und wie konnte sie Ted dieses wertvollen täglichen Kontaktes mit ihnen berauben? Die Ehe war ja nicht schlecht in dem Sinne, daß sie traumatisch oder zerstörerisch auf die Kinder wirkte — dann hätte sie vielleicht klar sagen können, daß eine Trennung am besten wäre für sie und die Kinder. Für Jennifer und Edward wäre es aber, als ob ihre Welt zusammenbräche, und für Ted wäre es eine sehr schmerzliche und verwirrende Katastrophe.

Und dann waren da noch die wirtschaftlichen Überlegungen. Ted hatte als Gesellschafter einer großen Buchhaltungsfirma ein gutes Einkommen, und sie hatten ein schönes, geräumiges Vorstadthaus, zwei Wagen, viele Bequemlichkeiten und sogar Luxus. Und sie wußte, es würde deutliche Veränderungen in ihrem Lebensstandard geben, wenn Teds Einkommen zwei Haushalte und verschiedene Lebensstile finanzieren müßte. Konnten die Kinder dann noch zelten gehen? Wie würden sich ihre Ausgaben verändern müssen? War es praktisch, das Haus zu behalten? Könnte sie einen besser bezahlten Job bekommen? Würde sie sich für eine andere Berufslaufbahn ausbilden lassen müssen?

Dann war da noch die Frage, welchen Platz sie und Ted als Ehepaar in der Gemeinschaft hatten. Ted war in mehreren kirchlichen Gemeindeausschüssen, sie war im Elternrat der Schule; was aber noch wichtiger war: Das soziale Leben als Ehepaar unter anderen Paaren war Zentrum ihrer Freizeitexistenz. Sehr vieles davon würde aufhören, und wodurch würde es ersetzt werden können? Alle diese Wurzeln, die rauh herausgerissen würden! Wäre das, was übrigbliebe, noch lebensfähig?

Solche praktischen Erwägungen sind beim Auseinanderbrechen einer Ehe viel wichtiger als in einer Liebesbeziehung unverheirateter Partner. Je länger die Ehe dauert, desto komplexer sind die Bindungen und desto abwechslungsreicher die Rollen — Ehemann, Ehefrau, Ernährer, Gestalterin der häuslichen Atmosphäre, Vater, Mutter, Gastgeber, Gastgeberin, Teilnehmer am Gemeindeleben, Verwalter, Reparateur usw. —, umso schwerer ist es, die Beziehung abzuschneiden. Sie aufgeben heißt nicht nur, die Bindung zu einer Person zu lösen, was schwer genug sein kann, sondern auch zu einer ganzen Lebensweise. Eltern beenden die Ehe nicht ohne beträchtliche Sorge für ihre Kinder, für ihre Beziehung zu ihren Kindern und oft für die Beziehung ihrer Kinder zum anderen Elternteil.

Eine Mutter, die eine Scheidung erwägt, hat vielleicht Sorgen folgender Art:
Ich werde vermutlich das Sorgerecht für die Kinder bekommen, aber wie ist es, wenn ich es nicht bekomme? Was wird, wenn mein Mann um das Sorgerecht kämpft? Was wird dann mit den Kindern?
Will ich wirklich das Sorgerecht? Werde ich mit den Kindern fertig, wenn ich meistens allein bin? Kann ich sie im Zaum halten und allein für ihre Bedürfnisse sorgen? Und wird mir dann noch Zeit und Energie für mich selbst bleiben?
Ist es fair, die Welt der Kinder auf den Kopf zu stellen, nur weil ich unglücklich bin? Wäre es nicht besser zu warten, bis sie erwachsen sind?
Werden sie mich hassen, weil ich dies tue? Weil ich ihr Zuhause kaputt mache? Weil ich ihrem Vater wehtue? Weil ich sie seiner beständigen Gegenwart beraube?
Ich bringe das Leben meines Mannes durcheinander. Ist es daher fair von mir, ihm auch die Freude daran zu nehmen, an der alltäglichen Entwicklung der Kinder teilzuhaben?
Wie werden die Veränderungen der Familienfinanzen das Leben meiner Kinder beeinflussen? Mein Leben? Das Leben meines Mannes? Wird er uns weiter unterstützen? Wird er vielleicht einfach verschwinden?
Können wir finanziell wirklich überleben, wenn wir uns trennen?
Was wird aus den Freundschaften, die wir als Ehepaar hatten? Aus den Aktivitäten, die wir als Ehepaar unternahmen?

Und ein Vater, der eine Scheidung in Betracht zieht, wird vielleicht viele ähnliche Sorgen haben:
Welche Wirkung wird es auf die Kinder haben? Werden sie mich hassen? Wird sie allein fertig? Was für ein Gefühl wird das sein, ein 'Wochenendvater' zu sein?
Soll ich mich um das Sorgerecht bemühen? Wollen die Kinder das? Werde ich damit fertig? Habe ich überhaupt eine Chance, es zu bekommen? Und wie kann ich ihr die Kinder nehmen, wenn ich ihr Leben sowieso schon so störe?
Die Kinder werden die ganze Zeit bei ihr sein. Was wird, wenn sie sie gegen mich aufhetzt?
Wie kann ich zwei Haushalte finanzieren? Kann ich ihre Bedürfnisse befriedigen und noch genug für mein eigenes Leben haben?
Ich werde alles mit ihr teilen müssen. Und sie wird vermutlich das Haus behalten. Nach Jahren harter Arbeit werde ich völlig neu anfangen müssen.
Ich habe hier Wurzeln geschlagen. Ich bin jemand in der Gemeinschaft. Nun werde ich vermutlich in irgendwelchen möblierten Räumen wohnen, wo ich niemanden kenne.
(Ein Mann bemerkte voll bitterer Ironie, daß ihn am ersten Tag, an dem er nach der Trennung in sein Haus kam, um die Kinder zu besuchen, ein Brief erwartete, in dem man ihn bat, für den Stadtrat zu kandidieren.)

Bei der Entscheidung, ob eine Ehe geschieden werden sollte, muß man der Ebene der praktischen Erwägungen mit praktischen Begriffen begegnen. Der Riß im Leben der Menschen wird sehr real sein. Wenn man Kinder hat, werden sie sehr beunruhigt sein, vielleicht gezeichnet, und man muß einfühlsam abwägen; diese Schmerzen vergleichen mit dem Schaden, der angerichtet wird, wenn sie weiter in einer Situation leben, in der zumindest einer der Eltern unglücklich genug ist, um herauszuwollen. Man muß viele Faktoren in Rechnung stellen: ihr Alter, die allgemeine Stimmung im Haus, die Beziehung, die man selber und der andere Elternteil zu den Kindern hat, und die möglichen Übereinkünfte, die man treffen kann. Einige dieser Erwägungen — die Sorge des Elternteils, zu dem die Kinder kommen, daß er ganz allein die Last zu tragen hat; die Sorge des anderen Elternteils, daß er die enge Beziehung zu den Kindern verliert; die Sorge desjenigen, der die Trennung will, daß er von den Kindern beschuldigt und gehaßt werden könnte — können gemildert werden, wenn man sich auf ein flexibles Sorgerecht einigt. Dies setzt natürlich eine Menge guten Willens voraus, Rationalität und liebevolle Sorge um das Wohl der Kinder. Man muß sich also die Frage stellen, ob man selber und der Ehepartner in der Lage sein würde, Verabredungen zu treffen, die sich vor allem danach richten, was für die Kinder vorteilhaft wäre.

Für jeden wird die Antwort auf diese Fragen unterschiedlich sein, aber es kann folgende allgemeine Aussage gemacht werden:
Da einige der beunruhigenden Auswirkungen der Trennung auf die Kinder real sind, ist es am besten, reale Möglichkeiten zu erkunden, wie man diesen entgegenwirken kann, statt die Hände über dem Kopf zusammenzuschlagen, als gäbe es keine möglichen Lösungen oder statt sich einfach blind und rücksichtslos vorwärtszustürzen. Wenn die Familie nicht gerade wohlhabend ist, wird auch vermutlich für alle ein Absinken des Lebensstandards eintreten. Ein Teil deiner Überlegungen muß also darin bestehen, rational nach Möglichkeiten zu suchen , durch die die Ausgaben niedrig gehalten werden können oder durch die das Einkommen erhöht werden kann. Wenn man diesen Problemen eine pragmatische Haltung gegenüber einnimmt, wird oft deutlich, daß es viele Wege gibt, mit praktischen Schwierigkeiten und den vorhandenen unwiderruflichen Verlusten fertig zu werden.

Dorothy zum Beispiel konnte ihrer Panik Herr werden, so daß sie über ihre praktischen Sorgen nachdenken konnte. Sie begann, mit anderen zu sprechen, die dasselbe Dilemma erlebt hatten, um zu sehen, wie diese damit fertig geworden waren. Sie beschloß, sich alle erdenkliche Mühe zu geben, um irgendeine Art des gemeinsamen Sorgerechts mit Ted auszuarbeiten, bei dem es so wenig Distanz wie möglich in der Beziehung zwischen Ted und den Kindern geben sollte; und sie fühlte, daß dies machbar sein würde. Sie wurde mit ihren finanziellen Sorgen fertig, indem sie aufschrieb, welche Ausgaben sie einschränken könnte, wenn es notwendig wäre, und indem sie ernsthaft überlegte, was sie tun könnte, um mehr zu verdienen. Sie wurde sich ihres Interesses am Maklerberuf bewußt und redete mit Freunden aus diesem Geschäftsbereich über Chancen, in diesem Beruf tätig zu sein. Sie begann, Kurse zu belegen und bekam das Angebot von einem ihr bekannten Grundstücksmakler, in seiner Firma mit zu arbeiten. Sie erkannte zwar, daß es für jeden einige wirkliche Beschränkungen geben würde, daß die praktischen Schwierigkeiten aber nicht unüberwindlich waren.

Als sie feststellte, daß sie noch immer nichts unternahm, ihre Ehe zu beenden, fragte sie sich, ob ihre große Sorge wegen der praktischen Probleme nicht vor allem ein

Schutz waren, ein Rationalisieren tieferer Motive, um den Bruch zu verhindern. Vielen Menschen geht es ebenso. Sie machen sich so viele Sorgen um die scheinbar unlöslichen praktischen Probleme, die für sie und andere so greifbar und offensichtlich sind und machen sich dann selbst etwas vor, wenn sie glauben, sie blieben allein wegen dieser Überlegungen.

Und es gibt Beispiele, wo die Realitäten wahrhaft überwältigend zu sein scheinen. Eine Frau zum Beispiel, die mehrere kleine Kinder hat, die völlig vom beschränkten Einkommen ihres Mannes abhängig ist, kann verzweifelt unglücklich sein in ihrer Ehe, sich aber durch diese unleugbaren praktischen Hindernisse gefangen fühlen. Männer oder Frauen, die mit einem emotional gestörten Partner verheiratet sind, bei dem sie begründete Befürchtungen haben, er könnte Selbstmord begehen oder gefährlich werden, wenn sie ihn verlassen, können sich hoffnungslos gefangen fühlen durch diese furchtbare Möglichkeit. Frauen, die von ihren Männern geschlagen werden, und die alle Ursache haben, fortzugehen, befürchten oft noch größere Mißhandlung, vielleicht gewaltsamen Tod, wenn sie wirklich fortgingen. Männer oder Frauen, die recht krank und nicht in der Lage sind, allein fertig zu werden, können sich auch durch ihre Hilflosigkeit an einen Ehepartner gekettet fühlen, den sie verachten oder fürchten.

Es gibt keine einfachen Möglichkeiten, diese hemmenden Realitäten abzuschütteln, aber ich habe Menschen in all diesen Situationen gesehen, die einen Ausweg fanden, wenn ihre Motivation stark genug war. Wenn du dich durch ähnlich abschreckende Tatsachen gelähmt fühlst, kann ich dich nicht eindringlich genug auffordern, dich um Rat zu bemühen, vielleicht bei einer Sozial- oder Familienberatung, und zwar aus zwei Gründen: Einmal, um Hilfe bei diesen praktischen Problemen von einem Fachmann zu bekommen, der Erfahrung hat, mit solchen scheinbar unlöslichen Schwierigkeiten fertig zu werden; zum anderen, um bei der Entscheidung Hilfe zu bekommen, ob es vor allem diese realistischen Schwierigkeiten sind, die dein Gelähmtsein verursachen, oder ob untergründig unter diesen praktischen Erwägungen und vielleicht versteckt sehr mächtige Motivationen aus anderen Ebenen liegen, den Ebenen der Überzeugung und des Zuneigungshungers.

ÜBERZEUGUNGEN

Als Dorothy erwog, Ted zu verlassen, erlebte sie, wie dieser Gedanke das ganze System ihrer Überzeugungen zu verletzen schien, Überzeugungen, die sie immer ungefragt akzeptiert hatte.

> Wenn ich sagte 'bis daß der Tod uns scheide', sah ich Ted tief in die Augen und ließ ihn durch die Intensität meines Tonfalls wissen, daß ich es so meinte. Und ich meinte es, so aufrichtig wie nur irgend etwas. Ich bin nicht religiös und fühlte mich daher dem Sakrament nicht verpflichtet, fühlte ihm gegenüber aber eine liebevolle Bindung. Wie kann ich also jetzt etwas so ganz anderes wünschen? Und wie kann ich jetzt Ted so weh tun?

Viele Überzeugungen, die ganz wesentlich zu Dorothy gehörten, finden wir in den fol-

genden Aussagen:
> Die Ehe gilt für die Ewigkeit. Auch Liebe gilt für die Ewigkeit. Ehe ist eine tiefe und nicht endende menschliche Bindung. Ich darf Ted nicht wehtun, indem ich diese Bindung abbreche, ganz gleich, was geschieht.

Diese Überzeugungen sind Teil ihres Erbes. Sie hat sie von ihren Eltern übernommen und von der Gesellschaft, entweder direkt durch Menschen, die sie kannte oder indirekt durch Bücher, Lieder und Filme. Wenn sie Ted verließe, wäre dies eine grundlegende Veränderung in ihrem Überzeugungssystem.

Es gibt viele allgemein anerkannte Überzeugungen, die einer Scheidung widersprechen:
Die Ehe ist ein Sakrament, ein Versprechen an Gott.
Du kannst es immer schaffen, wenn du es nur gründlich genug versuchst.
Das Ende einer Ehe ist ein tiefes persönliches Versagen und spiegelt eine Schwäche.
Es ist besser, in einer schlechten Ehe zu bleiben als sie zu beenden.
Das Zerbrechen einer Ehe wirkt so zerstörerisch auf Kinder, daß es weniger schädlich ist für sie, wenn man zusammenbleibt, selbst mit Sorgen, als wenn man ihr Zuhause zerstört.
Du mußt es vermeiden, deinen Eltern weh zu tun, und wenn du deine Ehe löst, würdest du ihnen schrecklich weh tun.
Der Zusammenbruch einer Ehe ist eine grundlegende Bedrohung der gesellschaftlichen Struktur und der sozialen Ordnung.

Nicht alle Überzeugungen stehen auf der Gegenseite der Trennung. Einige Überzeugungen - wie Danes im vorangegangenen Kapitel - können eine Ehe auch zu schnell ihrem Ende zudrängen:
Wenn wir in der Ehe nicht länger ein gutes Gefühl haben, ist es sinnlos und masochistisch, darin zu bleiben.
Eine Ehe ist keine lebenslängliche Bindung, sondern ist nur solange gut, wie sie dir die Vorteile gibt, die du dir wünschst.
Es ist traurig, wenn dein Ehepartner und die Kinder durch den Bruch leiden, aber so ist nun mal das Leben, und sie müssen lernen, es anzunehmen.

Das sind einige narzistische Überzeugungen über die Ehe. Bei einer Entscheidung, durch die sowohl dein Leben als auch das Leben anderer so aufgerüttelt wird, wo so viele Schmerzen zugefügt werden können, ist es wichtig, wirklich das kindische und egozentrische Innere deiner Überzeugungen herauszufordern.

Gibt es dann aber keine Überzeugungen aus der Ebene der Reife, die den Wunsch nach Beendigung der Ehe unterstützen können? Es gibt solche, und sie werden auch von vielen Menschen geteilt:
Die Ehe ist keine Fessel, und ich bin nicht verpflichtet, in ihr um jeden Preis zu bleiben
Die Ehe verpflichtet mich, mich gründlich und mutig zu bemühen, alle Schwierigkeiten in ihr zu bewältigen, aber unter Umständen schaffe ich es nicht.
Wenn die Ehe nach langem und aufrichtigem Bemühen immer noch eine Quelle des Elends ist und meiner Entwicklung als Person entgegensteht, tue ich vermutlich besser daran, sie zu beenden.
Es ist besser, eine Ehe aufzulösen, als in ständigem Haß, Zorn, Furcht, Verachtung oder Depression zu leben.

Wenn ich mich entschließe, meine Ehe zu beenden, füge ich anderen vielleicht Schmerz zu, und dies ist eine wichtige Überlegung, aber sie ist nicht ausschlaggebend.
Wenn ich meine Ehe auflöse, nehme ich die Verantwortung auf mich, die anderen so gut wie möglich vor dem Schmerz zu beschützen, der aus meiner Handlungsweise entstehen kann.
Das Beenden der Ehe könnte sehr wohl für alle Betroffenen das Beste sein.

Wenn du dich mit deinen Überzeugungen auseinandersetzt, wird es zunächst einmal hilfreich sein, sie klar und deutlich auszusprechen und zu prüfen, wie sie deine Entscheidung über deine Ehe beeinflussen. Dann kann es wichtig sein, dein Überzeugungssystem selbst zu überprüfen, da es wahrscheinlich vor langer Zeit in dir begründet wurde, so daß du seine Befehle vielleicht nie mehr einer kritischen Untersuchung unterworfen hast. Vielleicht hast du dir nie folgende Fragen gestellt:
Woher kommt diese Überzeugung? Von meinen Eltern? Von meiner Religion? Von meiner Erziehung? Aus meiner Intuition? Glaube ich wirklich immer noch daran? Ist sie immer noch sinnvoll für mich, wenn ich berücksichtige, wer ich heute bin und was ich über das Leben gelernt habe, seit ich diese Überzeugung übernommen habe? Gibt es keine Ausnahme, keine mildernden Umstände bei der Anwendung dieser Überzeugung? Soll dieses Überzeugungssystem mein Urteil und mein angesammeltes Wissen ersetzen?

Wie hat Dorothy ihren Wunsch, ihre Ehe mit Ted zu beenden, in Übereinstimmung gebracht mit ihren uralten Überzeugungen von der ewigen Verbindlichkeit der Ehe?
> Ich war nicht nur überzeugt, sie würde ewig dauern, sondern ich wollte es auch so, und ich vermute, daß ich auch glaubte, dieser starke Wunsch würde alles in Ordnung bringen. Ich habe seitdem viele traurige aber wahre Dinge gelernt. Ich habe gelernt, daß man sich etwas verzweifelt und heftig wünschen kann und sehr hart danach streben kann, und daß es trotzdem nicht zu funktionieren braucht. Ich habe erfahren, wie die Liebe ohne Nahrung genauso austrocknen kann wie eine nicht gewässerte Pflanze, und Ted hat diese Beziehung nicht genährt. Vielleicht meint er, ich hätte auch nichts getan, aber meine Liebe zu ihm ist so vertrocknet wie eine tote Blume... Ich habe etwas über Haß gelernt, das Zusammenleben mit ihm so am Rande des emotionalen Verhungerns bringt mich dazu, mich selbst zu hassen, weil ich mich nicht genügend schätze, um auszubrechen... Und ich kann Ted gegenüber wachsenden Haß fühlen. Mehr als einmal habe ich mich bei Tagträumen ertappt, in denen er bei einem Unfall getötet wird auf dem Weg von der Arbeit. So schlimm das auch ist für mich, für ihn kann es nicht viel besser sein, mit einer Frau zu leben, die sich so sehr wegwünscht, daß sie sogar von seinem Tod träumt... Früher glaubte ich, ich könnte ihm nie so wehtun und ihn verlassen, aber das war früher, ehe ich begriff, wie sehr ich ihm wehtun konnte, indem ich ihn nicht verließ...

Es gab eine Veränderung in Dorothys Überzeugungen. Dies schien nicht einfach eine Rationalisierung ihres Wunsches nach Beendigung der Ehe zu sein, sondern eine echte Neubeurteilung ihres Überzeugungssystems im Lichte der Erfahrungen, die sie im Laufe ihres Lebens gesammelt hatte. Mehr und mehr traf sie ihre Beurteilungen und Entscheidungen in Übereinstimmung mit ihrem wachsenden Bewußtsein von den Folgen ihrer Handlungsweisen statt aufgrund der von ihr 'ererbten' Befehle. Dorothy konnte nicht länger an jenen alten Überzeugungen festhalten, die Ehe sei eine Verpflichtung auf immer und ein Bruch sei das Schlimmste, was sie Ted, den Kindern und sich selbst antun könnte. Doch obwohl sie jetzt ihre Absicht, Ted zu verlassen, mit ihren Überzeugungen vereinbaren konnte, und obwohl sie wesentliche Fortschritte bei der Vorbereitung der vorauszusehenden schwierigen praktischen Fragen gemacht hatte, unternahm sie noch immer keine konkreten Schritte, ihre Ehe aufzulösen, verbrachte noch immer viele schlaflose Nächte, in denen sie in die Dunkelheit starrte, Angst hatte und Valium schluckte. Irgend etwas hielt sie noch immer im Griff, und das war der tiefe, zugrundeliegende Kern der Gefühle aus der Ebene des Zuneigungshungers.

ZUNEIGUNGSHUNGER IN DER EHE

Keine irgendwie geartete Beziehung zwischen Erwachsenen kann sich mit der Ehe messen, was die Bildung starker und fein verwobener Bindungen auf der Ebene des Zuneigungshungers anlangt. Die explizite Verbindlichkeit, eine ineinander verzahnte Einheit zu sein, schafft viele Bindungen durch reife Bedürfnisse, wie zum Beispiel danach, Erlebnisse und Verantwortlichkeiten zu teilen und durch die tiefe Befriedigung der gegenseitigen Fürsorge, Zuneigung und Unterstützung. Diese Verpflichtung weckt und erfüllt aber auch in unterschiedlichem Maße die vielen Sehnsüchte des versteckten Kleinkindes in uns, die Sehnsüchte nach nie endender Verbindung, nach äußerster Sicherheit unserer Existenz, nach Identität, nach Selbstachtung und nach Glück. Die Gewohnheiten selbst, die durch das intime und tägliche Zusammenleben entstehen, werden Teil der Bindung und sind oft sogar ein zentraler Punkt unserer Definition dessen, wer wir sind. Die Angst und unser Widerstand, diese Verbindung zu lösen, die tiefer verwurzelt sind in uns als alle unsere praktischen Erwägungen und unsere Überzeugungen, können das bitterste eheliche Band unzertrennlich machen.

Dorothy hatte jenen praktikablen Weg gefunden, um mit den realen Problemen in bezug auf die Kinder und die Finanzen fertig zu werden und hielt auch ihre früheren Überzeugungen von der Unauflöslichkeit der Ehe nicht mehr für unverletzlich. Aber statt ihren Entschluß zu bestärken, verschlimmerte diese Entwicklung nur ihre Angst. Je deutlicher sie erkannte, daß es wirklich möglich war, Ted zu verlassen, desto ängstlicher und unbeweglicher wurde sie.

> Ich sehe jetzt, daß ich es wirklich tun könnte, und das macht mir Angst. Wer bin ich ohne Ted? Wie würde das Leben ohne ihn aussehen? Auf der einen Seite wünsche ich ihn mir so sehr aus meinem Leben, daß ich Tagträume habe über seinen Tod; auf der anderen Seite gibt mir die Vorstellung, er könnte nicht da sein, das Gefühl, als wäre ich ganz allein auf der Welt. Manchmal konnte ich fast nicht atmen, weil er so bedrängend nahe war im Bett, aber wenn ich mir jetzt vorstelle, er wäre überhaupt nicht da, fühlt sich das Bett entsetzlich leer an, so ewig leer... Ich hatte tolle Phantasien darüber, wie großartig es sein würde, für mich allein zu sein, wenn ich aber dann an die Wirklichkeit denke, fühle ich mich eher wie ein trauriges kleines Kind, dessen Eltern gestorben sind. Was würde aus mir werden?

Diese Ängste veranlaßten Dorothy, es noch einmal mit Ted zu versuchen, noch einmal zu versuchen, ihre Bedürfnisse und ihre Unzufriedenheit mit ihm zu diskutieren, Ferien für das Wochenende mit ihm zu planen usw. Aber es veränderte sich nichts. Sie wurde depressiv, wurde wütend auf ihn und auf sich selbst. Und sie erlebte, wie ihr dieser Zorn schließlich den Mut gab, sich mit ihrer Ebene des Zuneigungshungers auseinanderzusetzen.

> Ich lasse mein Leben von einem Kleinkind bestimmen! Ich kann mir nicht länger ernsthaft einreden, daß es eine weise, mitleidige, reiflich abgewogene Entscheidung sei, in dieser Verpflichtung zu leben. Es ist Masochismus, feige und kindisch. Ich werde also eine Weile lang Angst haben und auch eine Zeitlang allein sein und mich verloren fühlen. Ich weiß aber, daß ich diese Gefühle werde überwinden können... Ich weiß, es wird mir eine Zeitlang sehr schlecht gehen, und vielleicht werde ich niemals das Glück finden, wonach ich suche, aber das kann nicht schlimmer sein, als ewig nur halb lebendig zu sein... Keine Sorge, kleine Dorothy, wir schaffen es schon!

Sie löste ihre Ehe mit Ted und war gut vorbereitet, die Konsequenzen auf allen drei Ebenen zu tragen. Und nach einer viel kürzeren Zeit, als sie befürchtet hatte, war sie eher erleichtert und optimistisch als verängstigt. Sie begann voller Energie ihre Karriere als Maklerin, fand neue Freunde und baute ein neues gesellschaftliches Leben für sich auf.

> Ich habe es keinen Augenblick lang bereut, höchstens, daß ich so lange für diesen Schritt brauchte. Aber ich konnte ihn nicht tun, ehe ich nicht bereit war dafür.

Ein anderer wäre in Dorothys Lage vielleicht zu einer anderen Entscheidung gekommen. Aber ob Mann oder Frau, mit oder ohne Kinder: Wenn du im Grunde weißt, daß du die Ehe beenden solltest, wenn du glaubst, daß deine Unzufriedenheit nicht aus momentanen Enttäuschungen des ichbezogenen Kleinkindes in dir stammt, wenn du aber immer noch nicht den Schritt wagst, den Bruch zu vollziehen, solltest du mit diesen drei Stufen beginnen:

1. Entwickle realistische Möglichkeiten, um die vorhersagbaren praktischen Probleme zu lösen.

2. Stelle einmal deine vor langer Zeit gewonnenen und unveränderten Überzeugungen in Frage und überlege, ob sie wirklich die beste Leitlinie sind für eine Entscheidung in deiner gegenwärtigen Situation.

3. Werde dir deiner kindlichen Bedürftigkeit und Angst aus der Ebene des Zuneigungshungers bewußt und stelle dich ihr entgegen, so daß du das ängstliche und fordernde Kind in dir sowohl überstimmen als auch trösten kannst. Befreie das reife Ich in dir, so daß du eine Entscheidung treffen kannst, die so weise und voller Selbstachtung ist wie nur möglich.

Kapitel 14

Der Bruch mit einem Menschen, der mit einem anderen verheiratet ist

Die besonders tragische und selbstzerstörerische Abhängigkeit ist die Abhängigkeit von einem Menschen, der an einen anderen gebunden ist, insbesondere durch eine Ehe. Und doch haben Millionen von Menschen ein unglückliches Verhältnis mit einer verheirateten Person und bleiben trotz des großen Schmerzes in dieser Beziehung, gefesselt von ihren eigenen Gefühlen und Hoffnungen.

Gewiß gibt es Beispiele, in denen eine solche Beziehung sich positiv entwickelt: Die verheiratete Person verläßt den Partner und verpflichtet sich dieser dritten Person. Und da dies manchmal tatsächlich geschieht, ist es so verführerisch, sich an solche Hoffnungen zu klammern oder sogar an das sichere Gefühl, so würde es auch dir gehen.

Maureen, die ständig verzweifelt war in ihrem langjährigen Verhältnis mit dem fest in seiner Ehe gebundenen Brad, fragte mich danach:
> Sicher kennst du doch viele Leute, die sich von ihrem Ehepartner getrennt haben, weil sie sich in einen anderen verliebt hatten, bei dem sie bleiben wollten.

Ich antwortete: Ja, aber für jeden einzelnen, den ich aus dieser Gruppe kenne, kenne ich etliche, die das nicht getan haben.

Maureen wurde trotzig und zornig, wann immer ich sie herausforderte:
> Aber du weißt doch, wie erfüllend und schön es zwischen Brad und mir ist. Und er hat gesagt, er fühle überhaupt keine Leidenschaft mehr für seine Frau. Ich glaube, es ist nur noch eine Frage der Zeit. Warum willst du mich immer so entmutigen?
>
> — Du sagst, es sei nur eine Frage der Zeit. Aber wieviel Zeit bist du noch bereit zu geben? Es läuft doch schon fast drei Jahre.
>
> Gerade die Tatsache, daß es schon drei Jahre hält, mit all den Schwierigkeiten, die wir durchmachen mußten, nur um zusammen sein zu können, zeigt doch, daß ihm wirklich daran gelegen ist und daß wir etwas ganz Seltenes und Besonderes miteinander haben.
>
> — Maureen, hat er dir je gesagt, er würde seine Frau verlassen?

Maureen schwieg.
> — Hat er dir nicht sogar das Gegenteil gesagt, er liebe dich zwar, würde sie und die Kinder aber nie verlassen?

Maureen begann zu schluchzen: Warum tust du mir das an?

Der Therapeut muß oft die Rolle des Spielverderbers übernehmen, wenn er mit einem

Patienten arbeitet, der sich mit einer verheirateten Person eingelassen hat. Er muß diese Rolle nicht nur übernehmen, weil er erkennt, daß diese Verbindung vermutlich aussichtslos ist, sondern auch, um die ganz offensichtlichen Selbsttäuschungsmanöver zu hinterfragen, denen Menschen so oft verfallen, wenn sie in eine verheiratete Person verliebt sind. Oft wird diese Täuschung von der verheirateten Person noch gestützt, kleine Hoffnungsschimmer werden angeboten, wenn nicht sogar konkrete Versprechen. Aber selbst wenn diese Person das nicht tut, ist es so leicht zu glauben:

> Er (sie) ist so glücklich mit mir und so unglücklich mit ihr (ihm), daß es einfach klappen muß. Und ich liebe ihn (sie) so sehr, daß ich mich so lange gedulden werde, bis alles in Ordnung ist.

Wenn du also ein seit langem dauerndes und tiefgehendes Verhältnis mit einem verheirateten Menschen hast, mußt du sehr wachsam sein gegen alle deine Versuche, dich selbst zu täuschen. Glaub' diesem Menschen, wenn er sagt, er werde seine Ehe nicht lösen, ganz gleich, wie liebevoll er auch zu dir sein mag. Und glaub' ihm n i c h t, wenn er sagt, er würde sich trennen und zu dir kommen, wenn er bislang nichts unternommen hat, um seine Situation wirklich zu verändern, ganz gleich, wie liebevoll er auch zu dir sein mag. Und hindere dich vor allem daran, Bedeutung in Dinge zu legen, die in Wirklichkeit keinen Hinweis auf eine Veränderung des gegenwärtigen Zustandes bieten.

Brad zum Beispiel machte Maureen manchmal spontan kleine Geschenke — ein neues Buch von ihrem Lieblingsautor oder eine Bluse in ihrer Lieblingsfarbe — und sie sah das nicht nur als Zeichen seiner Zuneigung, sondern wertete es als einen Hinweis auf seine größere Verbindlichkeit ihr gegenüber. Und sie tat dies, obwohl er viele Male die Grenzen ihrer Beziehung deutlich angesprochen hatte.

Warum gehen Menschen eine Beziehung mit jemandem ein, der verheiratet ist? Und warum bleiben sie dabei, wenn dies doch bedeutet, sich etwas zu wünschen, was man nicht haben kann? Anfangs ergibt sich eine solche Beziehung vielleicht aus denselben Gründen, wie jede andere auch - Attraktion, Zuneigung, schöne Gefühle, Gelegenheit. Aber wenn es weiter geht, auch noch, wenn längst die 'Schrift an der Wand' erschienen ist, dann spielen wahrscheinlich andere Faktoren eine Rolle, gewöhnlich unbewußt. Einen Faktor finden wir auch bei Menschen, die Zuneigung zu jemandem fassen, der aus irgendeinem anderen Grund unerreichbar ist: Es ist der Zwang, die nicht erfüllte Aufgabe aus der Kindheit zu lösen, nämlich Liebe und Zuneigung einer Person zu gewinnen, die sie nicht geben will. In der hier diskutierten besonderen Dreieckssituation gibt es aber darüber hinaus oft noch ein besonderes Element: die Furcht davor, einen Mann (oder eine Frau) für sich allein zu haben. Warum könnte jemand davor Angst haben? Und wenn er sie schon hat, warum vermeidet er es dann nicht einfach, sich überhaupt auf jemanden intensiv einzulassen?

Eine Teilantwort auf diese Frage ist die Tatsache, daß der Versuch, jemanden, der einem anderen 'gehört', für sich zu gewinnen, den Ödipuskonflikt der Kindheit wiederholt. In den frühen Lebensjahren gibt es den Wunsch, die grundlegende oder sogar ausschließliche Liebe des gegengeschlechtlichen Elternteils zu gewinnen, der kleine Junge möchte die Mutter ganz für sich allein, und das kleine Mädchen möchte den Vater ganz für sich allein. In 'Abschied von den Eltern' schrieb ich dazu:

„Das Kind will also seinen Rivalen, den gleichgeschlechtlichen Elternteil, beseitigen und trägt daher Wünsche für den Tod dieses Elternteils in sich. Diese heimliche, tödliche Konkurrenz flößt dem kleinen Jungen Angst vor fürchterlicher Vergeltung durch den Vater ein, und dem kleinen Mädchen Angst vor fürchterlicher Vergeltung durch die Mutter. Im Idealfall sieht das Kind die Vergeblichkeit seines Verlangens hauptsächlich deshalb ein, weil es merkt, daß der Elternteil, den es besitzen will, nicht dieselbe Art Beziehung zu ihm wünscht, und es gibt seine ödipalen Wünsche nach dem gegengeschlechtlichen Elternteil auf, fühlt sich erleichtert, wenn es sich mit dem gleichgeschlechtlichen Elternteil identifiziert anstatt mit ihm zu konkurrieren und hat dann später die Freiheit, sich einen Partner zu suchen, der ihm ganz allein gehört."(S.118)

Aber manchmal löst sich der Konflikt nicht so glücklich. Der gegengeschlechtliche Elternteil war vielleicht zu unnahbar und gab dem Kind nicht Gelegenheit, diese modellhafte liebende Beziehung zu erleben. Oder er war vielleicht zu nah, sogar verführerisch, erhöhte damit die Verwicklung des Kindes und vergrößerte seine Furcht vor der Rache des anderen Elternteils. Es kann auch sein, daß der gleichgeschlechtliche Elternteil so stark rivalisierte, daß er dem Kind damit Angst machte vor seinen eigenen Konkurrenzgefühlen, oder er war im Gegensatz dazu vielleicht ein so schwacher Rivale, daß er dem Kind nicht half, seine erschreckenden Impulse einzuschränken.

Und so kann es geschehen, daß das Kind diese ungelösten Gefühle und Tabus mit in sein erwachsenes Leben schleppt.
Eine Möglichkeit dazu bietet dir dann die Beziehung mit einem Menschen, der schon verheiratet ist. Diese Situation spiegelt fast die Situation des Kindes, und du verwirklichst jetzt vielleicht deinen alten Wunsch, über deinen gleichgeschlechtlichen Elternteil zu triumphieren (in Gestalt des Ehepartners deines Freundes/deiner Freundin). Gleichzeitig richtest du es aber so ein, daß du doch wieder verlieren wirst und der Schuld und der möglichen Rache aus dem Wege gehen kannst, die ein Sieg mit sich bringen würde. Und um dieses alte Drama fortzusetzen, stellst du vielleicht viele dieser selbsttäuschenden geistigen Verrenkungen an und blähst unbegründete Hoffnungen auf.

Wenn wir uns daraufhin Maureens Hintergrund betrachten, stellen wir fest, daß ihr Vater ein sehr überspannter, nervöser Mann war und immer in Bewegung, der sie zwar von Zeit zu Zeit mit Ausbrüchen zärtlicher Zuneigung überschüttete, dann aber wieder zu anderen Beschäftigungen forteilte. Und ihre Mutter, erschöpft und schließlich resigniert angesichts seines unberechenbaren Verhaltens, hatte die Rolle des verbitterten aber wirkungslosen Heckenschützen übernommen. Maureen erinnert sich, daß sie als kleines Mädchen dachte, wenn die Mutter zuversichtlicher und fröhlicher wäre, würde sich der Vater beruhigen, nicht mehr fortlaufen und mehr zu Hause bleiben. Und sie erinnert sich daran, daß sie immer überzeugt war, daß sie ihn zufriedener und liebevoller machen könnte, wenn sie statt der Mutter mit ihm verheiratet wäre.

Brad war nicht der erste verheiratete Mann in Maureens Leben als erwachsene Frau, aber mit ihm hatte sie ihre tiefste und längste Bindung dieser Art. Sie hatte Brad kennengelernt, als sie zusammen im Fahrstuhl des Bürogebäudes festsaßen, in dem sie beide arbeiteten. Sie waren danach ein Glas Wein trinken gegangen, um ihr 'Entkommen' aus dieser unangenehmen Lage zu feiern. Brad trug einen Ehering, sprach stolz von seinen Kindern und schien ein glücklich verheirateter Mann zu sein. Sie gefielen einander und verabredeten sich zum Mittagessen. Sie stellten fest, daß sie beide im Verlagswesen arbeiteten, und das erweiterte die Gemeinsamkeit ihrer Interessen. Nicht lange danach trafen sie sich zum Abendessen und begannen eine heimliche Affäre, die sie zunächst beide sehr genossen, die aber für Maureen zusehends frustrierender wurde. Als sie das erste Mal miteinander schliefen, sagte er:,,Du mußt wissen, daß ich meine Frau nie verlassen werde. Wenn du das nicht akzeptieren kannst, ist es besser, wir machen jetzt gleich Schluß."

Es ist leicht zu erkennen, wie Maureens ungelöste ödipale Gefühle in dieser Situation auf den Plan traten. Hier war ein verheirateter Mann wie ihr Vater, gleichzeitig aber ganz anders als dieser. Brad war warm und einfühlsam und großzügig in seiner Aufmerksamkeit — so wie sie sich immer den Vater geträumt hatte, wenn sie seine Frau gewesen wäre. Maureen konnte also versuchen, das bei Brad zu verwirklichen, was ihr bei ihrem Vater nie hätte gelingen können: ihn ganz für sich gewinnen. Gleichzeitig hatte sie sich damit in eine Situation gebracht, in der ihr Schuldgefühl wegen des Wunsches, ihre Mutter zu ersetzen und die Furcht vor dem eigenen Erfolg nicht geweckt werden konnten, da die Möglichkeit eines Triumphes so unwahrscheinlich war (,,Ich werde meine Frau nie verlassen"). Es war unglücklicherweise eine perfekte Situation, in der sie sowohl ihr frühes Familiendrama neu durchleben konnte, als auch so tun konnte, als sei sie siegreich, ohne es je wirklich zu schaffen.

Als Maureen und ich diese Kräfte erkundeten, entdeckten wir einen weiteren Aspekt: Indem es ihr gelang, in einer Situation zu bleiben, in der sie einen Mann nicht ganz für sich allein haben konnte, gelang es ihr gleichzeitig, für immer das kleine Mädchen der Mutter zu bleiben. Sie hatte zwar anfangs behauptet, der Mutter nicht besonders nahegestanden zu haben - und sie hatten auch wirklich nur wenige gemeinsame Interessen - und doch sah sie sie recht häufig und sprach viel mit ihr. In ihren Gesprächen ging es oft um ihr Pech wegen des jeweils gegenwärtigen Freundes, und sie waren durch dieses gemeinsame Band der Niederlage verbunden. Wenn Maureen Brad verlassen und eine gute, intime und liebevolle Beziehung zu einem ungebundenen Mann aufbauen würde, könnte diese Verlierer-Verbindung zwischen ihr und der Mutter zerbrechen, und Maureen würde vielleicht mehr Angst und Schuld empfinden als sie wagte zu tragen.

Ähnliche Kräfte waren auch wirksam in der Beziehung des 35jährigen Dick zu Zoe, einer verheirateten Frau. Seit zwei Jahren hatten sie eine intensive und aufregende Affäre, und Dick sagte ihr sehr deutlich, wie sehr er sich wünschte, daß sie ihren Mann verlassen und ihn heiraten würde. Zoe erzählte ihm zweifellos ganz aufrichtig, daß sie ihn mehr liebte als sie ihren Mann je geliebt hatte und daß sie die ganze Zeit an ihn dachte und sich auf die gemeinsamen gestohlenen Stunden freute. Aber sie konnte sich nicht überwinden, ihre Ehe aufzugeben. Es wurde deutlich, welche enormen Hindernisse sich nach ihrer Meinung einer Scheidung entgegenstellten - ihre Schuld, ihr Zuhause, ihr Leben in der Gemeinschaft und der Wunsch, das Leben der beiden Kinder nicht zu erschüttern. Ebenso deutlich - wenn auch unausgesprochen - war, daß ihr Mann ihr beträchtlichen Luxus bot, während sie mit Dick von seinem nicht gerade üppigen Beamtengehalt würden leben müssen.
Dick schimpfte auf diese hergesuchten Hindernisse, aber im Innern wußte er die ganze Zeit, wie verloren seine Sache stand. Und als er sein zähes Anklammern an die Verliererrolle untersuchte, zeigte sich darin die ödipale Bedeutung, da er ein lebenslanges Gefühl der Rivalität dem ehrgeizigen Vater gegenüber entdeckte, eine Rivalität, in der Dick der väterlichen Macht, seiner Position und seiner beherrschenden Rolle in bezug auf die Frau und den Sohn nichts entgegenzuhalten hatte. Wir erkannten auch, wie

Dick durch den Verzicht auf eine ganz zu ihm gehörende Frau in dieser alten, gegenseitig beschützenden Bindung zur Mutter blieb.

Manchmal ist die Bindung zur Mutter in solchen Situationen eher symbolisch als real. Ich kenne Menschen, deren Mutter lange tot war und die doch in der Rolle der kleinen Kindes blieben, das niemals erwachsen wird und sie verläßt, und die dies häfig auslebten, indem sie sich an jemanden banden, mit dem sie nie eine verbindliche Beziehung bilden konnten. In Begriffen des Zuneigungshungers gesprochen bleiben sie verbunden mit dem ersten Objekt dieser Zuneigung, indem sie eine neue grundlegende Beziehung vermeiden, deren Verbindlichkeit, Liebe und Einfluß sie und jene erste Person trennen könnten. So erlaubt dir die Abhängigkeit von einem verheirateten Menschen vielleicht die Aufrechterhaltung der unbewußten und unzerbrochenen Bindung zu jenem ersten Menschen deiner frühen Jahre, der Objekt deines Zuneigungshungers war.

Bevor wir darüber sprechen, wie du aus der Abhängigkeit zu einem verheirateten Menschen entrinnen kannst, wollen wir uns ansehen, was dein Partner tut, um diese Beziehung am Leben zu halten, denn oft kannst du bei genauerer Prüfung erkennen, daß dieses zerstörerische Spiel von beiden gespielt wird. Wenn wir zum Beispiel Brad beobachten, könnten wir fragen: Was hat er eigentlich vor? Einerseits sagt er Maureen, er würde seine Frau nie verlassen, andererseits ist er der vollkommene und aufmerksame Liebhaber. Das sind Doppelbotschaften, die darauf angelegt zu sein scheinen, Maureen in 'Knoten' zu binden.

Als ich mit Maureen arbeitete, fiel mir auf, daß immer zweierlei geschah, wenn sie entschlossener wurde in ihrem Bemühen, sich von ihm zu trennen. Erst sagte ihr Brad - wie sie mir dann erzählte - , so sehr er sie auch liebe, wisse er doch, daß sie am besten Schluß machten, so daß sie für sich selbst ein neues Leben aufbauen könnte. Einige Tage später berichtete sie dann von einer 'zartfühlenden Botschaft' oder einem 'liebevoll ausgewählten Geschenk', die sie von Brad erhalten hatte, die sich ,,niemand anders so ausdenken würde''. In ihr regte sich dann das Gefühl:,,Wie kann ich einen so wunderbaren Mann verlassen'', und ''er muß mich doch lieben, wenn er sich so auf mich einstellt'', und ihre Entschlossenheit, ihn zu verlassen, fiel wieder in sich zusammen.

Brads Gebaren als liebevoller und einfühlsamer Mann war ein Spiel, sei es nun bewußt oder nicht. Während er ihr sagt, sie könne ihn nicht haben, tut er das, was nach seinem Wissen die Wirkung haben muß, sie zu halten. Er sagt:,,Du kannst mich nicht haben'' und sagt zugleich:,,aber sieh mal, wie wunderbar ich bin''. Unter dieser scheinbaren Zärtlichkeit verbirgt sich das grausame Spiel:,,Verzehr dich nach mir''.

Wenn du in einer solchen Bindung an einen Partner gefangen bist, ist es notwendig, daß du die für dich grausame Wahrheit erkennst, daß seine Bedürfnisse des Zuneigungshungers so groß sind, daß er versucht, sowohl dich als auch den Ehepartner zu halten. Wenn er seine Ehe nicht lösen will, wäre das reifste Zeichen seiner Liebe für dich, vollständig, bedingungslos und unwiderruflich aus deinem Leben zu verschwinden. Nicht Liebe, sondern Nachgiebigkeit sich selbst gegenüber lassen ihn bei dir bleiben und dich mit der vergifteten Süße falscher Hoffnung zu füttern.

Wie kannst du nun wissen, ob deine Beziehung zu einem verheirateten Menschen, den du für dich gewinnen möchtest, sich auf unbegründete Hoffnungen stützt oder ob es eine realistische Einschätzung ist, die dich ein wohlüberlegtes Spiel wagen läßt? Wie ich oben schon andeutete, kann das manchmal funktionieren. Ja, manche der glücklichsten Ehen, die ich kenne, entstanden aus einer solchen unglücklichen und qualvollen Situation. Wie kann man entscheiden, ob man zu den Glücklichen gehört oder nicht?

Man kann es nicht mit Sicherheit tun. Du kannst aber viel Klarheit gewinnen, wenn du die Möglichkeit der Selbsttäuschung wahrnimmst und dich dazu zwingst, die Fakten klar zu sehen. Was sagt dein Partner? Stimmen seine Handlungen mit seinen Worten überein? Liest du mehr in kleine Gesten und mehrdeutige Worte hinein als sie wirklich bedeuten? Sprecht ihr über detaillierte Pläne (und nicht nur über romantisch wirre) für die gemeinsame Zukunft? Unternimmt er irgendwelche konkreten Schritte, um den Zustand zu ändern? Wie lange geht es schon so? Wie würdest du dich fühlen, wenn es noch ein weiteres Jahr genauso liefe? noch zwei? noch fünf Jahre? Hast du Freunde gefragt, die dich und die Situation kennen, wie sie sie beurteilen und was sie dir raten würden?

Da es in dieser Situation so viele Motivationsebenen gibt, so komplexe Interaktionen und so unglaublich zwingende Bestrebungen zur Selbsttäuschung, kann es eine der am schwersten zu lösenden Liebesbeziehungen sein. Um dir bei der Bestimmung zu helfen, ob du dich in Wirklichkeit täuschst und um dir zu helfen, deine Abhängigkeit zu beenden, wenn du das willst, schlage ich vor, die folgenden Richtlinien anzuwenden:

Falls es keinen stichhaltigen und festen Beweis gibt, daß er oder sie sich um eine explizite und konkrete Veränderung in den bestehenden Verpflichtungen bemüht, höre auf, dir selbst vorzumachen, daß alles gut werden wird.
Du mußt auch aufhören, dir selbst vorzumachen, du seist für diesen Menschen wichtiger als der Ehepartner, seine Ehe und die Kinder. Wenn das so wäre, wäre er bei dir. Ehe und Familie können sehr mächtige emotionale Investitionen sein.
Du mußt dir eine vernünftige zeitliche Begrenzung setzen, wie lange du noch warten willst, bis er oder sie irgendwelche Veränderungen in bezug auf seinen Stand und seine Verpflichtungen vornimmt. Und wenn es keine Veränderungen gibt, mußt du dich an diese gesetzte Grenze halten - oder du kannst endlos weitermachen.
Höre auf, ihn oder sie zu idealisieren. Denk daran, daß das Spiel, das dieser Partner vielleicht mit dir spielt (er gibt dir genug, um dich bei der Stange zu halten, aber er gibt dir nicht die verpflichtende Verbindung, die du dir wünschst), kein Liebesspiel ist. In diesem Licht betrachtet, ist er nicht Herr Nettermann, Herr Äußerstwünschenswert, oder Herr Vollendet. Es ist vielmehr eine kindische Selbstsucht in ihm am Werke sowohl in bezug auf dich als auch in bezug auf seinen Ehepartner, und du solltest dir das ehrlich eingestehen.
Es kann sinnvoll sein, deine Freunde vorzubereiten, daß sie für dich da sind, wenn du die unausweichlichen Entzugssymptome durchmachst und daß sie dir helfen, konsequent zu bleiben bei deinem Entschluß zu brechen, auch wenn es hart wird. (Genauere Details über den Einsatz eines solchen, die Abhängigkeit durchbrechenden Netzwerkes und darüber, wie es Maureen geholfen hat, findest du im 16. Kapitel.)
Im Ganzen - und vielleicht ist das am wichtigsten - setze dich damit auseinander, daß du vielleicht die Chance verpaßt, eine enge Beziehung mit einem ungebundenen Mann (oder Frau) aufzubauen, wenn du dich entschieden hast, bei einem Menschen zu blei-

ben, der einem anderen verpflichtet ist. Die Überprüfung deiner Motive - in der Art, wie das Maureen und Dick gemacht haben - können auch für dich hilfreich sein.

All dies kann dazu dienen, die entwürdigende Bindung, in der du jetzt steckst, zu brechen und dir die unbewußte, zuneigungshungrige Bedeutung dieser Beziehung bewußt zu machen. Die Einsicht kann dich dabei unterstützen, in Zukunft die Wiederholung einer ähnlich sinnlosen Jagd zu vermeiden. Denn du bist ja in Wirklichkeit kein Kind, das sich damit abfinden muß, außerhalb einer Hauptbindung zu stehen. Du hast ein Recht auf das Privileg des Erwachsenen, einen liebevollen Partner allein für sich zu haben. Dieses Privileg wirst du aber niemals haben, wenn du dich nicht befreist von der unerreichbaren, verheirateten Person, der du hörig bist.

Kapitel 15

Schreiben – eine Technik, die Abhängigkeit zu durchbrechen

Gut, ich verstehe es. Ich verstehe, daß all diese Gefühle und Bedürfnisse aus der Ebene des Zuneigungshungers mich dazu treiben, an einer Beziehung festzuhalten, die mir nicht gut tut. Trotzdem kann ich es nicht lassen. Was nun?

Manchen Leuten reicht die Erkenntnis, daß Gefühle aus der Vergangenheit sie in einer schlechten Beziehung halten, um entscheidende Schritte unternehmen zu können, diese Beziehung zu beenden. Aber für die meisten Menschen ist diese allgemeine Erkenntnis nicht genug. Es bringt sie der Lösung vielleicht ein wenig näher, da sie ihre unglückliche Lage in einem neuen Licht sehen, aber sie fühlen sich noch immer in der Falle und fragen sich verwirrt, wie sie diese neue Einsicht benutzen können, um die unerquickliche Bindung zu durchtrennen. In diesem und in den nächsten beiden Kapiteln wollen wir daher ausführlich einige Techniken diskutieren, die helfen können, die Abhängigkeit von einem Menschen zu durchbrechen. Diese Techniken sollen nicht verwechselt werden mit den zentralen Aufgaben, an denen man während dieses Prozesses arbeitet und die man lösen muß. Es handelt sich um den Unterschied zwischen Mittel und Zweck.

Es gibt drei Hauptaufgaben, die zu dem Ziel des Abbruchs der Abhängigkeit führen können, wenn du einmal beschlossen hast, daß du das willst.

1. Erkenne deine speziellen und süchtig machenden Gefühle des Zuneigungshungers und befreie dich von ihnen, da sie dich daran hindern, die Beziehung abzubrechen.

2. Erkenne die besonderen selbstzerstörerischen geistigen Vorgänge, die dich vom Handeln abhalten und stoppe sie.

3. Bewahre dir deinen Sinn für Identität und Selbstwert ohne diesen Zuneigungs-Fetisch.

Alle Techniken, die bei diesen Aufgaben helfen können, sind nützlich. Viele sind von meinen Patienten erfunden worden, und auch du möchtest vielleicht einiges ändern, Methoden selbst entwerfen, die für dich besonders hilfreich sind. Es ist nichts gegen Tricks einzuwenden, solange sie dich deinem Ziel näherbringen und keine besonders schädlichen Nebenwirkungen haben. Der Einsatz von speziellen Techniken des Schreibens kann besonders hilfreich sein. Bei den meisten dieser Schreibtechniken ist auch die Tonbandaufnahme ausreichend. Schreiben hat einige Vorteile, da man wieder einmal zurückblättern kann und da das Schreiben eine hoch entwickelte, anspruchsvolle Tätigkeit ist. Es kann den primitiveren, aus der Kleinkindebene stammenden Gefühlsflüssen und Gedanken entgegenwirken, die den Zuneigungshunger ausmachen. Wenn du Schreiben aber haßt oder eine eher auf Sprechen oder Hören ausgerichtete Person bist, kannst du ohne weiteres das Tonband benutzen.

Im folgenden sind einige Schreibübungen aufgeführt, die dir vielleicht bei deiner Durchbrechung der Hörigkeit helfen können.

EIN BEZIEHUNGS-TAGEBUCH

Einige Menschen schreiben regelmäßig Tagebuch. Die meisten haben zu irgendeinem Zeitpunkt ihrer Kindheit oder Jugend geschrieben, vielleicht sogar mit großer Hingabe, aber dann wurden die Einträge seltener und hörten schließlich ganz auf. Wenn du aber in einer Beziehung steckst, die dir Sorgen macht, beschwöre ich dich, eine besondere Art des Tagebuchs zu führen, ein Beziehungs-Tagebuch. Führe die Vorfälle und die Ereignisse dieser Beziehung auf, schreibe aber vor allem so aufrichtig wie du nur kannst deine Gefühle über den Kontakt mit dem Partner auf. Aus folgenden Gründen kann das so wichtig sein:
Es zwingt dich zu registrieren, was vor sich geht und was du fühlst. Wenn du es später noch einmal durchliest, kannst du vielleicht die Gestalt der Beziehung erkennen, wie sie wirklich gewesen ist und wie sie sich anfühlte, was ihr Muster ist im Laufe der Zeit. Und du kannst schließlich deiner Neigung entgegenwirken, die Beziehung zu verzerren, indem du entweder die Vorfälle verdrehst, deine Gefühle neu malst und das Unangenehme vergißt (das durch unseren Zuneigungshunger ausgelöscht werden kann) oder das Angenehme vergißt (das durch unseren Zorn ausgelöscht werden kann).

Jason hatte zum Beispiel seit drei Jahren eine sehr unbeständige Beziehung mit Dee, einer Frau, die manchmal aufregend und liebevoll war und auf ihn einging, meistens aber selbstsüchtig war und seine Bedürfnisse und Gefühle mißachtete. Mehrere Male trennte sich Jason von ihr, wenn er zu frustriert war und überwältigt von Gefühlen der Vernachlässigung, aber schon nach wenigen Tagen oder Wochen begann er, die Gründe zu 'vergessen', warum er sie verlassen hatte, oder er vergaß, welche furchtbaren Gefühle das in ihm geweckt hatte. Ich schlug ihm vor, ein Beziehungs-Tagebuch zu führen, zu versuchen, die Ereignisse darin aufzuschreiben und seine Gefühle über jeden bedeutsamen Kontakt. Er war erstaunt, wieviel häufiger er von schlechten Gefühlen schrieb - von Enttäuschung, Verletztheit, von ungläubigem Staunen über ihre Selbstsucht und von Zurückweisung, Zorn über ihre Ansprüche, Frustration bei dem Versuch, die Dinge vernünftig mit ihr zu bereden usw. - und wie wenig er von Gefühlen der Liebe, der Zärtlichkeit, des Glücks oder der Heiterkeit schrieb. Und wenn er sich dann von Dee getrennt hatte und anfing, ihren Verlust schmerzlich zu empfinden und sich nur noch an die goldenen Zeiten erinnern konnte, dann las er noch einmal die letzten acht Monate in seinem Beziehungs-Tagebuch nach (er nannte es 'Ich und Dee') und seine verblassende Erinnerung wurde unsanft aufgerüttelt.

Da gab es folgende Eintragungen:

> Was für eine gemeine Person! Ich werde praktisch nie krank, aber heute hat
> es mich wirklich erwischt. 4o Grad Fieber und Schüttelfrost. Sprach mit Dee
> heute morgen. Sie sagte, sie sei zu beschäftigt, um zu kommen - Treffen mit
> einer Freundin zum Essen und Einkäufe. Sie hat bis heute abend nicht ein
> einziges Mal angerufen, aber Blumen geschickt. Zum Teufel damit! —

Vorher hatte Jason diese Geschichte halb vergessen, und das einzige, woran er sich ent-
sann, waren die wundervollen Blumen.

Ein anderer Eintrag:

> Bin heute mit meinem Auto in ein Schlagloch gefahren, und der Auspuff ist
> hin. Kann das Auto bis morgen nicht benutzen. Erzählte Dee davon, daß ich
> sie nicht zum Flughafen fahren könnte und sie ein Taxi nehmen mußte. Sie
> fuhr mich an, sie könne sich nie auf mich verlassen und legte dann auf. Ich
> kann es nie gut genug für sie machen. Am liebsten würde ich diese Person
> fallenlassen.

Und hier:

> Party bei Ken. Dee hat mit jedem Mann geflirtet. Sah, wie sie einem Kerl ein
> Stück Papier zuschob. Ihre Telefonnummer? Danach haben wir darüber ge-
> stritten. Sie leugnete alles. Warf mir vor, paranoid zu sein und zu versuchen,
> sie einzusperren. Aber ich weiß, was ich gesehen habe. Kann nicht einschla-
> fen.

Es gab noch viele solcher Eintragungen, unterbrochen von Augenblicken liebevoller
Zärtlichkeit, einen oder zwei besonders ekstatischen sexuellen Begegnungen und einem
idyllischen Wochenende in einem Motel an der Küste. Aber das gefühlsmäßige Grund-
motiv von 'Ich und Dee' war Qual, und es war für Jason unglaublich hilfreich, sogar ein
Trost, das zu lesen, wenn er in den Fängen seines Trennungsschmerzes steckte.

Wenn du kein Beziehungs-Tagebuch geführt hast und jetzt daran gehst, eine Beziehung
zu beenden oder dich in großem Durcheinander befindest, weil du sie beendet hast, ist
es nicht zu spät, aus dem Gedächtnis heraus zu schreiben. Es ist dann nicht so genau,
wie das sofort Geschriebene, und es kann auch Verzerrungen geben, aber es lohnt sich
immer noch, wenn du dich verpflichtest, so aufrichtig wie möglich zu sein.

Du kannst alle möglichen Hilfen bei der Rekonstruktion benutzen, Fotos, Freunde,
Andenken usw. und versuchen, die Gefühle im Zusammenhang mit irgendeinem Ereignis wieder in dir wachzurufen. Versuche, die dir jetzt vielleicht nur noch diffus und ne-
bulös erscheinende Form eurer Beziehung erneut in ihrer alten Schärfe und spezifischen Art zu erinnern, so daß du wieder weißt, warum du sie beenden wolltest. Und
dann hole das Geschriebene immer wieder hervor, wenn die Sehnsucht nach diesem
Menschen so groß zu werden droht, daß du ihn überbewerten und die unangenehmen
Seiten dieser Bindung vergessen könntest.

DAS AUFDECKEN EINES MUSTERS

Es kann einem wie Schuppen von den Augen fallen, wenn man entdeckt, daß man einem Muster folgt bei der Wahl bestimmter Liebespartner und bei der Art der Beziehungen. Wenn also die Beziehung zum jetzigen Partner nicht die erste Liebesbeziehung ist, empfehle ich dir, eine Beziehungs-Rückschau zu halten. Schreibe zunächst die Namen aller Personen auf, mit denen du eine romantische Beziehung hattest und gehe so weit zurück wie möglich. Beschreibe die körperlichen Eigenschaften eines jeden, Größe, Körperbau, Haarfarbe, Bewegungen, Stimme, allgemeine Attraktivität etc.
Vermutlich gibt es ein Muster, denn da die meisten Menschen gewisse Vorzüge haben, hast du eine bestimmte Auswahl vorgenommen. Die Frage ist, ob diese körperlichen Vorzüge dich so stark beeindruckten, daß sie dich hinderten, andere Charakteristika dieses Menschen wahrzunehmen.

Wenn du die körperlichen Eigenschaften aufgeschrieben hast, notiere die persönlichen Charakteristika. Was waren nach deinem Gefühl die auffälligsten Merkmale der Persönlichkeit? Welche Adjektive sind am treffendsten: introvertiert oder extravertiert? passiv oder aktiv? warm oder kalt? intim oder distanziert? selbstbewußt oder selbstverleugnend? erfolgreich oder erfolglos? stark oder zerbrechlich? abhängig oder unabhängig? unterwürfig oder beherrschend?
Hat sich deine Einschätzung dieser Person im Laufe der Beziehung verändert? Wenn ja, wie schnell hattest du wirkliche Anzeichen dafür, daß nicht alles so war, wie es dir zu sein schien?

Im 8.Kapitel erzählte ich von Jeanne, die eingestand, immer zu Männern hingezogen gewesen zu sein mit 'gebrochenen Flügeln oder irgendeinem tragischen Defekt'. Aber Jeanne hatte diese Einsicht nicht von Anfang an. Zuerst bestand sie darauf, sie sei nur angezogen von mitreißenden, gut aussehenden, selbstbewußten Männern, aber irgendwie sei es nie gutgegangen. Als sie ihre Beziehungs-Rückschau hielt, trat ein darunterliegendes Muster deutlich zutage - unter dem oberflächlichen Charme und Glanz der von ihr ausgewählten Männer war immer Schwäche, Qual und Abhängigkeit. Ihr wurde deutlich, daß sie den Beweis dafür eigentlich sehr früh in der Beziehung erhielt, sich aber immer entschieden hatte, das zu ignorieren.
Ein Mann erzählte ihr bei ihrer ersten Begegnung eine lange Geschichte von den vielen Stellungen, die er jeweils für kurze Zeit gehabt hatte, gab immer glatte Erklärungen, warum er dort aufgehört hatte oder entlassen worden war, sprach beständig von hochfliegenden Plänen, die objektiv nicht sehr realistisch waren. Bei einem anderen Mann konnte sie schon nach den ersten wenigen Verabredungen beobachten, daß er sehr viel trank, entschloß sich aber, seine Erklärung zu akzeptieren, daß er nach einem so harten Tag Entspannung brauche.

Jeanne begann, die Möglichkeit einzuräumen, daß sie vielleicht nicht vom umwerfenden Mann angezogen war, sondern von dem Verlierer, da viele dieser Männer 'gebrochene Flügel' hatten und sie dies von Anfang an 'wußte'. Und das brachte sie auf das Muster, daß sie nämlich immer versuchte, die ungelöste Aufgabe ihrer Kindheit zu erfüllen - den gutaussehenden aber schwachen Vater aufzuwerten.

Wenn du also einmal die persönlichen Charakteristika der Menschen aufgeschrieben hast, mit denen du bisher eine Beziehung hattest, kannst du herausfinden, ob und welche Gemeinsamkeiten hervortreten und welche Anhaltspunkte dir diese Tatsache gibt.

Noch wichtiger als die Ähnlichkeiten der körperlichen und persönlichen Charakteristika deiner bisherigen Partner sind die Beziehungs-Charakteristika, d.h. die Interaktionsmuster, an denen du mit ihnen beteiligt warst. Um zu sehen, ob deine Beziehungen bestimmten Mustern unterworfen waren, kann es sinnvoll sein, unter den Namen jeder in Frage kommenden Person Antworten zu folgenden Fragen zu notieren:
Wie fing die Beziehung genau an? Wer hat die Initiative ergriffen? Wer war der Verfolger? — War einer von euch dominanter? Wer von euch schien zu bestimmen, wann und ob ihr zusammenkommt, und wie ihr die Zeit miteinander verbringt? — Wie war der Ton in der Beziehung? liebevoll? ärgerlich? zufrieden? deprimiert? ängstlich? langweilig? unsicher? romantisch? verzweifelt? oder wie? — Wurden deine emotionalen Bedürfnisse befriedigt? — Wie war es im sexuellen Bereich? Warst du glücklich? unglücklich? erfreut? erfüllt? einsam? enttäuscht? zornig? — Wie ging die Beziehung zu Ende? Wer beendete sie? Warum? Was fühltet ihr beide im Hinblick auf das Ende? — Lohnte sich der Preis in bezug auf die Kosten-Nutzen-Analyse?

Wenn du deine Beziehungen noch einmal überdenkst, kannst du häufig überraschende Einsichten in Muster gewinnen. Jason zum Beispiel, der von Dee so verächtlich behandelt wurde, hatte es immer als unglücklichen Zufall betrachtet, daß er sich in jemanden verliebte, der so selbstsüchtig war und nichts geben konnte. Nachdem er aber seine Beziehungen noch einmal überprüft hatte, kam er zu dem traurigen Schluß:

> Weißt du, ich habe nie mit einer wirklich liebevollen Frau zu tun gehabt, einer Frau, der es Freude macht, mir ein gutes Gefühl zu geben. Sie waren alle mit sich selbst beschäftigt und kleinlich, obwohl einige von ihnen großartige Gesten hatten und sich gut auf großzügige theatralische Handlungen verstanden, die so liebevoll aussahen, wenn sie mir zum Beispiel ein unerwartetes Geschenk machten, von dem sie meinten, es würde mir gefallen, oder wenn sie eine Überraschungsparty organisierten, oder wenn es einmal sexuell besonders aufregend war. Und jedesmal fiel ich auf diese großen dramatischen Gesten herein, obwohl ich bei der alltäglichen Begegnung so frustriert war und verhungerte... Selbst das erste Mädchen, in das ich mich mit neun Jahren verliebte, war eine kleine eisige Prinzessin. Ich bete sie an und wenn sie von Zeit zu Zeit in meine Richtung lächelte, vergaß ich alles, auch, daß sie mich sonst völlig ignorierte... Warum habe ich mir selbst nie eine Beziehung erlaubt, die mir wirklich etwas Gutes gibt?

Diese letzte Frage entsprang direkt Jasons Beziehungs-Rückschau und stellte einen Wendepunkt in seinem Leben dar. Er war zunächst einmal in der Lage zu erkennen, daß seine Beziehung zu Dee kein isoliertes Ereignis war, sondern Teil eines alten Musters, und daß er daher die Verantwortung für die Wahl solcher Beziehungen auf sich zu nehmen hatte. Dies führte ihn zu einer tieferen Reise in die Selbsterkenntnis. Beginnend mit seiner Mutter erkannte er, wie er immer wieder den sinnlosen Versuch machte, Liebe von Frauen zu bekommen, die schwere Mängel in ihrer Liebesfähigkeit hatten. Dies war ein wichtiger Schritt, um schließlich seine zermürbende und erniedrigende Beziehung zu Dee zu beenden und anzufangen, auf Frauen zuzugehen, die ihm mehr von dem anbieten konnten, was er sich wünschte.

KURZMITTEILUNGEN AN DICH SELBST

Eine meiner Patientinnen erfand die Technik, sich selbst Kurzmitteilungen zu schreiben (vgl.Kapitel 3). Sie benutzte diese Technik, um die Perspektive der Erwachsenen beibehalten zu können, während sie die Entzugsschmerzen litt, nach dem Ende ihrer Beziehung zu Wayne. Sie schrieb als 'Großes Ich' an 'Kleines Ich' und zeichnete Ratschläge auf wie:

> Du wirst Angst haben vor dem ewigen Schmerz, vor der ewigen Einsamkeit. Aber das ist nur die kindliche Sichtweise der Zeit. Als Erwachsene kann ich dir versichern, es gibt ein Morgen, und ich verspreche dir, daß du dich wieder besser fühlen wirst.

Sie war Verwaltungsangestellte und vielleicht schien es ihr deswegen natürlicher, Kurzmitteilungen zu schreiben als ein Tagebuch, wie ich es ihr vorgeschlagen hatte. Und sie konnte sie noch für vieles andere nutzen, nicht nur für die Zeitperspektive. Sie wußte zum Beispiel, daß das Heimkommen in eine leere Wohnung am Abend für sie besonders schlimm war, weil sie sich dann so schrecklich allein und unvollständig fühlte. Daher schrieb sie Kurzmitteilungen, schickte sie sich selbst mit der Post, nahm sie abends aus dem Briefkasten und fand dann Botschaften wie zum Beispiel:

> Hallo! Willkommen zu Hause! Koch dir ein Curryhühnchen und leg etwas gute Musik auf. Du bist es wert, daß man sich deinetwegen Umstände macht. Dann mach dich an den Stapel von Briefen und Rechnungen, den du immer auf die Seite gelegt hast.

Oder:

> Ruf Carolin oder Mabel an und mach Pläne für das Wochenende. Dann genieße den Rest des Abends und tu, was du möchtest, was Spaß macht und schön ist. —
> Heute abend sind es genau zwei Wochen, daß du Wayne nicht gesehen hast. So wie ich dich kenne, wirst du besonders traurig und sentimental sein deswegen, vielleicht bist du sogar in der Versuchung, ihn anzurufen. Du wirst nicht mehr wissen, warum du überhaupt Schluß gemacht hast mit ihm. Also erinnere dich daran, wie unmöglich knauserig er war und dich ärgerlich ausschalt, du seist extravagant, wenn du einmal etwas Ausgefallenes kauftest, selbst wenn du es von deinem eigenen Geld bezahlt hattest. Und wie dümmlich pingelig er sein konnte! Und wie geizig er war mit seinen Gefühlen! Heute ist das zweiwöchige Jubiläum deiner Befreiung davon!

Ich schlug auch anderen vor, solche Kurzmitteilungen zu schreiben, und alle haben diese Technik für sich verfeinert und benutzten sie, um mit allen Phasen des Abbruchs einer Beziehung fertig zu werden.

Jason, der zu jener Zeit bei mir in Therapie war, schrieb auf, was ich ihm seiner Meinung nach sagen würde, wenn er Entzugsschmerzen hatte. Interessanterweise waren es nicht die 'schlauen Interpretationen', die 'ich' in seinen Kurzmitteilungen machte, sondern Ausdrücke wie:,,Sie ist kein günstiger Kauf'', die er in solchen Zeiten besonders hilfreich fand.

Alle diese Kurzmitteilungen hatten eins gemeinsam: Sie boten die Möglichkeit, die Erinnerung und das Urteilsvermögen des Schreibers zu stärken, wenn diese Fähigkeiten von der Flutwelle der Bedürftigkeit und der Gefühle des Zuneigungshungers fortgespült zu werden drohten. Ich weiterte die Technik der Kurzmitteilung aus, suchte andere Möglichkeiten, um den Leuten zu helfen, mit ihrem reiferen Ich in Berührung zu kommen, wenn sie in der Gefahr waren, in den Überresten des kindlichen Aufruhrs zu ertrinken.

Eine Technik hieß: „Schreib eine Kurzmitteilung von dem weisesten Weisen der Welt", einem, der das Leben klar, einfühlsam und souverän betrachtete. Das tat Eileen einmal:

> Du kannst doch nicht wirklich glauben, dein Leben sei vorüber oder du seist bedeutungslos ohne diesen Mann unter Millionen von Männern, oder überhaupt ohne Mann. Das Leben ist viel größer. Du bist viel größer.

Eine weitere Variante, abgeleitet aus der Transaktionsanalyse, gibt vor, eine Kurzmitteilung von einem idealisierten Elternteil zu schreiben, einem Elternteil, der klar denkt, rational ist, dich zutiefst liebt und hundertprozentig auf deiner Seite steht. Eileen fand diese Technik besonders hilfreich, als sie mit Peter brach , vielleicht deshalb, weil ihre wirklichen Eltern ihr nicht genügend Rückhalt und Unterstützung gegeben hatten, um ein Gefühl für ihre unabhängige Stärke zu entwickeln. Ihre Mutter war keine sehr mitfühlende Frau und machte deutlich, daß sie nur dann mit ihr zufrieden war, wenn sie ruhig und wohlerzogen war und auf ihre Eltern ein gutes Licht warf. Ihr Vater, der sehr oft unterwegs war und sich ihr gegenüber recht distanziert verhielt, auch wenn er da war, schien sie überhaupt nicht zu kennen.

Einmal, fast zwei Monate nach der Trennung von Peter, war Eileen mit ihrer Freundin Mandy nach Paris gefahren. Nach der ersten der geplanten zwei Wochen war sie in so großer sehnsüchtiger Qual nach ihm gefangen, daß sie zu Mandy sagte, sie müsse sofort nach Hause. Sie sagte, sie liebte ihn wirklich, da sie ihn so sehr vermißte, und sie würde dorthin zurückkehren, „wohin ich gehöre - zu Peter". Mandy war zu erbost, um ihr das auszureden. So ging Eileen zum Flughafen. Und während sie allein im neonerleuchteten Wartesaal saß (sie war schon fast drei Stunden vor dem Abflug dort), begann sie sich zu fragen, was sie eigentlich tat. Sie nahm einen Bogen Papier und fing an, eine Kurzmitteilung von ihrem idealisierten Elternteil an sich zu schreiben.

Dort hieß es u.a.:

> Eileen, Schatz, du hast dich selbst in diese Lage gebracht. Es war einfach zu kurz nach der Trennung, um in eine der romantischsten Städte der Welt zu fahren. Wie konntest du nur glauben, daß du dich nicht einsam fühlen und ihn nicht vermissen würdest! Aber das Vermissen allein ändert nichts. Es heißt nicht, daß du ihn liebst. Es bedeutet nur, daß du das Gefühl vermißt, verliebt zu sein. Peter ist immer noch Peter, und wenn du jetzt nach Hause fährst, wird es derselbe alte Albtraum werden, nur noch schlimmer.

Eileen berichtete, wie sich ihre Stimmung veränderte, als sie diese Worte geschrieben hatte:

> Ich fing wieder an, mich frei zu fühlen. Gut. Ich gab meine Flugkarte zurück und rief Mandy an, erzählte ich, daß ich zu ihr zurück ins Hotel kommen würde.

Welche Methode du auch wählst, um die Kurzmitteilung einzusetzen, deine Sichtweise zu erhalten oder neu zu schaffen, es ist eine wirkungsvolle und hilfreiche Methode. Ich schlug sie Arthur vor, einem Mann, der ewig in der Beziehung mit Betsy verblieb, einer Frau, die er nicht liebte, aus lauter Angst davor, allein zu sein und von anderen Frauen abgewiesen zu werden. Er erfand seine eigene Variation, vielleicht in Übereinstimmung mit seiner Neigung, sein Leben detailliert und genau zu planen. Er stellte eine Reihe von Kurzmitteilungen her, die er erst später herausnehmen und ansehen würde, je nach Bedarf. Sie waren kurz und bündig, geschrieben vom 'Vater, den ich mir gewünscht hätte':

> Du liebst sie nicht. Du wirst sie niemals heiraten. Wenn du einmal heiraten möchtest, mußt du sie verlassen. —
> Es wird wehtun, sie zu verlassen. Du wirst es überleben. Irgendwelche Gefühle, die dagegen sprechen, stammen vom Kind in dir und haben nichts zu tun mit der Realität. —
> Du bist kein Filmstar. Du wirst von einigen Frauen abgewiesen werden. Na und? Das wirst du auch überleben. Du bist ausreichend attraktiv. Du hast viel zu bieten. —

Arthur schrieb Dutzende solcher im voraus komponierter Kurzmitteilungen. Allein das Schreiben half ihm, sich auf einen Bruch mit Betsy einzustellen. Später, während er den schmerzlichen Prozeß der Trennung durchmachte, las er sie durch und hielt sich an dieser Perspektive fest. Die, die im Augenblick am hilfreichsten waren, heftete er an die Pinnwand im Schlafzimmer. Er fand das nützlich, und auch du könntest von diesen im voraus geschriebenen Kurzmitteilungen profitieren.

Hier sind noch einige Beispiele für solche Botschaften, geschrieben von verschiedenen Leuten:

> Erinnere dich daran, wie kalt und lieblos er war, selbst zu der Zeit, als dein Vater starb. —
> Ich bin ein bestimmter, wertvoller und vollständiger Mensch auch ohne ihn. —
> Ganz gleich, wie sehr du ihn vermißt, weißt du, wenn du klar darüber nachdenkst, daß er der falsche ist für dich. —
> Die Tatsache, daß ich so viel Schmerz empfinde, bedeutet noch lange nicht, daß ich sie so liebe. Sie bedeutet nur, daß ich ein Süchtiger bin im Entzug. —

Du kennst dich selbst. Du weißt, welchen Gefühlen und Verdrehungen du ausgesetzt sein wirst, wenn du Schluß machst. Du mußt also von deinem vernünftigsten Ich diese Botschaften an dich schreiben, die du lesen müssen wirst, wenn du am meisten leidest.

BEZÜGE HERSTELLEN

Um dich selbst von der Tyrannei deines Zuneigungshungers zu befreien, kann es dir helfen, deutlich den Bezug zwischen dem Kleinkind, das du einmal warst, und den gegenwärtigen Gefühlen herzustellen. Oben sprach ich von einem Mann, der die frühen Wurzeln seines Entsetzens entdeckte, das ihn überkam, wenn er daran dachte, die zerstörerische Bindung abzubrechen. Er hatte von der Furcht gesprochen, verlassen zu werden, für ewig allein zu sein, und daß niemand ihn lieben würde.
Ich bat ihn, auf diesem Zeitstrang weiter zurückzugehen und zu versuchen, immer frü-

here und frühere Erinnerungen an dieses Gefühl zurückzurufen. Schließlich erinnerte er sich an einen Vorfall, wo er nachts in seinem Bett aufwachte, sehr durstig war und nach seinen Eltern rief. Sie kamen lange nicht (es ist nicht klar, wie lange es wirklich dauerte), da sie hinübergegangen waren zu den Nachbarn. Wie ich oben schon schrieb: „Er konnte sich an das Gefühl erinnern, sie seien für immer fort und er würde sterben. Er erinnerte sich, wie er sich wimmernd in einer Ecke des Bettes zusammenkauerte, nachdem er scheinbar eine Ewigkeit geschrien hatte. Und er wußte, das waren dieselben schrecklichen Gefühle, die er fürchtete, wenn er die gegenwärtige unglückliche Bindung löste." Das führte uns zu weiteren Erkundungen, und wir sahen, daß dieser Vorfall so mächtig auf seine Gefühle wirkte, nicht nur, weil er in sich selbst traumatisch war, sondern weil er beispielhaft war für die ganze Atmosphäre seines Elternhauses. Seine Eltern, recht distanzierte Menschen, waren oft gefühlsmäßig unerreichbar, selbst wenn sie körperlich anwesend waren. Und das wiederum führte zu weiteren Erinnerungen an Vorfälle in bezug auf ihre Nichtverfügbarkeit und an die Gefühle, die dies in ihm weckte, Gefühle der Angst und der Not, die dann Teil dessen wurden, der er war, und die sein Leben beherrschten.

Diese Verbindung so lebhaft zu erfahren und nicht nur als abstrakte Theorie zu begreifen, war für diesen Mann sehr nützlich bei der Bewältigung seiner Gefühle und schließlich auch bei der Abmilderung ihrer Macht über ihn. Es wäre auch für dich unglaublich hilfreich, eine Verbindung aufzunehmen mit den Erinnerungs-Bändern des kleinen Kindes in dir. Notiere jedes negative Gefühl, das ausgelöst wird, wenn du den Bruch einer schlechten Beziehung vorausahnst oder ihn durchführst, sei es nun deine Angst vor Einsamkeit und Verlassenheit, überwältigende Bedürftigkeit, Sehnsucht, Unangemessenheit, Unsicherheit, Schuld oder was sonst. Denke dann bei jedem dieser Gefühle darüber nach und schreibe auf, woran du dich erinnern kannst, als du dieses Gefühl zum allerersten Mal hattest. Was geschah? Warum fühltest du dich so? Was erscheint an der gegenwärtigen Situation ähnlich und löst so diese alten Gefühle aus? Ist diese Reaktion jetzt wirklich zwingend und angemessen? Erfühle die Verbindungen, sei mitleidig, mitfühlend und unterstütze das kleine Kind, das du einst warst. Es hatte gute Gründe, so zu fühlen. Aber du wirst wahrscheinlich entdecken, daß du als Erwachsener keine guten Gründe hast, so zu fühlen wie damals - und das kann sehr befreiend sein.

Kapitel 16

Das Netzwerk von Freunden – eine Technik, die Abhängigkeit zu durchbrechen

Es ist besonders schwer, eine wichtige Beziehung ganz allein abzubrechen. Der Abbruch einer engen Bindung - zumal wenn sie stark von Abhängigkeit geprägt war - weckt so elementare Gefühle, ist so erschreckend und schmerzlich, daß deine Willenskraft gelähmt sein kann und du dich so verzweifelt, ja geradezu zwanghaft an eben diese eine Bindung klammerst. In kaum einer anderen Situation wirst du stärker auf die Hilfe von Freunden angewiesen sein als jetzt. Zu einem Zeitpunkt, wo du eine Verbindung löst, die dir Halt gegeben hat, können Freunde als eine Art 'Lebensrettungsgesellschaft' fungieren. Manche Menschen verlassen sich lieber auf einen einzigen Freund, für die meisten ist es aber sehr gut, ein ganzes Netzwerk von Freunden zu haben, die auf ihrer Seite stehen und gewillt sind zu helfen. Da du dich vermutlich sehr schwach fühlst und dich in deinen Gesprächen oft wiederholst, fürchtest du vielleicht, die Gastfreundschaft selbst des zuverlässigsten und wohlwollendsten Freundes überzustrapazieren, wenn du die volle Last deiner Bedürftigkeit ihm allein auflädst. Außerdem gibt es bei einem Netzwerk von Freunden mehr Augen, die dich beobachten und dir mitteilen, was sie von dir und deiner Situation halten. Und drittens haben unterschiedliche Freunde natürlich auch Unterschiedliches anzubieten. Einige stehen zur Verfügung und andere nicht; einige bieten Zärtlichkeit und andere Zähigkeit. Bei einigen wirst du über deine tiefsten Gefühle und Ängste sprechen, andere werden dir helfen, die Dinge ein wenig leichter und humorvoller zu betrachten. Einige haben ein objektives Urteilsvermögen, dem du vertrauen kannst, andere werden blind 'auf deiner Seite' stehen oder ihre persönlichen Zwecke verfolgen.

Alle sind wertvoll, können einander ergänzen und zusammen ein Netzwerk von Händchenhaltern, weichen Schultern, erbarmungslosen Realisten, Wegweisern und Tankstellen für dein Ego sein, das dir eine Ausgangsbasis bietet für den Ausbruch aus der Abhängigkeit.

Der Wert eines solchen Netzwerkes ist so groß, daß du es nicht dem Zufall überlassen solltest, ob du es hast oder nicht. Es kann für den erfolgreichen Abbruch einer Beziehung ausschlaggebend sein. Sein Nutzen ist vielseitig und vielschichtig, vor allem aber besteht er darin, daß dir das Netzwerk von Freunden die tröstende Versicherung geben kann, daß es fürsorgliche Menschen gibt für dich, so daß du keine Angst zu haben brauchst, allein im Universum zu sein. Und diese Sicherheit, die dir das Gefühl gibt, mit der Vielfalt des Lebens neu verbunden zu sein, kann deine Entschlossenheit festigen, den Bruch durchzuführen und konsequent zu bleiben.

Man braucht Vertrauen, um ein solches Netzwerk zu bilden. Wenn du im allgemeinen keine sehr vertrauensvolle Person bist, kann es dir besonders schwer erscheinen, gerade jetzt, in einer Zeit, in der du besonders verletzlich bist, anderen Vertrauen zu schenken. Andererseits kann dir diese akute Lebenskrise helfen, dieses Risiko einzugehen. Wenn du nicht viele Freunde hast oder noch nicht einmal einen einzigen, bei dem du dieses Risiko eingehen kannst, dann sagt dir wahrscheinlich allein schon diese Tatsache einiges darüber, wieso du überhaupt abhängig geworden bist: Du hast so viele Bedürfnisse in diese eine Beziehung gepackt, da andere Beziehungen fehlten. Und das mag dich darauf aufmerksam machen, daß dich umgekehrt auch die Abhängigkeit so eingeengt hat, daß du nicht genügend andere Beziehungen hast. Und vielleicht ist deine Liebesbeziehung auch deshalb so unglücklich verlaufen, weil du sie mit allzu vielen deiner Zuneigungsbedürfnisse überbelastet hast. Ehe du nun die notwendigen Schritte tust, um diese abhängige Beziehung zu beenden, solltest du vielleicht Mühe darauf verwenden, neue Freundschaften zu entwickeln, damit du nicht zu befürchten brauchst, du würdest die einzige Beziehung beenden, die dich von der völligen Isolation trennt.

Wenn es dir bisher schwerfiel, Freundschaften zu entwickeln, wirst du das vermutlich nicht auf einmal ändern können. Aber es kann schon einen großen Unterschied machen, wenn du wenigstens erkennst, wie wichtig es ist, mit Freundschaften anzufangen, sie zu pflegen und zu vertiefen. Am besten beginnst du mit Menschen, die du kennst und denen du schon locker-freundschaftlich gesonnen bist. Frage dich, mit wem von ihnen du gern enger zusammen wärst und wer von ihnen vielleicht einmal dein Vertrauen gewinnen könnte, daß du auch schwierigere und empfindsamere Gefühle mitteilen könntest.

Eine Frau, die den langen und schmerzlichen Prozeß einer Trennung durchmachte, hörte von ihrer Freundin, der sie sich schließlich mitgeteilt hatte:
> Ich bin froh, daß ich für dich da sein kann, aber ich allein reiche nicht aus. Sieh dich um bei anderen Leuten, die du kennst, und überlege dir doch, wen du dir sonst noch als Freund wünschst, und dann geh auf ihn zu. Wenn du dich an vier Leute wendest, werden dich vermutlich drei von ihnen gern näher kennenlernen wollen.

Sie rief vier an, und alle waren sehr erfreut darüber, sich mit ihr zum Mittagessen usw. zu treffen. Als sie sie genauer kennenlernte, stellte sie fest, daß sie alle schon durch ähnliche Situationen gegangen waren wie sie, und eine Frau war auch gerade jetzt in derselben Lage. Ihr Netzwerk dehnte sich also aus und bildete ein Bollwerk gegen Verzweiflung und gegen die Gefahr, in die zerstörerische Bindung zurückzulaufen.

Wenn man anfängt, Freundschaften zu schließen und zu vertiefen, sollte man jedes kleine Unbehagen im Zusammensein aufschreiben und dazu die Überzeugungen, auf denen dieses Unbehagen vielleicht basierte, Überzeugungen wie zum Beispiel:,,Niemand sorgt sich wirklich um andere." - ,,Jeder ist sich selbst der Nächste." - Trau niemandem außerhalb der Familie." - ,,Ich habe nichts zu bieten." etc. Mit diesen Überzeugungen, für die du vielleicht einmal gute Gründe hattest, wird es schwer für dich sein, diese abhängige Bindung zu durchbrechen. Sie beinhalten nämlich, daß du ganz allein in einer Welt voller unfreundlicher Fremder sein mußt.

Nicht alle deine Freunde werden dir bei diesem Prozeß des Ausbruchs aus einer Abhängigkeit helfen können. Einige werden vor solchen heißen Problemen davonlaufen und alles am liebsten oberflächlich und leicht halten wollen. Diese beziehst du am besten nicht ein in dein Netzwerk. Wenn du den Fehler machst, auf diese Leute zählen zu

wollen, wirst du wahrscheinlich im Stich gelassen. Es wäre aber schade, wenn du daraus schließen wolltest, man könne auf niemanden rechnen. Sag dir lieber, daß nur diese eine Person ihre Grenzen hat. Aber auch ein solcher Freund - mit dem zu zwar nicht
deinen Kummer teilen kannst - kann jemand sein, an den du dich gern wendest, wenn
du dich einfach nur aufmuntern lassen möchtest, wenn du etwas Erleichterung haben
willst in dieser schwierigen Zeit. Im allgemeinen wirst du dir Freunde wählen, die wissen, was du durchmachst und die dich wirklich bei den Schwierigkeiten unterstützen
wollen.

SPEZIELLE ANWENDUNGSBEREICHE DER FREUNDSCHAFT

Ganz allgemein sind Freunde für dich da, um dich zu umsorgen und zu stützen, und
das ist wichtig. Aber wenn du einer Abhängigkeit entrinnen willst, haben sie zuästz-
lich einige besondere Funktionen:

SIE HELFEN DIR ZU ENTSCHEIDEN, OB DU FORTGEHEN WILLST
Bei der so schwierigen Entscheidung: „Soll ich bleiben oder gehen", brauchst du von
deinen Freunden dreierlei: Objektivität, ehrliches Feedback und das Gefühl, daß sie zu
dir halten, ganz gleich, wie du dich entscheidest.
Als Eileen mitten in ihren Entscheidungskämpfen steckte, ob sie Peter verlassen sollte
oder nicht, sagte sie:

> Ich wußte, ich konnte Hedi nicht vertrauen, wenn sie mir sagt, ich solle
> Peter in die Wüste schicken, da ich glaube, daß sie alle Männer haßt und sich
> und alle Frauen als Opfer sieht. Als aber auch Madge und Penny mich dräng-
> ten, Schluß zu machen, war das etwas anderes, denn ich wußte, daß sie ob-
> jektiv waren. Beide haben gute Beziehungen zu Männern, und ich zweifle
> nicht daran, daß sie zu mir halten, ganz gleich, wie ich mich entscheide.

Wenn du bei deinen Freunden Hilfe für deine Entscheidung suchst, ist es nicht nur
wichtig, daß sie ehrlich sind, sondern auch, daß du ehrlich bist, wenn du ihnen von dieser Beziehung erzählst. Auch deine eigenen widerstreitenden Gefühle mußt du so ausführlich und gerecht wie möglich darstellen. Dies ist nicht die Zeit und der Ort, wo dir
Scham, Verlegenheit, Schuld oder Furcht im Wege stehen dürfen.

SIE HELFEN DIR, DICH ZU ERINNERN, WARUM DU GEHEN WOLLTEST
Zwei Tage, nachdem Eileen Peter zum ersten Mal verlassen hatte, rief sie ihre Freundin
Madge mitten in der Nacht an und jammerte:

> Ich weiß nur, ich bin in einer Hölle, und ich kann mich um nichts in der
> Welt daran erinnern, warum ich eigentlich mich Peter Schluß gemacht habe.
> Ich weiß nur, wie schön es mit ihm war. Was stimmte denn eigentlich nicht
> zwischen uns?

Einen Augenblick war Madge erstaunt, aber dann erinnerte sie sich an ihre eigene Erfahrung beim Abbruch einer unglücklichen Affäre und wie leicht es möglich war, bei

dem Ansturm verzweifelter Ängste, das Negative aus dem Gedächtnis zu verlieren und alles zu vergessen, was den Entschluß zur Trennung ausgemacht hatte. Daher sagte sie:

Eileen, wie schnell du das vergessen hast! Erinnerst du dich nicht an die vielen Male, wo du mich angerufen hast und so verletzt warst, daß du kaum sprechen konntest, oder so wütend, daß du ihn umbringen wolltest? Erinnerst du dich nicht daran, daß er so oft nichts von sich hören ließ, daß er so oft einfach nicht kam? Und die Zeit, als er dich am Wochenende mitnahm und dich dann im Hotelzimmer sitzenließ, weil er den ganzen Tag auf Geschäftsbesprechungen war? Und wie du manchmal zwei Stunden lang mit ihm im Auto gesessen hast, ohne daß er auch nur ein einziges Wort sprach?

Eileen hörte zu und kämpfte um ihre Erinnerung, als versuchte sie, einen verblassenden Traum zu wecken. Und sie erinnerte sich tatsächlich - intensiv genug, um sich durch die nächsten Tage zu bringen, ohne Peter anzurufen, obwohl es immer noch eine Weile dauerte, ehe sie endgültig Schluß machen konnte. Aber ihr Anruf bei Madge und deren Reaktion illustrieren eine ganz wichtige Möglichkeit, auf welche Weise Freunde in dieser Zeit helfen können — als Gedächtnisspeicher, der wie ein Computer Daten zurückgeben kann, die du dort gespeichert hast und die durch das enge Ziel deines Zuneigungshungers verdeckt wurden.

Während des ganzen Trennungsprozesses können deine Freunde dir vielfach dienen, wenn sie deine Perspektive wieder zurechtrücken, dich daran erinnern, wie sie die Beziehung beurteilt haben, dir sagen, was sie jetzt an dir beobachten, dich davon abhalten, dir selbst etwas vorzumachen und deine Tendenz, den Partner überzubewerten und dich selbst herabzuwürdigen, in Frage stellen. Sie können deine Rationalisierungen unterminieren, die du benutzen möchtest, um in die Beziehung zurückzukehren. In dieser Rolle können deine Freunde wahrhaft tiefgehenden Schmerz verursachen, aber dafür sind sie da.

SIE BAUEN DEINE IDENTITÄT NEU AUF

Es kann ein deine Identität erschütterndes Erlebnis sein, wenn du eine Beziehung abbrichst und wenn du auch nur erwägst, sie abzubrechen. Du wurdest hauptsächlich deshalb so abhängig, weil du glaubtest, allein seist du unvollständig, unzulänglich, wertlos und unwichtig. Vielleicht fühltest du dich in dieser Beziehung als ganzer Mensch, erfolgreich und stark - aber du fühltest dich eben nur wegen dieser Beziehung so. Sie verstärkte deswegen vermutlich dieses Gefühl und die Überzeugung, daß du als getrennte Einheit nicht viel wert seist, wenn überhaupt etwas. Es ist furchtbar, den Schritt zu erwägen, ein Nichts zu werden, und es ist noch viel furchtbarer, diesen Schritt dann auch zu tun. In einer solchen Situation können die Freunde fast Lebensretter sein. Sie können dir als Spiegel dienen für all die verschiedenen Aspekte. Sie können Wände für dich sein, gegen die du anrennen kannst, und dir so helfen, deine Grenzen zu erkennen. Sie können selbst Not leiden und dich daran erinnern, daß du auch etwas zu geben hast. Sie können widerreden und zurückbrüllen, um dir so deine Wirkung auf andere zu zeigen. Sie können dir sagen, wie sehr sie dich schätzen, dich lehren oder neu lehren, wie wertvoll du bist. Kurz gesagt, sie können dir den wichtigen Beweis liefern, daß du auch ohne diese hörige Beziehung existierst, Form hast, Substanz, Ganzheit und Wert.

Als ich Ben zuerst erwähnte, den jungen Mann, der sich wie ein Niemand fühlte, wie eine Art Gespenst, das durch die Straßen schwebt und keine deutliche Form und kein

Ziel hat, erwähnte ich auch, wie sehr ihm die Reaktion seines Freundes Nat geholfen hatte; sein Freund und dessen Frau hielten Ben beide für einen sehr klaren und wertvollen Menschen, aber Ben blieb deprimiert. Er glaube, ohne Helena sei er ohne Identität, formlos und für niemanden wirklich interessant und wichtig. Anfangs wandte er sich an Nat, aber von einem gewissen Zeitpunkt an verschloß er sich, und Nat und seine besorgte Frau ergriffen schließlich die Initiative und nahmen Kontakt zu ihm auf. Später sprach Ben darüber:

> Manchmal war ich es leid, wenn sie anriefen und meine Einsamkeit störten, aber mir war auch undeutlich klar, daß sie sich wirklich sorgten, daß ich für sie Bedeutung hatte, obwohl ich nicht mehr mit Helena zusammen war... Der Wendepunkt trat in einer Nacht ein, als ich mich besonders mies und wertlos fühlte und einen Anruf von Nat bekam, der sagte: 'Hör mal, ich weiß, du fühlst dich scheußlich, aber versuch mal, dich für ein paar Minuten zusammenzunehmen, denn ich brauche deine Hilfe...' Und ich half ihm bei seinem Problem. Ich meine, ich wußte, ich wußte ganz sicher, daß ich hilfreich war, ich gab wirklich einen verdammt guten Rat. Und ich legte den Hörer auf und fühlte, irgendwo mußte es wirklich mein Ich geben.

SIE UNTERSTÜTZEN DICH WÄHREND DES ENTZUGS

Wir kennen Filme über Drogensüchtige und wissen von den Schmerzen, den Anfällen und den Schrecken des Entzugs. Und wir haben gesehen, wie unerläßlich die Unterstützung derjenigen ist, die ihn halten, beruhigen und ihn ermutigen. Die Entzugssymptome, die dem Bruch einer Abhängigkeit folgen, sind selten so akut, aber das Leiden kann genauso intensiv sein und zieht sich oft länger hin. Und für die, die unter dem Entzug einer Person leiden, kann es genauso wichtig sein, Unterstützung, Beruhigung und Halt zu bekommen, wie für die, denen eine Droge entzogen wird.

Im 4. Kapitel berichtete ich über das furchbare Entzugs-Wochenende von Norma, an dem sie so schrecklich litt und ihre Gefühle, ohne Anker zu sein und in das All hinauszutreiben, schriftlich festhielt. Ich wies darauf hin, daß sie sich zwar entschloß, diese Qual allein durchzustehen, daß sie aber zu einer Gruppe von vier Freundinnen gehörte, die ein kleines Netzwerk gebildet hatten, um einander bei Schwierigkeiten zu helfen. Und die geistige Gegenwart ihrer Freundinnen und das Bewußtsein, daß sie jederzeit zur Verfügung stünden, hielt sie in dieser freiwilligen Isolation aufrecht und tröstete sie. Zu einer anderen Zeit versuchte Maureen, die zu diesen vieren gehörte, sich von Brad zu lösen, dem verheirateten Mann, der ihr deutlich gemacht hatte, daß er mit seiner Frau verheiratet bleiben wollte. Eines Nachts (und die Nächte sind die schlimmsten Zeiten), kurz nachdem sie Brad gesagt hatte, alles sei vorbei, war Maureen in einem Zustand äußerster Erregung und Verzweiflung. Ihr 'Netzwerk' wußte, sie hatte mit Brad Schluß gemacht - sie hatten sie lange genug dazu ermutigt - und jede der Frauen hatte ihr gesagt, sie könne jederzeit anrufen. In dieser Nacht rief Joette, die verheiratete Frau aus der Gruppe, bei Maureen an, noch ehe Maureen sie anrufen konnte. Sie hörte Maureen schluchzen und hörte an ihrer Stimme, daß sie etliche Gläser Alkohol getrunken hatte. Aber Maureen war weder betrunken noch betäubt. Sie sagte weinend:

> Die einzige wirkliche Wahl, die ich habe, ist die, mich umzubringen, oder Brad weiter zu sehen. Ich habe einfach nicht die Kraft, allein zu sein, und ich bin wirklich nicht überzeugt, daß ich einen anderen finde. Es ist schon zu viele Jahre so gelaufen, hat zu viele Fehlschläge gegeben.

Joette sagte: Hör zu, Maureen, du leidest schreckliche Schmerzen, aber ich sag' dir: Das geht vorüber, du wirst dich nicht immer so fühlen. Dies ist eine natürliche Folge des Entzugs. Deine Zeitperspektive ist verrutscht, und deine Meinung über dich selbst ist verdreht. Und es gibt noch andere Männer, die du noch gar nicht kennst und die für dein Leben wichtig sein werden, wenn du es nicht selbst verpfuschst, indem du dich umbringst oder wieder zu diesem jämmerlichen Brad zurückgehst.

Sie sprachen über eine halbe Stunde miteinander und es ging Maureen dann viel besser. Sie war ruhiger und konnte sich sogar ein wenig über ihre Verzweiflung lustig machen. Etwa zwei Stunden später rief sie jedoch wieder an. Offensichtlich hatte sie weiter getrunken, denn sie sprach recht undeutlich:

Ich werde Brads Frau anrufen und ihr alles erzählen und ihr sagen, daß Brad mich in Wirklichkeit liebt und nur aus Schuldgefühlen bei ihr bleibt und daß sie ihn gehenlassen soll.

Wieder beruhige Joette sie und sagte:

Ich würde kommen, aber ich kann die Kinder nicht allein lassen und Cal ist nicht da. Ruf Norma oder Kiki an, oder ich tu das.

Maureen sagte, sie würde es tun, aber Joette traute ihr nicht in diesem Zustand und rief die beiden selbst an. Beide meldeten sich bei Maureen und sagten, sie würden kommen und taten es auch. Beide hielten sie, während sie schluchzte, halfen ihr, die aufgelösten Gefühle und Gedanken wieder zu sammeln und hielten sie sowohl vom Wein als auch vom Telefon fern. Dann saßen die drei zusammen und redeten, erzählten einander, wie sie sich in ähnlichen Situationen verhalten hatten, lachten über die Absurdität und brachten Maureen aus ihrem kindlich beherrschten Zustand in die Realität zurück. Nach einer Weile ging Kiki, deren Humor sehr geholfen hatte, aber Norma blieb über Nacht. In den nächsten Tagen mußte Maureen die eine oder andere von ihnen nochmal anrufen, aber die eigentliche Krise des Entzugs war überstanden.

SIE HELFEN DIR BEIM WIEDEREINTRITT

Haben die Entzugssymptome erst einmal nachgelassen, mußt du dich dem Problem stellen, der gesellschaftlichen Welt als ein alleinstehendes und nicht gebundenes Individuum entgegenzutreten. Hier können dir Freunde auf zweierlei Weise helfen. Sie können dich unterstützen in Zeiten der Entmutigung und des Wiederaufflackerns der Entzugssymptome, und sie können dir den Weg ebnen, das Leben neu zu strukturieren.

Während der nächsten paar Monate rief Maureen die eine oder andere Freundin aus diesem Netzwerk an, wenn sie sich besonders niedergeschlagen, ängstlich oder einsam fühlte. Außerdem meldeten sie und Norma sich für eine Kunstklasse an, die sich einmal in der Woche traf und manchmal zusammen Essen ging. Sie und Kiki gingen zu mehreren Single-Aktivitäten, zu denen sie allein vermutlich nicht gegangen wäre. Joette richtete es ein, daß Maureen einige unverheiratete Freunde ihres Mannes kennenlernen konnte, und die vier Frauen trafen sich weiter ziemlich regelmäßig, um über wichtige Probleme zu sprechen oder um einfach die Gesellschaft der anderen zu genießen. Es war unglaublich hilfreich für Maureen, und noch ehe ein Jahr um war, hatte sie eine Beziehung mit einem liebevollen und ungebundenen Mann, den sie nicht getroffen hätte, wenn sie noch mit Brad zusammen gewesen wäre und auch nicht ohne die Unterstützung ihrer Freundinnen.

DIE VORBEREITUNG DER FREUNDE

Es ist genauso wichtig, deine Freunde auf ihre erforderliche Hilfe vorzubereiten, wie die Entscheidung, an welche Freunde du dich in dieser Situation um Unterstützung wenden willst. Deine Freunde brauchen keine 'formale' Vorbereitung, kein Handbuch mit Regeln und Instruktionen, so wie auch dein Netzwerk nicht formal zu sein braucht. Du mußt ihnen aber gewisse Dinge mitteilen:

Du planst, deine Beziehung abzubrechen (und hier brauchst du vielleicht ihre Meinung zu dieser Entscheidung), und du rechnest damit, daß es schwierig und sehr schmerzlich sein wird.

Die Beziehung, die du beendest, ist eine abhängige Beziehung, und du könntest depressiv werden, in Panik geraten, verwirrt sein, verzweifelt und deshalb verführt sein, dich wieder an diese Person zu klammern.

Du mußt ihnen sagen, was du - je nach deiner Einschätzung, was dieser Freund dir am besten geben kann - brauchst, vielleicht: Jemand, der dir zuhört und versteht, was du durchmachst, — dich daran erinnert, daß die furchtbaren Gefühle, die du erlebst, vorübergehen werden und du dich wieder wohlfühlen wirst, — dich daran erinnert, daß du ohne diesen Menschen leben kannst, — dir vergewissert, daß du in Ordnung bist, vollständig, wertvoll, nett und liebenswert, auch ohne diesen Menschen, — dir vergewissert, der ehemalige Partner sei nicht dein Ein-und-Alles, nicht das große Los, — dir sagt, daß du nicht für immer allein sein wirst, — dich davon abhält, den ehemaligen Partner anzurufen oder zu sehen, ein Impuls, den du unausweichlich während dieses Entzuges haben wirst.

Je nach deinen Gefühlen kannst du entscheiden, worum du jeden spezifischen Freund bitten willst. Einmal bat Maureen Norma, sie jeden Abend anzurufen, denn:

„wenn ich in der Depression gefangen bin, rufe ich dich vielleicht nicht an, vielleicht weil ich glaube, ich sei eine Belastung, oder vielleicht weil ich so verrückt sein möchte, um dies als Ausrede zu benutzen und Brad anzurufen.

Du mußt also entscheiden, ob du deine Freunde fragen willst:

Kannst du mich jeden Abend anrufen? Ist es in Ordnung, wenn ich dich anrufe, wenn es notwendig ist? Kann ich dich auch mitten in der Nacht anrufen? Kannst du mich manchmal nach der Arbeit treffen zu einem Drink? Wirst du mich daran erinnern, warum ich diese Beziehung aufgebe, wenn ich es vergesse? Weißt du was von einer Party oder so, wohin ich gehen kann, damit ich mich nicht selbst verrückt mache?

Und du mußt deinen Freunden das Recht zugestehen, so viel oder so wenig an deinem Entzugs-Netzwerk beteiligt zu sein, wie ihnen angenehm ist. Ein Mann, der wußte, die Symptome würden ihn mit voller Kraft in den frühen Morgenstunden treffen, fragte drei seiner Freunde, ob er sie während der Nacht anrufen dürfe, wenn er das Bedürfnis danach habe. Zwei sagten Nein (der eine hatte eine wichtige Tagung und mußte gut ausgeschlafen sein, und bei dem zweiten war die Frau krank und durfte nicht gestört werden), aber einer sagte: „Ja, natürlich". Anfangs fühlte sich dieser Mann von den beiden anderen im Stich gelassen, ein gefährlicher Zustand, da er fühlte, wenn es allen gleichgültig sei, könne er genauso gut zu der Person zurückkehren, von der er abhängig war. Dann konnte er aber sehen, daß die beiden Freunde, die Nein gesagt hatten, ihn auf andere Art unterstützten, und er entschied:

Wenn es darum geht, mitten in der Nacht zu telefonieren, ist es vermutlich schon sehr viel, wenn ich überhaupt einen einzigen Freund habe, bei dem ich das machen kann.

Ich sage nicht, daß es unmöglich ist, eine abhängige Beziehung ohne die Hilfe eines Freundes oder mehrerer Freunde abzubrechen, aber da nun diese Bindung einmal aus der Ebene des Zuneigungshungers stammt, wird das Erlebnis leichter gemacht, und es wird auch vermutlich eher zum Erfolg führen, wenn du auf die Macht der Freundschaft zurückgreifen kannst.

Kapitel 17

Weitere nützliche Techniken, die Abhängigkeit zu durchbrechen

Eins ist sicher: Je stärker du dir deiner einzigartigen und wertvollen Identität bewußt bist, desto weniger wirst du deinem Zuneigungshunger unterworfen sein. Dein Zuneigungshunger ist ein Überbleibsel aus jener frühen Zeit, als du allein noch keine lebensfähige Einheit warst. Je mehr du also dein Bewußtsein darüber vertiefen kannst, daß du ein getrenntes, fähiges und vollständiges Ich bist, desto weniger wirst du dem kindlichen Gefühl ausgeliefert sein, du müßtest eine Bindung haben, um körperlich oder psychisch überleben zu können.

Es gibt Techniken, die dir helfen können, mit deinem Ich bekannt zu werden und die deine Erkenntnis der Wahrheit festigen, daß du existierst und eine einzigartige und wertvolle Identität besitzt. .

TECHNIKEN ZUM ERKENNEN DEINES INNERSTEN

Es ist schwer, Schäden an den Grundlagen deines Ich-Bewußtseins zu reparieren, Schäden, die vielleicht früh in deinem Leben entstanden sind, aber es ist die wichtigste Aufgabe überhaupt für dich. Vielleicht wirst du dabei auf Grenzen stoßen, bedingt durch deine persönliche Geschichte, aber diese Grenzen sollten dich nicht davon abhalten, deine Gefühle der Ganzheit, der Leistungsfähigkeit und des Wertes zu entdecken und zu stärken. Es ist eine Frage des Einstimmens auf die Botschaften, die in dir sind, auf deine Gefühle, Bilder und Wünsche, und zwar mit Verständnis, Fürsorge und ohne Verdammung.

Hier sind einige Übungen, die dir helfen können, einen Sinn dafür zu entwickeln, wer du bist und welchen Wert du als nicht gebundene Person hast.

SATZERGÄNZUNG

Oben im 5. Kapitel schrieb ich, wie Eileen die Technik der Satzergänzung benutzte als Möglichkeit, um zu bestimmen, wer sie ohne Peter sei. Es folgen nun einige unvollständige Sätze oder Satzanfänge, die dich mit grundlegenden Aspekten deines Selbst in Verbindung bringen werden, wenn du sie spontan und offen ergänzt. Du kannst für jeden Satz eine oder mehrere Ergänzungen aufschreiben:

Ich bin... / Die Hauptsache an mir ist... / Ich... immer. / Ich fühle mich am meisten wie

ich selbst, wenn... / Was ich am meisten an einem Menschen mag, ist... / Ich werde...
sein / Ich werde zornig, wenn... / Ich fühle mich am glücklichsten, wenn... / Ich glaube
an... / Die eine Sache, die ich erreichen möchte, ist... / Was ich am liebsten an mir mag,
ist... / Ich hasse es, wenn... / Ich war... / Ich fühle mich am wenigsten wie ich selbst,
wenn... / Ich fühle mich am schwächsten, wenn... / Ich... niemals. / Wenn ich zornig
bin... / An einem regnerischen Tag mag ich gern... / Ich fühle mich gut, wenn ich mich
erinnere, wie... / Wenn ich allein bin, fühle ich... / Wirklich am liebsten von allem
möchte ich... / Ich war die Art Kind, das... / Eines, was ich gern an mir verändern
möchte, ist... / Ich fühle mich am stärksten, wenn... / An einem schönen Tag mag ich
gern... / Mein liebster Zeitvertreib ist... / Wenn ich glücklich bin, mag ich gern... / Wenn
meine Beziehung zu... zu Ende gehen sollte, ...

Wenn du diese Sätze ergänzt hast, lies sie noch einmal durch. Welche Person tritt zum
Vorschein? Vergiß nicht: Auch wenn dir nicht gefällt, wie du einige dieser Sätze ergänzt hast, bist doch du es, der sie vervollständigt hat.
Es gibt da ein Ich, das Gefühle hat, Meinungen, Neigungen und Sehnsüchte. Du hast eine Identität. Und wenn es Seiten an dieser Identität gibt, die du nicht magst, stehen
dir zwei Möglichkeiten offen, die du ergreifen kannst. Du kannst Verständnis für dich
zeigen und dafür, wie du der wurdest, der du bist. Und du kannst es dir zum Ziel setzen, die mühselige aber lohnende Arbeit zu beginnen, dich selbst zu verändern. Du
kannst es dir zum Ziel machen, die Person, die sich in diesen Sätzen zeigt, lieber zu
mögen, wenn du die Übung in einem Jahr wiederholst.

KÖRPERBEWUSSTSEIN

Dein Ich ist keine vom Körper getrennte Einheit. Dein Gefühl dafür, wer du bist, ist in
vieler Weise auf dein Empfinden für die Größe, die Form und das Funktionieren deines
Körpers bezogen.
Als Ben am Ende einer langen Liebesaffäre litt, erzählte er seinem Freund: ,,Ich fühle
mich wie ein Niemand..." Er beschrieb ein Gefühl, das die Menschen häufig haben,
wenn sie ohne Bindung sind und besonders dann, wenn eine Bindung gerade zerbrochen ist, das Gefühl, sie hätten keinen Körper. Jede Übung, die dir hilft, dir deines eigenen Körpers bewußt zu werden, wie er aussieht, sich anfühlt, wie er funktioniert,
welche Wirkung er auf die Umgebung und welche Wirkung die Umgebung auf ihn hat,
kann   Empfindungen für den zentralen Kern in dir verstärken, der ganz zweifellos
dein eigen ist und Teil deiner einzigartigen Identität. Wenn du gern Sport treibst oder
andere Aktivitäten verfolgst, mußt du dich auf deinen Körper in Aktion einstimmen
und ihn als Bestätigung und Reflexion dessen sehen, der du bist.
Ob du nun aber aktiv oder eher phlegmatisch bist, der grundlegende physiologische
Vorgang, dessen du dir leicht bewußt werden kannst, ist dein Atmen. Wenn du leicht
das Bewußtsein deiner Identität verlierst, wenn du nicht an jemanden gebunden bist,
kann es dir helfen, wenn du jeden Tag etwas Zeit nimmst, tief durchzuatmen.

Wenn du allein und ungestört sein kannst, lege dich flach mit dem Rücken auf den Boden oder auf ein festes Bett. Vielleicht fällt es dir schwer, dich zu entspannen, dann
kannst du zunächst verschiedene Muskelgruppen anspannen und sie dann lösen. Beginne damit, ein Bein so stark anzuspannen, wie du kannst, und solange, bis es fast anfängt zu schmerzen, und laß dann plötzlich locker. Dann spanne und entspanne das
andere Bein, deine Hüften und Gesäßmuskeln, deinen Bauch, die Brust, die Arme und

deine Hals- und Kopfmuskulatur. Wenn du fühlst, daß dein Körper entspannt ist, beginne mit dem tiefen Atmen. Atme zunächst sehr langsam und tief ein. Versuche bis in den Unterleib hinein zu atmen, so daß er mit Luft gefüllt wird. Lege deine Fingerspitzen leicht auf deinen Bauch unterhalb des Nabels. Wenn du wirklich tief atmest, wirst du fühlen, wie sich dein Unterleib hebt und senkt. Halte die Luft kurz an, wenn du tief eingeatmet hast, und dann atme langsam durch den Mund aus, noch langsamer, als du eingeatmet hast. Wiederhole das immer wieder und versuche eine Art Rhythmus zu finden. Während du das tust, werde dir all deiner Empfindungen bewußt hinsichtlich der Grenzen deines Körpers und wie Körper und Umgebung einander beeinflussen. Zu welchem Zeitpunkt ist die Luft Teil der Außenwelt? Und wann ist sie Teil deines Körpers? Laß die Empfindung auf dich einwirken, daß du es bist, der atmet, daß du es bist, der mit einer basischen Lebensfunktion beschäftigt ist, die du seit deinem ersten Schrei tust. Dein Atmen hängt nicht von einer Bindung an irgendeine andere Person ab. Dein Atmen ist völlig autonom. Es ist eine Funktion deines körperlichen, lebendigen, einzigartigen und grundlegenden Ich.

EINE PHANTASIEREISE IN DEINEN INNERSTEN KERN

Einige Monate nach der Trennung von Ginny, als er das Gefühl hatte, ein 'Gespenst' zu sein, nahm Ben an einem Workshop teil, der von Dr.Daniel Malamud geleitet wurde, Die Teilnehmer wurden in einer Übung Schritt für Schritt auf eine Phantasiereise geschickt, während der sie sich ihr eigenes Innerstes vorstellten und es erlebten. (Die Instruktionen, die ich hier gebe, sind eine Bearbeitung aufgrund der Übung. Entwickelt wurde sie von Dr.Malamud als Teil eines Psychosynthesis-Seminars, zuerst durchgeführt 1971, 'The Second Chance Family'.)

Später erzählte mir Ben davon:

> Ich sah mein Innerstes als einen gewaltigen Raum in einer Mammuthöhle mit den farbenprächtigsten Tropfsteinen, wunderschöne stehende und hängende Tropfsteine... Ich fühlte mich aber nicht leer an, da ich mit Licht und Summen erfüllt war. Ich konnte die pulsierende Energie sehen und fühlen, ich konnte all diese abprallenden Atome und die wirbelnden Elektronen erleben. Ich hatte ein tiefes Empfinden für meine eigene Vitalität und dafür, wer ich eigentlich bin, was mein Fundament anlangt.

Während späterer Stadien seines Entzugs von Ginny, ließ er sich selbst noch einmal Berührung mit seiner zentralen 'Höhle' aufnehmen und zwang sich selbst gleichzeitig zu dem Gedanken:,,Ich werde Ginny niemals wiedersehen." Obwohl ihn dieser Gedanke noch immer etwas verunsicherte, ging das Summen zuversichtlich weiter, erzählte ihm von seinem Innersten und hielt ihn davon ab, sich wie dieses ektoplasmische 'Gespenst' zu fühlen.

Direkt abgeleitet von Malamuds Workshop-Übungen gibt es eine Methode, die dir helfen kann, mit dem Empfinden des Kerns oder den Zentrums deines Ich in Berührung zu kommen und mehr darüber zu entdecken.

Bring wie beim tiefen Atmen deinen Körper in eine bequeme Position und entspanne dich. Wenn du dich entspannt fühlst, konzentriere dich auf einen Gegenstand im Zimmer — einen Stuhl, eine Lampe, ein Bild — zu dem du nach deiner Phantasiereise zurückkehren kannst. Sieh ihn dir an und präge ihn in dein Gehirn. Das wird deine Ausgangsbasis sein. Dann schließ die Augen und stell dir vor, es gäbe einen Raum in dir, der dein Zentrum ist, ein Zentrum, das nur dir gehört, einen Kern deines Seins, deines Bewußtseins, deiner Energie und deiner Weisheit. Versuche, dieses Zentrum in dir zu lokalisieren. Wo in dir befindet es sich? Wie sieht es aus? Betrachte dieses innere Gebiet eine Weile. Dann stell dir vor, wie dieses innere Zentrum sich mit Licht füllt und immer deutlicher sichtbar wird. Je heller es wird, desto genauer kannst du sehen, wie dieses Zentrum beschaffen ist. Und du kannst es nicht nur sehen, sondern kannst auch ein Summen darauf aufsteigen hören, ein Summen von reiner Energie. Hör ihm zu. Mach dir bewußt, wie dieses Summen aus deinem Zentrum kommt. Nach einer Weile kannst du dieses Summen leiser werden lassen, aber dein Bewußtsein für das Zentrum erhalten, wie es klingt und wie es aussieht. Halte das Bewußtsein fest, daß das, was du hörst und siehst, dein einzigartiger Kern ist.

Wenn du ein sicheres Empfinden für diesen Kern hast, laß deine Gedanken allmählich in den Raum zurückkehren. Stell dir das Objekt vor, das du dir als Ausgangsbasis gewählt hast. Dann öffne langsam deine Augen und schau deine Ausgangsbasis an. Du weißt, deine Reise zum Zentrum ist beendet, aber du hast ein Gefühl für dieses Zentrum mitgebracht und wirst versuchen, es dir zu erhalten. Strecke deinen Körper und richte dich auf.

Du kannst vermutlich eigene Möglichkeiten entwickeln, dein eigenes einzigartiges Zentrum zu sehen, zu hören, zu erforschen und mit ihm in Berührung zu kommen. Einige Menschen haben Bilder davon gemalt, Skulpturen gemacht und darüber geschrieben. Die Methode ist nicht so wichtig wie die Botschaften, die es bringt.

Die Botschaft lautet: Du hast eine Identität, die wirklich ist, vollständig und dir allein gehört. Du hast vielleicht Gefühle, die dem widersprechen — daß deine Identität schwach sei wie eine Wolke oder nur fragmentarisch — aber diese Gefühle verdrehen die Tatsache, daß du eine feste und ganze Person bist. Jedes Gefühl der Unwirklichkeit das du vielleicht empfindest, stammt aus einer Zeit früh in deiner Kindheit, als dein Empfinden für ein getrenntes und unabhängiges Ich noch leicht erschütterbar und erst im Entstehen begriffen war. Aber jetzt hängt deine Identität nicht davon ab, daß du mit einer anderen Person verbunden bist. Ja, dein Empfinden dafür, wer du als getrenntes Wesen wirklich bist, wird geschwächt, wenn du auf eine abhängige Weise an eine andere Person gebunden bist, da es dir allein die Illusion der Identität vermittelt.

DAS BEWUSSTSEIN FÜR UNSERE WÜNSCHE

Das Bewußtsein, des eigenen festen Kerns bedeutet zu wissen, was man will. Viele Menschen wissen nur ungenau, was sie wollen und werden sehr abhängig davon, ihre eigenen Wünsche von anderen Leuten zu erfahren. Während ich dies schreibe, fällt mir das Paradoxe auf daran: Ein anderer Mensch soll mir erzählen, was ich will? Das ist ein Widerspruch in sich. Und doch führen manche Menschen genau so ihr Leben. Wir akzeptieren es, wenn ein kleines Kind im Laden fragt:,,Mammi, welchen Bonbon möchte ich?" Es ist aber viel merkwürdiger, wenn ein Erwachsener im Restaurant auf die Speisekarte blickt und seinen Partner fragt:,,Welchen Nachtisch möchte ich?" Und manchmal beziehen sich diese Fragen auf viel tiefere und weiter verzweigte Entscheidungen als nun gerade auf die Wahl eines Nachtisches.

Wenn dein Ich-Bewußtsein in der Weise unsicher ist, daß du nicht weißt, was du willst, schlage ich eine kleine Übung vor, die die Psychoanalytikerin Ruth Cohn (früher in

New York, heute in der Schweiz) einigen ihrer Patienten verschrieben hat. Nimm dir jeden Tag zehn Minuten Zeit, an denen du mit Sicherheit ungestört sein wirst und stell dir einfach diese Aufgabe:,,In diesen zehn Minuten werde ich mich völlig darauf konzentrieren, was ich zu diesem gegebenen Augenblick möchte, was mein Körper tun will, was meine Gedanken wollen. Und so weit wie möglich, will ich das tun, was ich will."

Das ist nicht so leicht, wie es sich vielleicht anhört, besonders wenn man nicht gewohnt ist, sich auf seine eigenen Wünsche einzustellen. Du merkst vielleicht, daß einige Wünsche undeutlich sind, daß du gelähmt bist durch einander widersprechende Wünsche (zum Beispiel Eis essen einerseits und abnehmen andererseits). Vielleicht hast du sogar das Gefühl, daß du nichts willst. Tatsächlich hast du aber Wünsche, mit denen du nur aus Gründen, die in deiner Geschichte liegen, nicht genügend in Kontakt bist. Viele Kinder werden zu der Auffassung erzogen, es sei falsch, sündig und eigennützig, etwas für sich selbst zu wünschen, und sie lernen sehr früh, das Bewußtsein für ihre Wünsche zu unterdrücken. Wenn du lernst, mit deinem wünschenden Ich in Berührung zu kommen, wird der Weg frei sein, deine Identität zu entdecken. Das bedeutet nicht, daß du von nun an allein dem Lustgewinn leben und unverantwortlich jeder Laune und jedem Wunsch nachgeben sollst, aber du solltest dein wünschendes Ich als einen wichtigen Teil deines Selbst erkennen und dann souverän unter Berücksichtigung des ganzen Bildes entscheiden, was du tun willst. Dadurch wird dein Bewußtsein deines Zentrums gefestigt, und du brauchst keinen anderen Menschen mehr, um zu wissen, was du willst. So wird es leichter werden, mit diesem anderen Menschen zu brechen, wenn du das möchtest.

GEDANKENSTOP UND ABLENKUNG
Eileen erzählte mir:

> Ich habe eine Möglichkeit gefunden, viel weniger oft an Peter zu denken. Ich trage dieses Gummiband um mein Handgelenk, und sobald ich Gedanken an Peter in meinem Kopf auftauchen fühle, ziehe ich das Gummiband lang und lasse es dann gegen mein Handgelenk schnellen. Das klappt wirklich!

Anfangs war ich entsetzt über diesen Versuch, sich mit Hilfe von Strafe zu konditionieren. Denn die Grundlage meiner Arbeit lautet: Eine Abhängigkeit wird am besten beendet, wenn man sie gründlich erforscht, ihr kleinkindhaftes Wesen erkennt und diese Erkenntnis dazu benutzt, die Macht des Zuneigungshungers zu brechen. So ein behavioristischer Trick, wie ihn Eileen erwähnte, um diesen Vorgang abzukürzen, schien einfach eine zu leichte Lösung zu sein. Es mag helfen, eine Verbindung zu einem bestimmten Menschen abzubrechen, wenn wir aber nicht die Wurzeln und die Funktion dieser abhängigen Bindung verstehen lernen, können wir sehr wohl dazu verdammt sein, das Muster bei einem anderen Partner zu wiederholen und am Ende nichts anderes zurückbehalten als sehr wunde Handgelenke. Ich glaube immer noch, daß diese Einstellung völlig richtig ist: Um eine Abhängigkeit zu überwinden, muß man tiefgründige Veränderungen in seinem Ich-Gefühl vornehmen, in seinen Bindungsbedürfnissen und in seinen selbstvernichtenden Methoden zur Erfüllung dieser Bedürfnisse.

Aber dann fiel mir ein, daß Eileen bereits ein tiefes Verständnis ihrer Bindungsbedürfnisse und der dahinterstehenden Muster hatte entwickeln können, daß sie wußte, wie diese Bedürfnisse sie immer wieder zu Männern wie Peter geführt hatten. Und es war klar, wie sehr sich ihr Empfinden des eigenen Wertes und der Lebensfähigkeit als getrennte Person in der vergangenen Zeit schon verstärkt hatte. In diesem Zusammenhang war der behavioristische Trick kein Ersatz für wirkliche Veränderung, sondern eine nützliche ergänzende Technik, um mit den Resten ihrer Bindung fertig zu werden. Ich erkannte, welcher Wert darin liegen kann, die letzten Reste dieser Bindung zu durchtrennen und fand es angemessen, einige behavioristische Techniken zu empfehlen als Teil des Vorgangs, die Abhängigkeit zu durchbrechen.

Dr.Deborah Phillips hat verschiedene Arten solcher behavioristischer Techniken in einem Buch beschrieben, das helfen will, über eine Beziehung hinwegzukommen, die zu Ende gegangen ist. ('How To Fall Out of Love', Boston, 1978). Der Trick, den Eileen benutzte, würde als eine Art 'Gedankenstop' gelten, den Dr.Phillips empfiehlt, obwohl sie andeutet, daß oft schon das Brüllen des Wortes 'Stop' genügt, um die auftauchenden Gedanken an die verlorene Liebe zu bremsen. (Natürlich schreist du besser dann, wenn du allein bist, sonst siehst du dich vielleicht neuen Problemen gegenüber.) Sie schlägt auch vor, eine Aufstellung über die Häufigkeit solcher Gedanken zu machen, um festzustellen, wodurch sie eigentlich geweckt werden. Für diesen Gedankenstop ist es auch nützlich, wenn du zunächst einmal eine Liste der angenehmsten Dinge machst, die dir einfallen und wenn du sie dir in allen Einzelheiten vorstellst. Wenn sich dann die unerwünschten Gedanken an deine verlorene Liebe aufdrängen, kannst du neben dem lauten oder leisen Schreien des 'Stop' oder dem Zurückschnellen des Gummibandes deine Gedanken auf solche angenehmen Bilder konzentrieren und das Gehirn von seiner quälenden und nutzlosen Beschäftigung ablenken.

Wie passen ein solcher Gedankenstop und solche Ablenkungen zusammen mit dem Vertiefen des Selbstbewußtseins und dem Verstehen der Gefühle und ihres Ursprungs, was ich doch im ganzen Buch bisher so verfochten habe? Ich habe sogar vorgeschlagen, man solle sich die Zeit nehmen, allein zu sein und sich in den schwarzen Abgrund des Schmerzes und der Verzweiflung hinunterlassen (wie Norma es im 4.Kapitel tat). Ich habe empfohlen, die frühesten Anfänge dieser Gefühle zu erforschen, den Einfluß zu erkennen, den die Ebene des Zuneigungshungers auf das gegenwärtige Leben hat. Tut man nicht genau das Gegenteil, wenn man jetzt sagt:,,Hör auf, darüber nachzudenken?''

Ja, das stimmt. Aber: Zu gewissen Zeiten ist es richtig, darüber nachzudenken und zu anderen Zeiten ist es nicht richtig. Beides kann im Gesamtbild wertvoll und angemessen sein. Wenn du aufhörst, über die andere Person nachzudenken und darüber, was es bedeutet, daß du dich in diese hörige Beziehung eingelassen hast, bevor du eine Chance hattest, das Ganze zu verstehen, wirst du nichts aus dem Erlebnis lernen und wirst sehr wahrscheinlich solche Beziehungen wiederholen. Quälst du dich andererseits immer weiter mit dieser Beziehung, selbst wenn du die Hintergründe verstanden und dein Wissen genutzt hast, um deine Identität als eigenständige Person zu stärken, so dient auch das keinem weiteren positiven Zweck. Und zu diesem Zeitpunkt ist es sinnvoll, alle möglichen Techniken einzusetzen, die diese Besessenheit zu beenden helfen und dich für andere Dinge frei machen.

Dasselbe kann man in bezug auf die verhaltensverändernden Techniken sagen, die von Dr.Phillips empfohlen werden, wie zum Beispiel: im Stillen den Partner lächerlich machen, indem man ihn sich in einer absurden oder erniedrigenden Situation vorstellt.

Obwohl diese Techniken helfen können, möchte ich noch einmal betonen, daß sie eine Ergänzung sind und kein Ersatz für die grundlegende Aufgabe, die Abhängigkeit zu verstehen und mit diesem Verständnis die Fähigkeit zu vergrößern, eine zuversichtliche, vollständige und wertvolle Person zu werden, auch dann, wenn du dich von deinem gegenwärtigen Partner oder von einer anderen abhängigen Beziehung gerade befreit hast.

MEHRFACHBINDUNGEN

Zuneigungshunger ist keine Fehlentwicklung, sondern Teil unseres menschlichen Erbes. Er mag zu stark und zu intensiv sein und uns zu Handlungen wider unser eigenes Interesse treiben, aber in jedem von uns gibt es eine Mindestmenge von Zuneigungshunger, der uns von Kindheit an begleitet, und es gibt Möglichkeiten, mit ihm umzugehen, von denen einige besser sind als andere.

Eine der offensichtlich besseren Methoden ist - wie wir inzwischen erkennen konnten - die, zu verhindern, daß wir alle unsere Bindungsbedürfnisse auf eine Karte setzen. Nichts sonst mag einen Menschen so erschüttern, als wenn er einen Partner verliert, auf den sich alle Bedürfnisse nach Nähe, Bindung, Fürsorge und Identität konzentriert haben. Es ist sehr wertvoll, eine tiefe Bindung zu haben, eine wichtigste Person, mit der man sein Leben teilt, aber eine solche enge Beziehung zu einem Menschen zu haben auf Kosten anderer Bindungen und Verpflichtungen, ist nicht nur riskant, sondern auch einengend. Stanton Peele drückt es folgendermaßen aus:
„Erwachsene in einer natürlichen Situation, deren Leben sich nur um einen Brennpunkt herum bewegt, befinden sich in einer unsicheren, verletzlichen Position. Es besteht die Gefahr, sich entweder an diese eine Person anzuklammern, oder ihren Verlust zu beklagen, und ist eine ernsthafte Störung der lebendigen Psyche. Ob man einen oder viele Verbindungspunkte zur Welt hat (zu irgendeiner bestimmten Zeit), ist ein Grad-Unterschied, der einem Wesens-Unterschied gleichkommt."('Love and Addiction,1975, S.224)

Wenn wir also viele statt nur einen Verbindungspunkt zur Welt haben, wird dadurch unsere Abhängigkeit von dem einen Punkt verringert, und das macht uns weniger verletzlich und eingeschränkt. Wenn wir mehrere Quellen der Erfüllung unserer Bedürfnisse nach Liebe, Fürsorge und Anregung haben, sind wir sicherer, unabhängiger und freier in uns selbst. Das bedeutet nicht, daß alle unsere Bindungen gleich intensiv sein müssen. Es ist nicht nur möglich, sondern auch wünschenswert, dem Hauptpartner zutiefst zugetan zu sein und gleichzeitig viele Bedürfnisse nach Verbundenheit durch Freunde, nahe Verwandte, Kollegen und andere zu erfüllen.

BINDUNG AN DAS ZEITLOSE

Es gibt eine andere Quelle des Verbundenseins, die nicht bestimmte andere Leute betrifft und die gegenüber der Bindung an Menschen einige Vorteile hat. Ein Gershwin-Lied drückt den romantischen Wunsch aus, zwar „können die Rockies zusammenfallen, Gibraltar auseinanderbrechen, sie sind nur aus Lehm gemacht, aber unsere Liebe bleibt ewig bestehen". Nun ja, Rockies und Gibraltar gibt es immer noch, während zahllose Leute, die diese Lyrik ernsthaft mit ihrem Partner verbanden, nicht mehr da sind, oder ihr Partner nicht mehr, oder beide haben einander durch Trennung oder Tod verloren.

Ich will nicht sagen, es sei besser, Felsen zu lieben statt Menschen, aber ich behaupte zweierlei: Es ist unrealistisch, nicht damit zu rechnen, daß eine Beziehung vorübergehend und kurzlebig sein kann. Und je mehr wir unsere Bindungsbedürfnisse in Dingen verankern können, die dauerhaft oder sogar zeitlos sind, desto fester ist der Boden, auf dem wir Veränderungen und Umbrüchen des Lebens begegnen können.

Vielleicht erwähnte ich gerade die Lyrik des Gershwin-Liedes, weil sie in meinem Geist so stark verbunden ist mit einer Erfahrung, von der mir ein Freund erzählte. Er hatte angefangen, sich von der Trauer und der Niedergeschlagenheit zu erholen, die dem Ende seiner Ehe gefolgt waren, und entschloß sich, mit einem Freund zusammen den GrandCanyon, Bryce Canyon, Yosemite und andere Wunder der Natur zu besuchen, die er schon lange einmal hatte sehen wollen. Während der ersten Woche wurde er von Depressionen überfallen, und zwar heftiger als zuvor. Er konnte nur an die wunderbaren Reiseerfahrungen denken, die er und seine Frau in glücklicherer Zeit geteilt hatten, und daran, daß er immer gehofft hatte, diese Reise mit ihr und den Kindern zu machen. Seine Trauer wurde so groß, daß er dachte, er müßte die Reise abbrechen.

Aber dann sah ich den Sonnenaufgang über den Grand Tetons. Diese Farben. Diese unglaubliche Großartigkeit all dieser Gipfel. Die Luft so sauber, daß man jedes Detail meilenweit sehen konnte. Und statt mich allein zu fühlen und mich zu bemitleiden, fühlte ich auf einmal eine Begeisterung für die Welt und dafür, daß ich Teil von ihr war. Mir wurde ihre Großartigkeit bewußt, aber statt mich dadurch winzig und unbedeutend zu fühlen, fühlte ich mich größer. Und ich setzte die Reise fort und unterhielt mich mit den Redwoods, dem Pazifik und den Kliffs bei Big Sur... Ich kann mich nicht immer an diesem Gefühl festhalten, aber ich weiß, es ist da, und wenn ich damit Kontakt aufnehme, fühle ich mich nicht leer und zerstückelt.

Die Grand Tetons ersetzten nicht seine verlorene Beziehung zu seiner Frau, aber sie gaben ihm einen anderen Verbindungspunkt mit einer Sache, die ihn zutiefst ausfüllte, sobald er sich erst einmal erlaubt hatte, sich darauf einzulassen. In den Wundern der Natur finden manche Menschen Stärke, Segen und Ehrfurcht und erleben das Gefühl, selbst Teil eines Großartigen zu sein. Und diese Reaktionen können manchmal den Erfahrungen einer frühen Verschmelzung in der Kindheit ähneln. Andere stellen fest, daß die Großartigkeit - sei es nun die Majestät der Rockies oder die unendlichen Entfernungen der Milchstraße - ihnen hilft, eine realistischere Sichtweise ihrer Lage zu gewinnen, wenn sie zum Beispiel eine Weile ohne einen bestimmten Partner oder wichtige Bezugspersonen leben.

Es gibt viele Zugänge zum Gefühl der Bindung an das Zeitlose. Für einige, wie für meinen Freund zum Beispiel, kann es das Erlebnis des Wunders einer atemberaubenden Landschaft sein oder die unendlichen Sonnen und riesigen Räume des Kosmos. Für andere ist es die Erfahrung der Verbindung mit allen lebenden Dingen. Und für eine weitere Gruppe ist es das Gefühl der Verwandtschaft mit allen Menschen. Für viele wird es in ihrer Vorstellung zur Kommunikation mit einem höheren Wesen, entweder durch eine formale religiöse Doktrin und ein Ritual oder durch ihre eigenen Gedanken über eine höhere Macht. Wenn jemand, der eine Liebesbeziehung beendet oder verloren hat, in der Lage ist zu fühlen:,,Ich bin nicht allein, und Gott liebt mich", ist er vielleicht in Berührung mit einigen seiner frühesten Erfahrungen des Geliebt- und Beschütztwerdens. Wenn er fühlt:,,Ich bin eine von Gottes Kreaturen", oder:,,Ich bin Teil eines

größeren Plans", erlebt er von neuem einige der frühesten Erfahrungen von Geborgen-
heit in der Familie und fühlt sich weniger allein.

Du kannst und sollst dich nicht zwingen, an eine 'höhere Macht' zu glauben, wenn du
es nicht tust oder versuchen, Trost und Erfüllung in der Natur, im Kosmos oder anderen Kreaturen zu finden, wenn sie dich in Wirklichkeit nicht besonders interessieren.
Aber du kannst dir die Mühe machen, dich einer großen Breite von Phänomenen und
Erfahrungen zu öffnen, die deine Grenzen erweitern und deine Kontaktpunkte zu
möglichen Quellen der Befriedigung des Zuneigungshungers vergrößern. Vielleicht
liegt für dich die Quelle der Zuneigungsbefriedigung - die weniger flüchtig und begrenzt
ist als eine Einzelbeziehung - in einer tiefen und persönlich bedeutsamen Verbindlichkeit bestimmten Werten gegenüber, zu denen Liebe, Mitleid, Wissensdrang, das Suchen
nach Weisheit oder die Verbesserung des Schicksals deiner Mitmenschen gehören mögen. Wenn man sich solchen Werten verbunden fühlt, wird man sich weniger isoliert
und unbedeutend erfahren. Solche Verpflichtungen können nicht nur einige der Bindungsbedürfnisse auf soziale und konstruktive Art befriedigen, sondern sie verringern
auch deine Abhängigkeit von den Wechselfällen irgendeiner anderen Beziehung, mit
deren Hilfe du Gefühle der Verbundenheit, Ganzheitlichkeit und des Eigenwertes erfahren willst. Oder du entdeckst vielleicht, daß du dich weniger schwer auf deinen
Partner stützen mußt, um Gefühle der Leere und Bedeutungslosigkeit zu überwinden,
wenn du Fühlung mit den Quellen deiner Kreativität aufnimmst, und sie weiter ent-
wickelst. Durch die Schaffensfreude stellen sich vielleicht wieder einige Gefühle der
Leidenschaft und des Wohlbehagens aus der frühen Bindungszeit ein, während du
gleichzeitig einen tiefen und wesentlichen Aspekt deines Innersten erlebst, der nicht
im Geringsten davon abhängig ist, ob du an eine andere Person gebunden bist oder
nicht. Welch ein glückliches Paradox! (Und wenn du etwas schaffst, das noch niemand
vor dir geschaffen hat, erhaschst du vielleicht einen kurzen Blick auf die Möglichkeit,
dein eigenes Leben neu schaffen zu können.)

Eine Frau, die schon immer Interesse hatte am Malen, sagte:
> Als wir uns trennten, war ich monatelang depressiv, viel zu depressiv, um
> die Aquarelle anzurühren. Ich fing an, in Single-Kneipen zu gehen, um einen
> schlechten Ersatz zu finden, aber es war alles leer und dumm. Dann fing ich
> wieder an zu zeichnen und zu malen und plötzlich war ich mit einer solchen
> Leidenschaft dabei wie nie zuvor - ich meine, ich hatte die Absicht, ein oder
> zwei Stunden zu malen, aber dann waren plötzlich vier Stunden vergangen!
> Vielleicht hatte Freud Recht mit der Sublimierung. Ich weiß nur, daß es
> mich neben dem Bewußtsein, etwas Gutes zu produzieren, viel weniger ver-
> zweifelt macht wegen der Männer. Und wenn ich an einem Bild arbeite und
> es so weit bringen möchte, daß es ausdrückt, was ich mir vorstelle, dann
> kann ich vielleicht auch daran arbeiten, die Art Beziehung zu schaffen, die
> ich mir mit einem Mann vorstelle.

Andere finden vielleicht zeitlosere und vielgestaltigere Bindungen, wenn sie an ihrem
eigenen inneren Wachstum arbeiten. Sie streben vielleicht danach, weiser zu sein, spiri-
tueller, wahrhaftiger, mutiger, mehr zu wissen, mehr Fähigkeiten zu haben oder liebevoller zu sein. Und zu diesem Zweck unternehmen sie vielleicht eine Reise zu ihrem eigenen Kern oder Zentrum und gelangen dazu, sich so zu lieben und zu schätzen, wie
sie sind.

Ein Mensch, der seinen innersten Kern nicht erlebt, sagt:,,Ich fühle mich wie ein Nichts - es sei denn, ich habe jemanden." Ein Mensch, der seinen innersten Kern erlebt, aber nicht mag, sagt:,,Ich fühle mich wie bei einer Verabredung mit einer Person, die ich nicht mag und zu der ich höflich sein muß." Ein Mensch, der Verbindung hat zu seinem Kern und ihn mag, sagt:,,Ich bin ein guter Gesellschafter für mich selbst, und wenn ich auch sehr glücklich bin mit Joan, so ist es gut zu wissen: Selbst wenn es nicht klappt, bin ich immer noch bei jemandem, den ich mag."

Wie ich sagte, kann man sich jedoch nicht zwingen, Überzeugungen und Bestrebungen zu teilen, die nicht zu einem passen, nur deshalb, weil sie uns wie ein Plazebo ein besseres Gefühl vermitteln. Es ist aber wichtig, sich einem neuen Bewußtsein zu öffnen: Tatsache ist, daß du einen Kern hast, der nur dir gehört und den du besser kennenlernen, entwickeln und um den du dich sorgen kannst; Tatsache ist, daß du gleichzeitig allein und nicht allein bist - du hast eine Verbindung mit den Menschen um dich herum, deiner Gesellschaft, der Welt, der Lebenskette und dem Kosmos. Das ist keine Verzerrung, kein fadenscheiniger Glaube oder blinder Optimismus. Eine Verzerrung ist vielmehr der Glaube aus der Ebene des Zuneigungshungers, daß du ohne eine bestimmte Person allein und abgeschnitten seist. Wenn du dich öffnest und dir die vielen vorübergehenden und zeitlosen Verbindungen bewußt machst, die du hast, und wenn du Kraft aus ihnen ziehst, dann wirst du im Kontakt mit einer viel reiferen Realität als diesem kindlichen Konzept von äußerster Einsamkeit und Öde ohne eine bestimmte Person sein. Du kämpfst vielleicht verbissen um diese kindliche Sichtweise, da du sonst eine Grundüberzeugung aufgibst, daß du nämlich diese eine Bindung brauchst (Mammi und ich sind eins), um zu existieren und glücklich zu sein, und du gibst sonst die Hoffnung auf, diese segensreiche Verbindung endgültig abzusichern. Wenn du aber aufsteigen kannst zu dem erwachseneren Konzept deiner unendlichen Verbundenheit, wirst du dich größer und nicht kleiner fühlen, freier und nicht abhängiger von der billigen Droge der abhängigen Beziehung.

Kapitel 18

Hilfe der Psychotherapie,
um die Abhängigkeit zu durchbrechen

Wann nun wäre es richtig, einen Psychotherapeuten aufzusuchen, um Hilfe bei der Beendigung einer schlechten Beziehung zu bekommen? Allgemein gesagt dann, wenn du nicht in der Lage gewesen bist, sie zu beenden, trotz langer und harter Bemühungen und trotz der Versuche, all das einzusetzen, worauf ich bisher hingewiesen habe. Genauer gesagt ist Psychotherapie dann ratsam, wenn eine der folgenden Voraussetzungen gegeben ist:

Wenn du weißt: Du bist furchtbar unglücklich in der Beziehung, bist dir aber nicht klar darüber, ob bei dem Kosten-Nutzen-Verhältnis der Preis, den du bezahlst, zu hoch ist und in deinen Gedanken herrscht völlige Unklarheit darüber, ob du die Beziehung so akzeptieren solltest wie sie ist.

Wenn du zu dem Schluß gekommen bist, du solltest fortgehen, wenn du sehr leidest, weil du bleibst und weißt, es wäre besser zu brechen, wenn du versucht hast, das zu tun, aber immer noch feststeckst.

Wenn du den Verdacht hast, daß du wegen falscher Gründe bleibst, wie Schuldgefühle, fürchterliche Angst und Unsicherheit, ohne Bindung zu sein, und wenn du nicht in der Lage gewesen bist, die lähmende Wirkung dieser Gefühle aus eigener Kraft zu überwinden.

Wenn du erkennst, daß das Aufnehmen und Fortführen dieser Art Beziehung Teil eines sich ständig wiederholenden und selbstzerstörerischen Musters ist, das du nicht ändern kannst.

Als Eileen mich zum ersten Mal um Rat fragte, war sie eine furchtbar unglückliche Frau mit vielen körperlichen Krankheitssymptomen, von denen ihr Internist vermutet hatte, sie seien die Folge von Spannung und Streß. Ihr selbst war nicht unbekannt, worum es bei dieser Spannung und diesem Streß ging. Während der ersten Minuten der allerersten Sitzung sagte sie:,,Ich liebe einen Mann, der mich die meiste Zeit wie Dreck behandelt.'' Als ich nachfragte, deutete sie an, sie habe sich viel Mühe gegeben, um Peter ihre Unzufriedenheit mitzuteilen und ihn oft um eine Veränderung seiner Verhaltensweisen ihr gegenüber gebeten, aber immer ohne Erfolg. Ich fragte sie daher, warum sie in der Beziehung blieb, und sie gab mir einige dieser Gründe, mit denen man sich selbst etwas vormacht. Ich berichtete schon im ersten Kapitel davon:,,Es ist nicht so, daß er mich nicht liebt. Er hat nur Angst sich festzulegen'' und:,,Er hat mich früher einmal geliebt, und das hört nicht einfach auf''. Die Behandlung begann eigentlich mit dem Infragestellen dieser Begründungen. Warum kann es nicht wahr sein, daß er dich nicht liebt? Und: Selbst wenn er dich liebt, welchen Unterschied macht es, wenn er Angst hat, sich festzulegen und dich schlecht behandelt?

Vielleicht brauchst du diese Art zäher Konfrontation mit der Wirklichkeit durch eine andere Person. Es kann nämlich sehr schwer sein, sich nicht länger etwas vorzumachen und das Beweismaterial seiner eigenen Augen und Ohren zu akzeptieren, wenn man mit einem Aktienteil an der Erhaltung der Abhängigkeitsbeziehung beteiligt ist. Und so kann die Psychotherapie die sehr nützliche Funktion haben, dir zu helfen, die Beziehung ehrlich und ohne Verzerrungen zu sehen, und mit ihrer Hilfe ist es wahrscheinlicher, daß deine Entscheidung, in der Beziehung zu bleiben oder Schluß zu machen, sich auf Realität begründet.

Eileen hatte eine Zeitlang hart dagegen gekämpft, ihre Beziehung zu Peter so zu sehen, wie sie wirklich war, aber als sie es schließlich wagen konnte, sie in aller Deutlichkeit zu betrachten, wußte sie, sie müßte sie beenden. Sie konnte erkennen, daß ihr Einsatz an Selbstachtung, Emotionen und Gesundheit zu hoch waren im Verhältnis zu den wenigen Krumen guter Gefühle, die sie daraus bezog. Als sie sich immer noch weigerte, Schluß zu machen, mußte sie sich mit den wirklichen Gründen auseinandersetzen, Gründe, die tief in ihr drinnen steckten. Außer dieser Hilfe, sich der Wirklichkeit deiner Situation zu stellen und zu entscheiden, ob es das Beste ist, in der Beziehung zu bleiben oder nicht, kann die Psychotherapie dir auch helfen, indem sie sich auf die unterschwelligen Motive konzentriert, deretwegen du in einer Beziehung bleibst, die schlecht ist für dich, und sie kann dir helfen zu verstehen, warum du das tust, was du tust. Sie kann dir helfen, nicht nur zu sehen, sondern auch zu fühlen, daß du Bedürfnisse, Gefühle und Verhaltensmuster aus frühester Kindheit in die Gegenwart überträgst auf eine Weise, die selbstzerstörerisch ist. Und diese Art der Bewußtmachung kann doppelten Wert haben: Sie kann dir helfen, die schlechte Beziehung zu verlassen, in der du im Augenblick gefangen bist, und sie kann dich davon abhalten, automatisch dasselbe Muster beim nächsten Partner zu wiederholen.

Eileen lernte viel über ihre Unsicherheit und ihre verzweifelte Sehnsucht, an jemanden gebunden zu sein. Sie konnte erkennen, wie ihre Bindungsbedürfnisse stärker und zäher geworden waren, weil sie zu häufig und zu früh frustriert worden waren sowohl durch die Mutter als auch durch den Vater. Kurz gesagt, sie kam in Berührung mit den unerbittlichen Sehnsüchten ihres unbefriedigten Zuneigungshungers und wie sie in ihren gegenwärtigen Beziehungen versuchte, die Sicherheit, Ganzheit, Identität und das Empfinden für den Eigenwert zu finden, die sie niemals aus ihrer Beziehung zu den Eltern hatte herleiten können.
Und das versetzte mich in die Lage, ihr folgende Fragen zu stellen:
> Wenn du dir diese liebevolle Unterstützung wünschst, die du niemals gehabt hast, warum versuchst du dann, sie von jemandem wie Peter zu bekommen? Es gibt viele Männer auf der Welt, die viel liebevoller und hilfsbereiter sind als er. Wie kommt es, daß du dir nie erlaubt hast, eine Beziehung mit einem solcher Männer zu haben? Warum hast du eine lange Geschichte von Beziehungen mit Männern, die alle so wenig geben konnten wie Peter und die dir ein schlimmeres und nicht ein besseres Gefühl über dich selbst vermittelt haben?

Als sie sich darauf konzentrierte und ihre Gedanken und Gefühle erforschte, kam Eileen zu der wichtigen Einsicht, über die ich schon schrieb (Kapitel 6):
> Wenn ich einen netten, warmherzigen Mann treffe, der mich offensichtlich mag, erregt er gewöhnlich meinen Widerwillen. Vielleicht trau ich ihm nicht, weil ich diese Haltung niemals kennengelernt habe, oder ich fühle, ich

verdiene es nicht, aber oft halte ich ihn für einen NIchtsnutz oder sogar für ein Ekel... Verstehst du, ich will nicht nur Liebe, sondern ich will sie von einem kaltschnäuzigen Bastard bekommen, von jemandem, der so wenig hingebend und so kalt ist wie meine Eltern. Worauf ich vernagelt bin, ist zu versuchen, Steine zum Schmelzen zu bringen.

Eileen empfand immer stärker die absurde, aber tödliche Sinnlosigkeit dieser Aufgabe. NIcht nur diese Einsichten allein versetzten sie in die Lage, schließlich sowohl ihre Abhängigkeit von Peter zu durchbrechen als auch ihre allgemeine Abhängigkeit von Männern, die nichts geben konnten. Ein wesentliches Element hierbei war die therapeutische Reparatur ihres beschädigten Ich-Empfindens, eine Reparatur, die viele Formen der Selbsterkundung annahm und bei der sie das Risiko neuer Verhaltensweisen auf sich nahm. Durch meine Unterstützung dieser Vorgänge konnten die Veränderungen langsam auftreten und fester Bestandteil ihrer Person werden. Der vielleicht wichtigste Teil der Therapie zu diesem Zeitpunkt lag nicht so sehr in der Genauigkeit meiner Interpretationen und der Zuverlässigkeit meiner Führung, sondern in Eileens Bewußtsein, daß ich ihr Innerstes kannte und sie respektierte und gern hatte.

Sie sah auch, wie ich sie in ihren Bemühungen unterstützte und ermutigte, eine eigenständige Person zu werden. Das Bewußtsein meiner Fürsorge hatte etwas Heilendes an sich, etwas, das ihr ermöglichte, ihr Vertrauen und ihr Selbstbild allmählich zu stärken. Nachdem sich Eileen von Peter getrennt hatte, stellte sie zu ihrer Überraschung fest, daß sie gar nicht mehr von solchen Männern angezogen wurde, die nichts zu geben hatten. Indem sie in harter Arbeit herausgefunden hatte, was sie an Peter hielt, hatte sie einen großen Teil der Grundlage für diese Hörigkeit ausgelöscht. Aber zu diesem Zeitpunkt geschah etwas Merkwürdiges und Unerwartetes. Obwohl sie sich mit viel warmherzigeren und hingebungsvolleren Männern traf, behandelte sie sie arrogant und sogar grausam. Sie stellte gemeine Forderungen und versuchte, die Beziehung gebieterisch zu beherrschen. Die Männer kämpften entweder mit ihr, verließen sie oder kapitulierten. Und wenn sie letzteres taten, mißbrauchte sie sie voller Verachtung.
Anfangs glaubten wir beide, ihre Handlungen seien motiviert von jahrelang aufgestauten Wünschen, sich an all diesen 'Peters' zu rächen, die sie schlecht behandelt hatten, und zweifellos steckte in dieser Vermutung auch ein Stück Wahrheit. Aber ihre despotische Behandlung der Männer in ihrem Leben verringerte sich durch diese Deutung nur unwesentlich, und sie machte ein Schlachtfeld aus mehreren Beziehungen, die sehr vielversprechend angefangen hatten.

Eines Tages, während ich ihr sehr sorgfältig zuhörte und versuchte zu entscheiden, ob irgendein Gesichtspunkt mir entging, erhaschte ich einen kurzen Blick darauf, was die Ursache ihres Verhaltens war und gab ihr diese Interpretation:

> Du willst nicht nur einfach Rache üben an diesen egozentrischen, dominanten und nichts gebenden Männern, sondern es hat auch immer eine ganz versteckte Seite in dir gegeben, in der du ihnen sehr ähnlich bist.Die meiste Zeit deines Lebens warst du diejenige, die diese Behandlung einsteckte, aber ich glaube, du hast dich insgeheim mit Männern wie Peter identifiziert. Du bist insgeheim durch ihn ein aggressiver Schuft gewesen. Jetzt fühlst du dich stärker, und so ist das aggressive und sadistische Du zum Vorschein getreten.

Eileen war einen Augenblick lang völlig überrascht, und dann brach sie mit diesem bestimmten hellen Lachen heraus, das so oft einhergeht mit einer plötzlichen Einsicht. ,,Völlig richtig'', sagte sie, ,,völlig richtig!''

Nun konnten wir daran arbeiten, was sich als die letzte Bastion ihres selbstzerstörerischen Verhaltens mit Männern erwies, nämlich mit ihrem Glauben, aggressiv und sadistisch zu sein wären die einzigen Möglichkeiten, um sich stark, sicher und voll Vertrauen in die eigenen Fähigkeiten zu fühlen. Sie war in der Lage, eine Beziehung mit einem hingebungsvollen Mann einzugehen, eine Beziehung, die auf gegenseitiger Liebe und gegenseitigem Respekt beruhte. Ganz eindeutig war für Eileen die Therapie hilfreich. Dies ist nicht immer der Fall. Aber sie hilft doch so häufig, daß es den Versuch wert ist, sich in Therapie zu begeben, wenn man in einer unglücklichen oder zerstörerischen Beziehung ist und Schwierigkeiten hat, sich daraus zu lösen oder auch nur zu entscheiden, ob man sie abbrechen möchte. Du bist vermutlich mit Hilfe eines fähigen Psychotherapeuten viel eher in der Lage, die beste Entscheidung zu treffen und sie durchzustehen als ohne seine Hilfe.

ABHÄNGIGKEIT VON DER THERAPIE

Wenn du eine Psychotherapie beginnst, um Hilfe zu bekommen, eine Hörigkeit zum Partner aufzugeben, dann besteht zweifellos die Gefahr, daß du diese Hörigkeit auf die Person des Therapeuten und den Vorgang der Therapie selbst überträgst. Du bist von deinem Partner zunächst einmal abhängig, weil dein Zuneigungshunger eine allzu große Macht in deinem Leben hat. Dein Zuneigungshunger wird nicht sofort verringert oder eingeschränkt, und so wird sich vermutlich das Bedürfnis, von jemandem abhängig zu sein und mit ihm zu verschmelzen, auf eine Person konzentrieren, die dir sehr sorgfältig zuhört, sich auf dich einstellt, versucht zu helfen und die doch so unerreichbar ist, daß sie diese Herausforderung in dir auslöst, das zu bekommen, von dem du nach deinem Gefühl nicht genug erhieltest von deinen Eltern (oder dem gegenwärtigen Partner).

Dies kommt häufig vor und ist oft ein hilfreicher und vielleicht sogar notwendiger Bestandteil der Behandlung. Wir haben zum Beispiel bei Eileen gesehen, daß ihr Bewußtsein meiner Sorge und meiner Rücksichtnahme wichtig war für die Heilung ihres zerbrechlichen Ich-Empfindens. Zweifellos war Eileen eine Weile von mir und von den Sitzungen sehr abhängig. Ich war eine wichtige Übergangsbindung für sie, jemand, mit dem sie sich verbunden fühlen konnte, als sie andere Verbindungen und Muster abbrach. Oft fühlte sie den starken Drang, zu bleiben, wenn die Sitzung vorbei war:
> Warum kann ich nicht bleiben? Ist es dir gleichgültig? Was würdest du tun, wenn ich nicht ginge?

Wenn die Therapie hier angehalten hätte, wäre nur eine Abhängigkeit gegen eine andere ausgetauscht worden, so als ob man von Heroin zu Metadon übergeht. Und wer kann mit Sicherheit sagen, welches die bessere ist?

Einigen Kritikern der Psychotherapie ist die Gefahr so sehr im Bewußtsein, daß sie oft meinen, sie wiege schwerer als die Nutzen der Therapie. Stanton Peele warnt: „Therapie sollte heißen, emotionale Energie zu befreien, Energie, die vorher abgeblockt war oder in die falsche Richtung ging, so daß sie sich selbst konstruktiv ausdrücken kann. Wenn die Therapie stattdessen die Energie von den Problemen des wirklichen Lebens und den Beziehungen ablenkt, gerät sie in Gefahr, eine Abhängigkeit zu werden. Während der Patient immer abhängiger von der Zustimmung oder der einfachen Gegenwart des Therapeuten für seine Existenz wird, opfert er vielleicht die Möglichkeit oder sogar jeden Wunsch nach einer anderen Befriedigung."('Love and Addiction', 1976, S.168)

Dem kann ich nur zustimmen. Dabei wird aber übersehen, daß die Abhängigkeit vom Psychotherapeuten zwar häufig real und stark ist, das Ziel eines kompetenten und verantwortungsbewußten Therapeuten aber darin liegt, das Ende dieser Abhängigkeit herbeizuführen. Paradoxerweise ist die Bildung dieser Abhängigkeit häufig für einen Menschen notwendig, um seine Persönlichkeit zu vereinigen und sein Ich wieder herzustellen, damit er sich dann geschlossen genug fühlen kann, um die Abhängigkeit zu beenden.

In diesem Sinne ähnelt die Arbeit des Therapeuten der Arbeit der Eltern: Die abhängige Person soll in die Lage versetzt werden, Stärke und Vertrauen zu entwickeln, um sich zu lösen und unabhängig zu werden. Oben nahm ich einmal Bezug auf den englischen Psychoanalytiker Winnicott, der sagte, es sei zwar die Aufgabe der Mutter, das Kind zu 'desillusionieren' (daß sie nämlich eine Erweiterung des Kindes sei), sie könne aber niemals auf Erfolg hoffen, wenn sie ihm nicht zunächst die Gelegenheit für diese Illusion gegeben habe. Dies trifft oft auch auf die Arbeit des Therapeuten zu, genauso wie dies auf die Arbeitsziele von Lehrern und Mentoren zutrifft.
Mit anderen Worten: Das eigentliche Ziel all dieser Fachleute ist es, den Klienten in die Lage zu versetzen, stark und tüchtig genug zu werden, um sie wieder zu verlassen. Manchmal ist dieser Ablösungsprozeß vom Therapeuten schwierig, schmerzlich und aufschlußreich. Als Eileen nach mehreren Behandlungsjahren im Februar sagte, sie glaube, sie sei nun in der Lage, die Therapie im Juli zu beenden, stimmte ich ihr zu, dies schien ein realistischer Zeitpunkt zu sein. Kurz danach verfiel sie in eine leichte Depression. Als wir ihre Gefühle untersuchten, erkannte sie, daß sie zwar das Thema der Beendigung angeschnitten hatte, sich aber durch meine Zustimmung zurückgewiesen fühlte:„Du hättest dich wenigstens auf einen Kampf einlassen können, um mich zu halten", sagte sie eher zornig als spaßhaft. Wir konnten uns dann auf ihre sehr gemischten Gefühle in bezug auf das Ende der Therapie konzentrieren, in bezug auf den Konflikt zwischen ihren Wünschen, unabhängig zu sein und ihren Wünschen, behaglich mit mir verbunden zu bleiben, und wie hier ihre frühesten inneren Konflikte wiederholt wurden. Es gab rauhe Zeiten, in denen sie erneuten Angstanfällen ausgeliefert war und sogar Ausschläge und andere körperliche Symptome bekam, die sie in die Behandlung geführt hatten, aber ich benutzte diese Symptome nicht um zu sagen:„Offensichtlich bist du noch zu gestört, um aufzuhören", sondern um ihr Verständnis für ihre Ambivalenz zu vertiefen und um ihre Schritte in Richtung auf das Ende der Therapie und zur Autonomie hin zu unterstützen.

Wenn der Therapeut ganz deutlich seine Aufgabe darin sieht, die abhängige Beziehung zu beenden und den Patienten zu entlassen, dann ist die Abhängigkeit von ihm nur ein Übergang, der sehr nützlich ist und nicht zu einer weiteren morbiden Hörigkeit wird.

Manchmal verrichten Therapeuten aus verschiedenen Gründen diese Arbeit nicht sehr gut. Vielleicht sind sie sich nicht voll dieses Ziels, irgendwann den Patienten als selbständig zu entlassen, bewußt. Vielleicht sind sie nicht sehr fähig. Leider halten sie auch manchmal aus finanziellen Gründen an ihren Patienten fest. Wenn der Therapeut aber dem Patienten nicht ausreichend hilft, sich von der Abhängigkeit zu lösen, ist der häufigste Grund dafür seine eigene ungelöste emotionale Abhängigkeit von diesem Patienten. Wenn der Patient zu ihm aufblickt, um Hilfe und Anleitung zu erhalten, ist dies vielleicht sehr erfreulich für ihn, und er gibt das nicht gern auf. Die Nähe, die er unter Umständen zu seinem Patienten fühlt, befriedigt vielleicht einige seiner eigenen zuneigungshungrigen Bedürfnisse. Oder er mag den Patienten vielleicht einfach sehr gern, und er wird ihm wirklich sehr fehlen, wenn er ihn nicht mehr regelmäßig sieht. Wenn Therapeuten sich dieser Motive bewußt sind, sind sie gewöhnlich in der Lage, diese Motive zurückzudrängen und den Fortschritt des Patienten in Richtung auf Beendigung der Therapie nicht unangemessen zu stören. Leider sind diese Motive aber oft unbewußt und werden durch Interpretationen und Einwände rationalisiert, wie zum Beispiel:,,Du versuchst fortzulaufen, um den Gefühlen nicht entgegenzublicken, die anfangen, sich zu zeigen." - ,,Du hörst frühzeitig auf, damit du zu den alten Mustern zurückkehren kannst." - ,,Es ist noch viel Arbeit zu tun."

Woher kannst du wissen - wenn du der Patient bist - wann du die Meinung des Therapeuten in bezug hierauf ernsthaft beachten solltest (denn oft wird er Recht haben, und wann seine Begründungen aus seinem eigenen Bedürfnis stammen, dich davon abzuhalten? Dies ist eine sehr schwierige Unterscheidung. Du hast schon einen gewissen Vorsprung bei diesem Spiel, wenn dir einfach nur deutlich ist, daß solche gemischten Motive beim Therapeuten möglich sind. Und es wäre völlig in Ordnung, den Therapeuten um Prüfung zu bitten, ob er vielleicht versteckte Bedürfnisse habe, dich zu halten. Aber normalerweise ist es dann am besten, das Urteil eine Weile aufzuschieben und dem Therapeuten sehr sorgfältig zuzuhören und sich selbst Zeit und Möglichkeit zu geben, um zu entscheiden, ob dein Wunsch fortzugehen eine Art Widerstand ist, Sabotage oder Flucht.

Wenn du den Eindruck hast, du habest deinen Wunsch nach Beendigung der Therapie sehr gründlich geprüft, wenn du dir selbst Zeit gegeben hast,um die verschiedenen Schattierungen deiner Motive zu erforschen und dann zu dem Schluß kommst, es sei jetzt wirklich Zeit für dich zu gehen, dann wirst du dich einigen Problemen gegenübersehen, die auftreten, wenn man eine Bindung zu jemandem abbrechen will, der einen nicht gehen lassen will. Du mußt dir fest vor Augen halten, daß dies dein Leben ist, nicht seins, und deine Entscheidung, nicht seine. Wenn du Schuldgefühle hast, weil du ihn verläßt, erinnere dich, daß es die Aufgabe des Therapeuten ist, dir zu helfen, deinen eigenen Weg zu finden, und daß es seine Aufgabe ist, damit fertig zu werden und nicht deine, wenn er negative Gefühle über deine endgültige Entscheidung hat.

Ich erinnere mich, wie Ben anfing, mit immer größerer Festigkeit zu sagen, er sei nun in der Lage zu gehen, und ich Zweifel und ungute Gefühle über diesen Zeitpunkt hatte und vielleicht nicht ganz berechtigte Motive dafür, obwohl ich wußte, er hatte viel von dem erreicht, was er sich zum Ziel gesetzt hatte. Dann sagte Ben:
> Hör mal, ich bin ganz sicher, das Ende dieses Monats ist der richtige Zeitpunkt, um die Therapie zu beenden. Es fühlt sich richtig an, es ist sinnvoll, und eins, was ich hier gelernt habe, ist, meinem eigenen Urteil mehr zu trau-

en. Vielleicht hast du Recht, und es ist ein Fehler. Wenn das stimmt, kann ich immer wiederkommen. Aber vielleicht hast du Unrecht und hast einfach so viel Spaß an meinen faszinierenden Träumen, meiner großartigen Persönlichkeit und meinem phantastischen Sinn für Humor, daß du mich nicht gehenlassen willst. Es wird mir schwerfallen, ohne deinen Segen aufzuhören, aber wenn es sein muß bin ich bereit dazu.

Ich sah Ben an. Dies war der Mann, dessen Ich so geschädigt war, daß er sich wie ein Gespenst gefühlt hatte, das durch die Straßen treibt. Ich wußte, er hatte Recht, und ich hatte Unrecht. Er war in der Lage zu gehen.

Kapitel 19

Aphorismen, mit deren Hilfe man eine Abhängigkeit durchbrechen kann

Wir haben gesehen, wie man eine ganze Ansammlung von unbegründeten Überzeugungen, Rationalisierungen, falschen Hoffnungen und anderen Selbsttäuschungsmitteln aufbringen kann, um an der Abhängigkeit festzuhalten trotz des Schmerzes und trotz der Tatsache, daß wir es auf einer anderen Ebene besser wissen. Ich habe eine Liste von Gegenmitteln gegen diese Verzerrungen vorbereitet, eine Liste von Aphorismen, die dir helfen soll, diese Vorstellungen in Frage zu stellen, die entweder du oder die Gesellschaft geschaffen haben und die deine Abhängigkeit fördern, statt dir zu helfen, sie zu verringern. Vielleicht hilft es, aus dieser Liste die Aphorismen zu entnehmen, die du am meisten zur Unterstützung brauchst, um den Denkweisen entgegenzuwirken, die dich gefangenhalten. Schreibe sie dann auf und hänge oder lege sie irgendwo hin, wo du sie leicht sehen kannst.

Du kannst ohne ihn (ohne sie) leben - vermutlich sogar besser.
Liebe reicht nicht aus, um eine gute Liebesbeziehung zu schaffen.
Limerenz reicht nicht.
Eine Liebesbeziehung beruht auf Gegenseitigkeit und hilft jedem Partner, sich besser zu fühlen, nicht schlechter.
Schuldgefühle sind kein ausreichender Grund, um zu bleiben.
Du brauchst jemanden nicht zu lieben, um von ihm abhängig zu sein.
Die Tatsache, daß du eifersüchtig bist, bedeutet nicht, daß du ihn liebst. Du kannst auf jemanden eifersüchtig sein, den du nicht ausstehen kannst.
Du bekommst das, was du siehst, hör also auf, zu glauben, du könntest die andere Person ändern.
Liebe ist unter Umständen nicht ewig.
Du kannst nicht immer alles in Ordnung bringen, ganz.gleich, wie sehr du es dir auch wünschen magst.
Einige Menschen sterben an schlechten Beziehungen. Möchtest du einer von ihnen sein?
Wenn jemand sagt:,,Ich möchte nicht gebunden sein'' - ,,Ich bin noch nicht bereit für eine Beziehung'' - ,,Ich werde meinen Ehepartner nicht verlassen'' — glaub ihm!
Ein halber Brotlaib ist nicht besser als keiner.
Er /sie muß dich nicht unbedingt lieben.
Es braucht nicht besser zu werden.
Der Schmerz über das Ende wird nicht ewig dauern, ja, er dauert nicht annähernd so lange wie der Schmerz, wenn du nicht Schluß machst.
Wenn es in fünf oder in zehn Jahren noch genauso ist wie jetzt: Wäre dir das recht?
Er/sie ist nicht 'der einzige' ('die einzige').

Du wirst Angst, Einsamkeit und Depression empfinden, wenn du Schluß machst, aber diese Gefühle werden nur eine begrenzte Zeit halten.

Du wirst nicht ewig allein bleiben. Das heißt, du denkst in der kindlichen Zeitperspektive.

Es ist nie zu spät, um eine Veränderung herbeizuführen. Je länger du wartest, desto mehr Zeit verschwendest du.

Die Intensität deiner Entzugssymptome zeigt nicht die Stärke deiner Liebe, sondern die Stärke deiner Abhängigkeit.

Du bist unabhängig von dieser Beziehung eine vollständige und wertvolle Person.

Wenn du dich unzulänglich, unvollständig oder wertlos ohne den anderen fühlst, dann haben Kindheitsgefühle die Oberhand gewonnen.

Wenn du diese schlechte Beziehung beendest, eröffnest du deinem Leben neue Möglichkeiten.

Kapitel 20

Gibt es ein Leben nach der Abhängigkeit?

Es gibt drei Arten von Fragen, die ich am häufigsten höre von Leuten, die sich im Tumult des Ausbruchs aus der Abhängigkeit zu einer Person befinden:

Werde ich jemals darüber hinwegkommen? Selbst, wenn ich meine Willenskräfte einsetze, Schluß zu machen, kann ich mich je vom anderen lösen?

Wenn ich Schluß mache, werde ich es aushalten allein zu sein? Wird es sich für mich jemals gut anfühlen, allein zu sein?

Werde ich jemals eine andere Liebesbeziehung haben, und warum sollte sie besser sein als das, was ich jetzt habe?

In diesen Fragen geht es um das Problem, wie dein Leben aussehen könnte, wenn du die Beziehung zu deinem gegenwärtigen Partner abbrichst. Die dahinterstehende Sorge betrifft die Frage, ob es ein Leben nach der Abhängigkeit gibt. Aber jede Frage verdient eine ausführliche Antwort.

WERDE ICH JE DARÜBER HINWEGKOMMEN?

Hier sind zwei Beispiele von Menschen, die wir kennengelernt haben: Eileen (und Peter) und Jason (und Dee).

Monate, nachdem Eileen ihre Beziehung zu Peter beendet hatte, rief er an, um sie zu fragen, ob er vorbeikommen könne, um sie zu sehen, in Erinnerung an die gemeinsame Zeit. Eileen fühlte sich ein wenig angegriffen, da sie sowohl in ihrem gesellschaftlichen als auch in ihrem Arbeitsleben eine schlechte Woche hinter sich hatte. Sie sagte daher zu. Sie sagte:

Ich glaube, hauptsächlich wollte ich mich selbst prüfen, ob es wirklich zu Ende war. Ich stellte fest, daß ich nichts für ihn empfand, als ich ihn sah. Wo war die alte Anziehungskraft? Mir fiel auf, daß er einen Bauch und kleine Augen hatte und einfach nicht so gut aussah, wie es mir früher schien. Ich habe aber mit ihm geschlafen. Das war der eigentliche Test. Ich glaubte immer, Sex sei ganz besonders bei ihm. Ich erinnere mich, daß ich dir sagte, ich würde niemals jemanden finden, der mich so lieben könnte wie Peter. Also, es war ein großer Reinfall. Er ist weder ein besonders guter noch ein besonders zärtlicher Liebhaber. Er gibt sich große Mühe, aber mir ist jetzt klar, er macht das, weil sein Ego verlangt, daß er jeder Frau das Gefühl geben muß, er sei der Größte. Und ich glaubte früher, es sei so, weil er mich liebte und diese Liebe so ausdrückte. Nach einer Weile hielt ich ihn an. Ich konnte es nicht erwarten, ihn draußen zu sehen. Als er fortging, war ich nicht besonders traurig oder schadenfroh. Ich fühlte mich irgendwie neutral. Er spielt wirklich keine Rolle mehr für mich.

Und Jason erzählte mir, wie er Dee zufällig auf der Straße begegnete:

Sie sah phantastisch aus, und ich fühlte, wie mich die alten Gefühle überkamen. Ich lud sie ein, mit mir Essen zu gehen, und als wir da saßen und miteinander sprachen, geschah etwas Merkwürdiges. Ich sah sie in einer Entfernung, als ob ich eine Großaufnahme ihres Gesichts betrachtete - und besonders ihren Mund. Ihr Mund hörte kaum auf zu sprechen, und immer ging es um sie. Ganz gleich, was ich sagte, wenn ich etwa zwei Sätze geäußert hatte, bezog sie es irgendwie auf sich selbst und fing an, auf ganz unglaubliche Dee-Art zu plappern und zu brabbeln. Und sie machte jeden herunter mit ihrem berühmten beißenden Sarkasmus, den ich früher immer so geistreich fand. Jetzt schien er mir langweilig und krankhaft zu sein. Unmittelbar vor meinen Augen wurde ihre Schönheit zu Grobheit und Leere und schließlich zur Häßlichkeit... Ich habe nie gedacht, ich könnte so etwas aussprechen, aber ich hoffe, ich werde sie nie wiedersehen.

Diese Beispiele zeigen, daß die Abhängigkeit völlig durchbrochen werden kann und daß sich die Gefühle völlig verändern können, selbst wenn sowohl die Anziehungskraft (Limerenz) als auch die Gefühle des Zuneigungshungers sehr stark waren. Ja, wenn sich die Gefühle so in ihr Gegenteil verkehren, ist dies ein sicherer Hinweis dafür, daß es sich um eine Abhängigkeit gehandelt hat. Abhängigkeit basiert auf einer Illusion, und wenn diese Illusion fort ist, zeichnen die unvermeidliche Enttäuschung und der Zorn häufig den früher Geliebten in einem erbarmungslosen Licht und mit abstoßenden Zügen. Darin unterscheidet sie sich von den meisten nicht-abhängigen engen Beziehungen, die oft nach ihrer Beendigung frühere Gefühle der Freundschaft und Wärme unverändert bestehen lassen. Sowohl Eileen als auch Jason hatten sich sehr darum bemüht, eine solche völlige Veränderung der Gefühle zu erreichen. Sie hatten ihre Beziehungen mit wachsender Offenheit betrachtet und mit erhöhtem Bewußtsein dessen, wer sie und der andere Mensch in diesen Interaktionen waren. Sie empfanden nicht plötzlich Abneigung. Es war das Endstadium einer langen Reise voller Entdeckungen und Desillusionierungen. Noch wichtiger als das völlige Abbrechen dieser Beziehungen ist es, daß Eileen und Jason zwar eine Weile lang ein gewisses Gefühl des Hingezogenseins empfanden, wenn sie andere Menschen wie Peter und Dee trafen, daß sie aber Stadien der Gegen-Abhängigkeit durchmachten. Anfangs vermieden sie absichtlich Bekanntschaften mit diesen Zuneigungs-Fetischen, da sie wußten, daß sie schlecht für sie waren. Als nächstes stellten sie fest, daß sie sich nicht länger zu solchen Leuten hingezogen fühlten. Schließlich wurden sie sogar abgestoßen und allergisch gegen solche Menschen, wie Jason es darstellte:

Ich sprach auf einer Party mit einer Frau. Sie hatte diese blitzenden Augen und diese überschwengliche Redesucht, die mich immer faszinierte. Aber diesmal hörte ich , was sie sagte und beobachtete, was sie tat, und alles drückte aus: ich, ich, ich. Diesmal hielt mich ihr Aussehen und ihre Überschwenglichkeit nicht davon ab zu sehen, wie sie wirklich war und zu wissen, so deutlich, als hätte ich eine Kristallkugel, welcher Albtraum eine Beziehung mit ihr bedeuten würde. Ich entschuldigte mich und floh.

Dies ist derselbe Jason, der sich in seinen Beziehungen zu Frauen ständig mit der sinnlosen und frustrierenden Herausforderung abmühte, zu versuchen, eine kalte und ichbezogene Mutter dazu zu bringen, warmherzig und liebevoll zu sein. Er hatte schließlich die Aufgabe zur Seite gelegt und angefangen, sich in andere Richtungen zu bewegen, die ihm mehr Erfüllung versprachen.

Diese Beispiele deuten außerdem an, daß das Abbrechen einer Beziehung zu einem bestimmten Partner nicht eine isolierte und einzelne Handlungsweise sein sollte. Sie hat mehr Wert, wenn sie Teil eines größeren Prozesses ist. Der Bruch sollte Teil des wachsenden Verständnisses dafür sein, wie Gefühle und Bedürfnisse aus der frühen Zeit, als du von anderen wegen jeder Kleinigkeit abhängig warst, dich jetzt dazu gebracht haben, dich an andere Personen zu binden. Er sollte dir Einblick geben in die Tatsache, daß du dir selbst etwas vorgemacht hast, nur durch eine solche Bindung könntest du dich vollständig, fähig, sicher und glücklich fühlen. Es sollte mehr geschehen als einfach der Bruch dieser Bindung an eine Person, denn das kann impulsiv aus Furcht oder Zorn geschehen, wobei dann nichts gelernt worden ist. Stattdessen sollte er als ein wichtiger Schritt verstanden werden, mit dessen Hilfe wir mit der Neigung fertig werden, den Zuneigungshunger unser Leben bestimmen zu lassen. Alles in allem sollte er dich zu einem viel größeren Ziel führen - nämlich den Besitz deines Selbst ganz und gar zurückzuerlangen.

Diese Gedanken werden poetisch in einem sanften und sensiblen Buch ausgedrückt, 'How To Survive the Loss of a Love':
The need you grew
still remains
but less and less
you seem the way
to fill that need
I am.
(Das Bedürfnis, das du aussätest, bleibt noch. Aber immer weniger scheinst du der zu sein, der das Bedürfnis erfüllt, das ich bin.) (Melba Colgrove et al., 1976, S.93)

KANN ICH ES ALLEIN SCHAFFEN?

Ich habe viele Leute gesehen, die erst furchtbare Angst davor hatten, ohne einen Hauptpartner in ihrem Leben zu sein, und die dann nach der Entzugsperiode feststellten, daß es nicht annähernd so schlimm war, wie sie gedacht hatten. Sie fingen an, einen selbstbestätigenden Wert darin zu entdecken, eine gewisse Würde, wie einer sagte. Und sie konnten die einzigartigen Freuden und Annehmlichkeiten kennenlernen, die darin liegen, ohne eine Hauptbindung zu sein. Man erreicht diesen Punkt, sich gut zu fühlen, auch allein, aber nur dann, wenn man sich erlaubt, das Ganze zu erleben, einschließlich der anfänglichen Qual und Depression, und sich nicht zwanghaft und impulsiv in die erste Bindung stürzt, die man finden kann. Man soll die Zeit, in der man die eine Beziehung beendet und die nächste noch nicht begonnen hat, als eine Zeit betrachten, in der man die eigenen Gefühle und Fähigkeiten als eine wertvolle Möglichkeit kennenlernt, die Tiefe unseres Zuneigungshungers zu entdecken und neue, nicht in die Abhängigkeit führende Wege zu lernen, um mit diesen alten und mächtigen Bedürfnissen fertig zu werden. Wir hatten in diesem Buch Beispiele von Leuten, die Schmerz Einsamkeit und Verzweiflung erlebten und dann ihre Stärke entdeckten und ihre Fähigkeit zu überleben, und die aus diesen Erfahrungen mit einem deutlichen Sinn dafür hervorgingen, daß das Zentrum ihres Daseins in ihnen selbst liegt und nicht in einer anderen Person. Der Wert dieser Mühe ist sehr überzeugend von Stanton Peele dargestellt worden:

„Die Sicherheit unseres Daseins und unsere Geschlossenheit wird an der Fähigkeit erprobt, sich daran zu freuen, allein zu sein. Die Person, deren Beziehungen nicht zwanghaft sind, kann ihre eigene Gesellschaft schätzen. Es ist leichter, sich mit einem Ich wohlzufühlen, das in der Lage ist, befriedigende Bindungen an das Leben zu schaffen. Dann heißen wir Zeiten der Einsamkeit willkommen, in denen wir das Ich erproben und ausdrücken können, sowohl in der wirklichen Welt als auch in unserer Vorstellung. Wir können stolz auf eine Autonomie sein, die zwar niemals vollständig ist, aber grossem Druck standhalten kann. Diese Autonomie dient auch als Bollwerk für unsere Beziehungen." (a.a.O., S.239)

Ein Aspekt dieser Autonomie ist die Fähigkeit, sich den Bedürfnissen des Zuneigungshungers zuwenden zu können als einem legitimen und unausweichlichen Rest der kindlichen Vergangenheit und zu lernen, wie man viele von ihnen selbst erfüllen kann, statt sich an jemand anderen zu wenden, der diese Arbeit übernehmen soll. Mit anderen Worten: Man muß lernen, die Forderungen des inneren Kindes zu hören und diesem inneren Kind so gut wie möglich Vater und Mutter zu sein - besser als die tatsächlichen Eltern. Dazu gehört sowohl Fürsorge als auch Anleitung. Du mußt gut sein zu diesem Kind, es zutiefst lieben, schöne Dinge für das Kind tun, ihm Dinge sagen, die seine Selbstachtung und sein Vertrauen stärken, ihm sagen, du würdest immer da sein und es nicht dafür tadeln, ein Baby zu sein. Schließlich kann es nichts dafür. Außerdem ist es nur ein Teil von dir, den du ohne Haß und Zorn daran hindern kannst, dein Leben zu tyrannisieren. Wenn du es in vieler Weise vielleicht auch verziehst, bietest du ihm doch elterliche Anleitung, wenn du es daran hinderst, deine Handlungen zu tyrannisieren. Und du kannst ihm solche Anleitung auch geben, indem du ihm beibringst, daß all seine Bedürfnisse nicht unmittelbar erfüllt werden müssen, daß es mit dem Schmerz dieser Nichterfüllung fertig werden kann, daß es in Ordnung sein kann, allein zu sein und daß es sich nicht an eine bestimmte andere Person zu binden braucht oder sollte, um seine Bedürfnisse erfüllt zu bekommen.

Wenn ich von dieser Autonomie und der Eigenanleitung spreche, will ich damit nicht zu einem Dasein der spartanischen Abgeschlossenheit und dem Zölibat raten. Im Gegenteil, es kann viele Menschen und reiche Freundschaften in deinem Leben geben. Es kann Sexualität und alle Arten stimulierender neuer und alter Aktivitäten geben. Die einzige Abstinenz, die notwendig ist, ist der Abstand davon, daß das gegenwärtige Vakuum in deinem Leben dich in irgendeine Art der hörigen Erfüllung des Zuneigungshungers zieht, seien es Drogen, Trinken, übermäßiges Essen, übermäßige Promiskuität oder irgendeine andere zwanghafte 'Liebes'-Beziehung. Ein Mann erzählte, er glaube immer, er liefe mit seiner Nabelschnur in der Hand herum und hielte Ausschau nach jemandem, in die er sie hineinstöpseln könnte, und er stöpselte sie auch immer in die nächste Beziehung. Er erfuhr sehr wenig von seiner eigenen Fähigkeit, allein und autonom zu sein. Je mehr du dich von diesen verzweifelten Versuchen fernhältst, auf jeden

Fall eine Eigenständigkeit zu vermeiden, desto mehr kannst du ein reifes sich selbst achtendes und fast imposantes Empfinden dafür erleben, wer du bist. Niemand hätte das besser ausdrücken können als Eileen am Ende ihrer langen Reise aus der Abhängigkeit:

> Ich habe gelernt, daß ich die einzige Person bin, ohne die ich nicht leben kann. Niemand sonst ist wichtig für mein Überleben. Mein Ich war lange Zeit verlorengegangen, nicht wahr?... Ich habe verstanden, daß ich für immer mit mir selbst existiere, die Beziehung zu mir muß also als erstes kommen... Jetzt hat 'allein' die Bedeutung von 'privat' bekommen, nicht 'einsam'. Alleinsein ist etwas Besonderes.

WERDE ICH JE EINE NEUE LIEBE FINDEN?

Bei der dritten Frage geht es um neue Beziehungen. Vermutlich wirst du eine andere Beziehung haben, wenn du das möchtest, obwohl es keine Garantie gibt. Du kannst sie auch vermeiden, wenn du dich dazu entscheidest. Das wäre vielleicht eine einfache Frage der Wahl - oder es könnte eine selbstschützende Reaktion auf die Verzweiflung der letzten Beziehung sein. Du kannst dich entschließen, dich zurückzuziehen, nicht auf die Signale der anderen einzugehen, feindselig zu sein oder dir keine Mühe zu geben. Es ist aber wichtig zu erkennen, daß du diese Entscheidung getroffen hast, und nicht dem Unglück die Schuld in die Schuhe zu schieben oder dem Mangel an Gelegenheit, wenn sich kein Erfolg in der Bildung neuer Beziehungen einstellt. Wenn du aber einer neuen Beziehung gegenüber offen bist und Gelegenheiten schaffst, mit anderen Leuten zusammen zu sein und sie zu treffen, ist es sehr wahrscheinlich, daß du eine neue Liebe finden wirst.

Wird sie besser sein als die, die du aufgegeben hast? Auch das liegt an dir. Sie braucht nicht besser zu sein. Sie könnte sogar schlimmer sein, und sie wird wahrscheinlich mindestens genauso schlecht sein, wenn du die alten unglücklichen Muster der Partnerwahl wiederholst und die alten selbstzerstörerischen Methoden der Interaktion mit ihnen. Das Wichtigste, was du aus dem Bruch deiner letzten Beziehung gelernt haben solltest, ist ein Bewußtsein dafür, wie du durch deinen Zuneigungshunger beeinflußt werden kannst. Es ist besonders wichtig zu verstehen, daß dein Zuneigungshunger aus der Kindheit stammt, als du in angemessener Weise abhängig warst, daß er dich jetzt aber in Beziehungen führt, in denen eine solche Abhängigkeit unangemessen ist und sowohl für dich als auch für die Beziehung schädlich. Und du erlebst diese erneute Abhängigkeit vielleicht so, als wäre es die wahre Liebe. Aber sie ist es nicht.
Dr.M.Scott Peck drückt es so aus:
„Abhängigkeit kann wie Liebe aussehen, da sie eine Kraft ist, die die Leute dazu bringt, sich leidenschaftlich aneinander zu binden. Aber in Wirklichkeit ist es nicht Liebe, sondern eine Art Anti-Liebe. Sie hat ihre Ursache im Versagen der Eltern und sie verewigt dieses Versagen. Sie ist eher auf der Suche nach dem Empfangen als nach dem Geben. Sie nährt Kindlichkeit statt Wachstum. Sie ist darauf aus, zu fangen und einzuschränken statt zu befreien. Letzten Endes zerstört sie Leute statt sie aufzubauen."('The Road Less Traveled, 1978, S.1o5)

Der eine Punkt, über den sich vielleicht alle Autoren zum Thema Liebe einig sind, ist die zerstörerische Wirkung, die Abhängigkeitsgefühle aus der Kindheit haben können, wenn sie eine erwachsene Liebesbeziehung dominieren. Stanton Peele betont die lähmende Wirkung dieser mächtigen Bedürfnisse für beide Seiten:

„Da die beiden Seiten in einer abhängigen Beziehung mehr durch ihr eigenes Bedürfnis nach Sicherheit motiviert sind als durch die Anerkennung der gegenseitigen persönlichen Fähigkeiten, ist das, was sie am meisten voneinander wünschen, die Versicherung der Beständigkeit. Daher fordern sie vermutlich die uneingeschränkte Annahme ihrer Person, so wie sie sind, einschließlich der Schönheitsfehler und Eigenarten... Solche Liebhaber verlangen... von dem anderen die Veränderung... Aber die erwarteten oder geforderten Anpassungen richten sich völlig aufeinander und haben nicht eine größere Fähigkeit mit dem anderen Menschen oder der Umgebung fertig zu werden, zur Folge, sondern die Veränderungen, die verlangt werden, um die eigenen Bedürfnisse besser zu befriedigen, sind fast immer schädlich für die allgemeine Persönlichkeitsentwicklung... In Wirklichkeit wird die verringerte Fähigkeit, mit anderen Dingen oder Menschen fertig zu werden, vom anderen als starke Garantie der Ergebenheit in dieser Beziehung willkommen geheißen... Darum hofft der Abhängige tatsächlich, sein Geliebter würde keinen anderen Menschen treffen und keine Freude an der Welt haben, da dadurch konkurrierende Bindungen und Interessen vorhanden wären, die ihn weniger abhängig von sich machen würden." (a.a.O., S.85)

Wenn also Abhängigkeit auf eine Liebesbeziehung zerstörerisch wirkt, was macht man dann mit dem unverringerbaren Rest der Bedürfnisse aus der Ebene des Zuneigungshungers? Jeder hat diese Bedürfnisse, obwohl manche Menschen so verletzt wurden durch die Art und Weise, wie sie entweder in der frühen Kindheit oder später behandelt wurden, daß sie solche Gefühle zugemauert haben und vielleicht zurückgezogen eine entschiedene Abneigung gegen Abhängigkeit entwickelt haben. Aber die Bedürfnisse bleiben vorhanden. Du kannst sie nicht exorzieren, sie nicht durch eine Operation entfernen oder so tun, als gäbe es sie nicht. Wie kann man diese alte Neigung zur Abhängigkeit haben ohne einem anderen hörig zu werden?

Wenn es auch zutrifft, daß du nicht die Bedürfnisse aus der Ebene des Zuneigungshungers entfernen kannst, so kannst du doch immer stärker erreichen, dich daran zu hindern, wichtige Lebensentscheidungen auf ihnen zu begründen. Du kannst dich zum Beispiel davon abhalten, jemanden zu heiraten, der vielleicht viele deiner Bedürfnisse aus dem Zuneigungshunger nach Verschmelzung und Sicherheit erfüllt, der aber andererseits nicht zu dir paßt, der der falsche Partner für dich wäre. Du kannst dich entschließen, aus einer solchen Beziehung rascher heraus- oder gar nicht erst hineinzukommen. Wenn du dies bewußt und absichtlich machst, erfordert es vielleicht am Anfang viel Willenskraft, Mühe und Entschlossenheit, aber mit der Zeit,wenn deine Sichtweise dieser alten Muster und der alten Zuneigungs-Fetische sich verstärkt, wirst du eine automatische Abneigung gegen die zerstörerischen Muster und Personen bekommen. Und damit ist der halbe Kampf gewonnen. Die andere Hälfte des Kampfes ist die, die Fähigkeit zu entwickeln, die Befriedigung deiner bestimmten Ansammlung von Bedürfnissen des Zuneigungshungers auf eine Art zu erreichen, die konstruktiv ist und dein inneres Wachstum fördert statt mit Methoden, die destruktiv sind und einschränkend. Ich habe Richtlinien angeboten, die andeuten, wie wichtig es ist, die Quelle deiner Erfüllung zu verstärken, indem du die Aufsicht selbst übernimmst, Mehrfachbindungen eingehst und Bindungen herstellst, die zeitloser sind als zerbrechliche menschliche Beziehungen. Dies verringert das Gewicht des Zuneigunshungers, das du einer einzigen und möglicherweise kurzlebigen Quelle aufbürden würdest. Zweifellos ist aber für die große Mehrzahl der Menschen die befriedigendste Weise, Bindungsbedürfnisse zu erfüllen, die intime und überdauernde Liebesbeziehung.

Wenn du feststellst, daß dich deine Bindungsbedürfnisse in eine schlechte Partnerschaft geführt haben, ist die Antwort nicht die, Beziehungen aufzugeben oder zu versuchen, deinen Bindungshunger zu verleugnen. Die Antwort liegt darin, die alten selbstvernichtenden Muster bei der Erfüllung des Zuneigungshungers zu verändern in Muster, die dich selbst zur Geltung bringen. Dafür mußt du die bewußte Anstrengung unternehmen, Beziehungen zu bilden, in denen deine Zuneigungsbedürfnisse durch eine Art Interaktion erfüllt werden, die dich unterstützt und stärkt statt dich zu zerstören und zu schwächen.

Und hier treffen wir auf ein Paradox. Innerhalb einer Liebesbeziehung werden die Bedürfnisse des Zuneigungshungers am besten erfüllt, und zwar auf gesunde, zuverlässige und angenehme Weise, wenn deine Motivation für diese Erfüllung nicht primär ist und nicht beherrschend. Wenn du in der Lage gewesen bist, den Griff dieses in Panik geratenen, bedürftigen, sich anklammernden, besitzergreifenden, unsicheren und verschlingenden Babys in dir zu lockern, dann kannst du in einer Beziehung stehen, die sowohl deine erwachsenen Ansprüche nach Gesellschaft, Fürsorge, Teilen und Unterstützung erfüllt, wie auch den immer noch übriggebliebenen Rest deines Zuneigungshungers. In jeder guten, erwachsenen Beziehung sollte der Kleinkindteil in dir und in der anderen Person in der Lage sein, bei jenen Gelegenheiten gehalten und gehätschelt zu werden, wenn diese Bedürfnisse im Vordergrund stehen. Einmal kann der eine von euch das bedürftige Kind sein und der andere der unterstützende Elternteil, und im nächsten Augenblick können die Richtungspfeile umgedreht sein. Oder jeder von euch kann gleichzeitig sowohl bedürftig als auch stützend sein. Eine Beziehung wird bereichert und vertieft, wenn sie diese frühe Ebene der Bedürfnisbefriedigung mit einschließt. Sie wird nur dann bösartig und gegen das innere Wachstum gerichtet, wenn dieser Bereich - die Abhängigkeit aus Zuneigungshunger eines oder beider Partner (mit der Unsicherheit, Furcht vor Verlassensein und dem Bedürfnis zu beherrschen, die damit einhergeht) - die ausschlaggebende Kraft in der Beziehung ist.

Es kann für das innere Wachsen eines jeden Partners hilfreich sein, darauf hinzuarbeiten, den Grad, in dem der Zuneigungshunger in der Beziehung eine Rolle spielt, zu verringern, selbst dort, wo er keine besonders dominierende Rolle hat. Ken Keyes hat in seinem Buch 'A Conscious Person's Guide to Relationship' einige interessante Dinge im Hinblick darauf gesagt. Er benutzt auch den Ausdruck 'Abhängigkeit', definiert ihn aber etwas anders als ich. Er schreibt:
„Wenn wir das Wort 'Abhängigkeit' benutzen, beziehen wir uns auf etwas, von dem wir uns selbst sagen, wir brauchten es, um glücklich zu sein. Wenn wir es nicht haben, fühlen wir uns emotional aufgebracht. Mit anderen Worten, eine Abhängigkeit ist eine gefühlsbedingte Forderung, ein Modell oder eine Erwartung. Wenn ich zum Beispiel zornig werde, wenn du mich warten läßt, bin ich in Berührung mit einer Abhängigkeit... Eine Abhängigkeit schafft automatisch unser Unglücklichsein, wenn die Welt nicht zu unseren gefühlsbedingten Modellen davon, wie die Welt sein sollte, paßt." (1979, S.14)

Keyes fährt fort und schlägt vor, die Hauptaufgabe bei unserer Entwicklung sei es, die

Abhängigkeit zu einer Vorliebe zu erhöhen:
„Wenn du an deinen Abhängigkeiten arbeitest und sie zu Vorlieben aufwertest...
brauchst du nicht deine Meinungen über das Leben zu verändern, du brauchst nicht
aufzuhören, zu versuchen, das zu verändern, 'was ist', und du brauchst nicht unbedingt, 'das, was ist' gern zu haben. Es ist einfach so, daß du nicht länger ein Leben
lebst, bei dem dein Finger festklebt auf dem emotionalen Panikknopf."(a.a.O.,S.16)

Oft können die Beziehungen verändert werden, wenn die Abhängigkeiten zu Vorlieben
aufgewertet werden, und es wird für dich nicht mehr notwendig, auszubrechen, da
dann die Möglichkeit des Liiebens offensteht.

Das Abhängigkeits-Element in unseren Beziehungen (für Keyes etwas, „von dem wir
uns selbst sagen, wir brauchten es, um glücklich zu sein"; für mich der Zuneigungshunger, der unser Urteilsvermögen und unsere Eigeninteressen überrollt) kann sich oft wie
Liebe anfühlen, aber es ist eine Pseudoliebe, die die wirkliche Liebe unmöglich macht.
Aufgrund seiner Beschaffenheit sagt es uns:„Ich muß an dich gebunden sein, damit ich
mich nicht unsicher fühle, verängstigt, unvollständig und unzulänglich, und darum
mußt du da sein und so sein, wie ich dich brauche, damit ich mich wohlfühle."

Das schadet einer möglichen Liebe, denn Lieben beinhaltet das Erkennen und Achten
der Getrenntheit und des inneren Wachstums der anderen Person in Übereinstimmung
mit seiner für ihn am besten geeigneten Entwicklung und nicht dem, was du ihr vor-
schreibst. Lieben beinhaltet auch, den anderen Menschen tief und völlig zu kennen,
aber das ist unmöglich, wenn die Bedürfnisse deines Zuneigungshungers ihn zu einem
Bild verzerren, das du für deine Erfüllung brauchst, oder wenn dein Zorn darüber, daß
er nicht so ist, wie du ihn brauchst, dich dazu verführt, ihn als böswillig oder lieblos
zu sehen. Abhängigkeit vertreibt ganz unausweichlich und unterbittlich die Liebe. Und
die Fähigkeit in nicht-abhängiger Offenheit zu sehen, wer der andere Mensch ist, und
seine Getrenntheit zu respektieren, gestattet ein liebevolles Verhältnis. Dann kannst du
mit dem Gesamtbild dieser Beziehung vor Augen sehen, ob du mit dieser bestimmten
Person verbunden sein willst. Keyes stellt Abhängigkeit und Verbundenheit in folgender Weise gegenüber:
„Abhängigkeit bedeutet, in meinem Kopf werden auf Emotionen begründete Forderungen geschaffen, die vorschreiben, was mein Partner sagen oder tun sollte - es bedeutet 'Besitz'. Eine Verbundenheit bedeutet, ich entschließe mich, einen großen Teil
meines Lebens mit dem geliebten Menschen zu teilen und mit ihm zusammen eine ge-
genseitige Realität aufzubauen. Abhängigkeit bedeutet, ich fühle mich unsicher ohne
jemanden. Ich möchte, daß er oder sie mich rettet. Meine Verbundenheit gibt mir die
Möglichkeit, alle die schönen und liebevollen Dinge zu erleben, die eine Beziehung in
mein Leben bringen kann. Sie erlaubt uns auch die Verantwortungen und Probleme
des Lebens gemeinsam zu tragen und gegenseitiges Vertrauen zu entwickeln. Abhängigkeit verführt mich dazu, meinem Partner viele emotionsbedingten Modelle davon,
wie er für mich sein sollte, damit ich glücklich werden kann, aufzuzwingen."(S.93)

Deine Chancen, eine neue und bereichernde Liebe zu finden, stehen in direktem Zusammenhang damit, ob die Einsichten und die Stärke, die du gewonnen hast, als du
dich von der letzten löstest, dein Bedürfnis nach Abhängigkeit verringert haben. Wenn
nicht, kann schon das Anstreben einer neuen Beziehung gefährlich werden, denn viele
Leute, die du vielleicht schätzen würdest, werden durch deinen intensiven Zuneigungs-

hunger fortgetrieben, schon ehe eine Beziehung eigentlich beginnt. Und die Aufrecht-erhaltung einer neuen Beziehung kann durch eine Bedürftigkeit gefährdet werden, die dich und deinen Partner einschränkt und erstickt oder die dir erlaubt, dich mit viel weniger zufrieden zu geben als dir möglich wäre. Wenn du aber größere Unabhängigkeit und Selbstachtung gelernt hast und wenn du in deinem Partner das schätzt, was er ist, und nicht das, was du brauchst, dann bist du bereiter als je zuvor für eine Liebesbeziehung, und die Chancen, daß sie dir glücken, sind sehr groß.

Ich schrieb einmal darüber, was eine gute Beziehung zwischen Eltern und Kindern ausmacht. Dieselben Worte kann man auf die Beziehung zwischen Liebenden anwenden: „Uns verbindet Zuneigung, nicht das Gängelband. Wir stehen in einer liebevollen Beziehung mit genügend Distanz, bei der jeder den anderen deutlich in dem außerordentlich klaren Raum zwischen uns und um uns herum sehen kann, aber doch nahe genug, um die Hände auszustrecken und uns mit den Fingerspitzen oder den Augen zu berühren, dicht genug, um die Hand als Hilfe anzubieten, wenn es notwendig ist, dicht genug, um mit einem einzigen Schritt einander umarmen zu können, wenn unsere Gefühle danach verlangen. Ein liebevolles Getrenntsein. So kann eine Beziehung... aussehen." ('Abschied von den Eltern', S.172)

ZWISCHEN RISIKO UND SICHERHEIT

Es gibt Risiken, wenn man eine schlechte Beziehung beendet. Du kannst nicht wissen, was geschehen wird. Aber nehmen wir an, du habest den Wert einer andauernden und liebevollen Partnerschaft erkannt und die Notwendigkeit akzeptiert, hart daran zu arbeiten, um sie zu erhalten. Nehmen wir weiter an, du habest versucht, deine abhängigen Forderungen zu verringern und deinem Partner deine erwachsenen Wünsche mitzuteilen. Und wollen wir schließlich einmal annehmen, du habest genügend Zeit für positive Veränderungen eingerechnet. Aber du stellst fest, trotz deiner Geduld und deiner Bemühungen bleibt die Beziehung zerstörerisch und nicht erfüllend. Gehst du dann nicht das größere Risiko für dein Glück, deine Gesundheit und deine persönliche Entwicklung ein, wenn du an ihr festhältst? Wenn du den Wunsch hast nach einer Liebesbeziehung, die in der tiefen Freude wurzelt, den anderen genau zu kennen und gekannt zu werden, gegenseitig großzügig füreinander zu sorgen, einander verläßlich zu stützen, dann gibt es einen sicheren Weg, all diesem aus dem Weg zu gehen, indem man nämlich zu lange in einer Beziehung verharrt, die einem diese Freude nicht gibt und vermutlich niemals geben wird. Wie David Viscott gesagt hat:„Es ist bei weitem besser, zuzugestehen, daß eine Beziehung so weit zerbrochen ist, und die Mühe, die notwendig wäre, um sich zusammenzusetzen, so groß ist und so viel Liebe und Fürsorge erfordert, wie sie gegenwärtig und vermutlich auch künftig nicht vorhanden sein wird, daß diese Beziehung beendet werden sollte."('How to Live with Another Person', 1976, S.184)

Es kann besser sein, allein zu sein, besonders dann, wenn Alleinsein bedeutet, mit jemandem zusammen zu sein , den du magst und auf den du rechnen kannst. Es ist besser, frei für neue Erfahrungen und Erlebnisse zu sein, frei zu sein, um bessere Beziehungen zu finden und zu schaffen, frei zu sein, um sein Recht, zu lieben und geliebt zu werden, auszuüben. Trotz all dieser verlockenden Freiheit braucht man viel Mut, um dem bekannten Gebiet Adieu zu sagen, ganz gleich, wie öde seine Landschaft ist, und hinauszugehen in unerforschte Länder. Du kannst deinen Mut stärken, wenn du dich unnachgiebig darauf konzentrierst, was auf dem Spiel steht, denn wenn du das klar siehst, wird es lohnend scheinen, die Risiken einzugehen, die du mit in Kauf nehmen mußt, wenn du deine abhängige Bindung durchbrichst und dein Leben öffnest.